中央高校基本科研业务费支持项目:高校网络思想政治教育“阳光微生态”构建研究，项目号:GK2040260205；全国学校共青团研究重点课题：高校共青团网络思想引领“微生态”系统构建探索，项目号：2018ZD040。

马克思诞辰200周年纪念文库

The 200th Anniversary Books for Karl Marx

高校网络思想政治教育生态系统构建研究

潘 强 许钟元 刘 旭 | 主编

中央编译出版社

Central Compilation & Translation Press

图书在版编目（CIP）数据

高校网络思想政治教育生态系统构建研究 / 潘强，许钟元，刘旭主编 .-- 北京 : 中央编译出版社，2019.1
ISBN 978-7-5117-3641-3

Ⅰ. ①高…
Ⅱ. ①潘… ②许… ③刘…
Ⅲ. ①互联网络–应用–高等学校—思想政治教育—研究—中国
Ⅳ. ① G641-39

中国版本图书馆 CIP 数据核字（2018）第 277440 号

高校网络思想政治教育生态系统构建研究

出 版 人： 葛海彦
责任编辑： 谭 伟
责任印制： 刘 慧
出版发行： 中央编译出版社
地 址： 北京西城区车公庄大街乙 5 号鸿儒大厦 B 座（100044）
电 话：（010）52612345（总编室） （010）52612349（编辑室）
（010）52612316（发行部） （010）52612346（馆配部）
传 真：（010）66515838
经 销： 全国新华书店
印 刷： 三河市华东印刷有限公司
开 本： 710 毫米 ×1000 毫米 1/16
字 数： 277 千字
印 张： 18
版 次： 2019 年 1 月第 1 版
印 次： 2019 年 1 月第 1 次印刷
定 价： 98.00 元

网 址： www. cctphome. com **邮 箱：** cctp@cctphome. com
新浪微博： @ 中央编译出版社 **微 信：** 中央编译出版社（ID：cctphome）
淘宝店铺： 中央编译出版社直销店（http://shop108367160.taobao.com）（010）55626985

本社常年法律顾问：北京市吴栾赵阎律师事务所 闫军 梁勤
凡有印装质量问题，本社负责调换，电话：（010）55626985

编委会

序 言

随着科技的迅猛发展，青年学生的学习、生活发生了许多新的变化，他们的成长环境和成长特点有了新的时代特征，随之而来的是，高校思想政治教育的方法、手段、模式发生了巨大的变化，新时代下如何更恰当、更具体、更实用地对高校大学生群体进行思想政治教育，开展思想政治教育活动，提升思想政治教育效果，是值得高校思想政治教育者深入研究的关键所在。

2014年5月4日，习近平总书记在北京大学讲话中指出：青年的价值取向决定了未来整个社会的价值取向，而青年又处在价值观形成和确立的时期，抓好这一时期的价值观养成十分重要。2004年中共中央国务院发布《关于进一步加强和改进大学生思想政治教育的意见》，要求“努力拓展新形势下大学生思想政治教育的有效途径……主动占领网络思想政治教育新阵地……”；2015年《关于进一步加强和改进新形势下高校宣传思想工作的意见》要求“要根据教育环境和教育对象的变化情况，充分运用网络新手段拓展思想政治教育的视野，积极培育和践行社会主义核心价值观”；2017年教育部颁发《高校思想政治工作质量提升工程实施纲要》，明确提出“十大育人体系”，对课程育人、科研育人、实践育人、文化育人、网络育人、心理育人、管理育人、服务育人、资助育人、组织育人做了详细的阐释和清晰的要求。它们在内容上体现了国家对青年学生形成社会主义核心价值观的殷切希望，在形式上提出了对高校思想政治工作者在进行社会主义核心价值观教育过程中机制研究的具体要求。高校进行思想政治教育的目的是为了帮助学生树立正确的世界观、人生观、价值观，也是为了通过提升大学生群体积极的精神面貌来弘扬社会的正能量，而“社会主义核心价值观”的内容正是中华民族正能量的具体体现，研究如何更有效地对学生进行社会主义核心价值观教育是更好地传递中华民族正能量的关键。目前，大学生的学习、生活受到来自网络的极大冲击，大到社会观点、舆论热点的讨论交流，再到社会新闻、课程信息的普遍获取，小到日常购物、情感抒发的个人行为，都与网络紧密相连，即当代大学生的每一个行为举动、思想变化，都可以在网络新媒体的平台上体现出来。网络教育成为适应这个“微时代”到来的不可逆转的教育趋势，是思想政治教育方式与时俱进的具体体现，国家不断强调加强网络阵地建设的重要性，尤其是2017年教育部颁发的《高校思想政治工作质量提升工程实施纲要》中要求“大力推进网络教育，加强校园网络文化建设与管理，拓展网络平台，丰富网络内容，建强网络队伍，净化网络空间，优化成果评价，推动思想政治工作传统优势同信息技术高度融合，引导师生强化网络意识，树立网络思维，提升网络文明素养，创作网络文化产品，传播主旋律、弘扬正能量，守护好网络精神家园”。各个高校都在不断持续、深入地探索正确利用网络特点进行社会主义核心价值观教育，传播社会“正能量”的培育机制。所以，利用网络对大学生进行思想政治教育是开展社会主义核心价值观教育、传播社会正能量的重要切入点。

本书中引入“生态系统”这一概念进行高校思想政治教育，在高校开展网络思想政治教育方面开拓了一个新的探索视角。生态学是把生物与其所处的环境视为一个复杂的生态系统，以系统的观点观察生命有机体与其周边环境的相互影响、相互制约、相互依赖的关系。高校网络思想政治教育的网络环境处于整个社会大系统中，其自身由诸多要素按特定关系组成相应的结构，其内在的系统性与生态学系统观点具有天然的耦合性。在系统的观点中，为了达到生态平衡，系统中的有机主体、无机客体、连接介体构成的整体在与周围的环境进行物质循环、能量流动和信息传递，任何环节出现问题，原有生态平衡就会被打破，相类似地，就高校网络思想政治教育环境的内部结构而言，有机教育主体、无机教育客体和教育介体等要素相互结合构成一个整体，有机教育主体是系统中的生命有机体，无机教育客体是系统中的与有机体发生作用的无生命物质，教育介体是系统中引发有机体与无机体相互作用的媒介物质，教育者可以根据教育的目的和要求调整和控制教育的介体，发挥教育介体的正向牵引作用，从而实现社会主义核心价值观"正能量"的教育功能，达到社会主义核心价值观教育"内化于心、外化于行"的目的。

因此，本书主体内容分为三个部分：第一部分为"碰撞"，涉及第一章信息化时代高校思想政治教育的机遇和挑战，主要从现实情况入手对高校网络思想政治教育情况进行宏观掌握，从而引导"发现问题"；第二部分为"消解"，涉及第二章高校网络生态系统的内涵、第三章高校思想政治教育网络生态系统的有机构成体系——多维度大学生网络素养培育机制、第四章高校思想政治教育网络生态系统的无机运行体系——四模块相互支撑的协同服务机制、第五章高校思想政治教育网络生态系统的良性调整体系——双螺旋师生共生共长正向提升机制，详细阐述将"生态系统"概念和思想引入高校网络思想政治教育环节，分析其作用机制，达到"分析问题"的要求；第三部分为"信任"，涉及第六章高校网络生态系统中课程化教育要素的作用、第七章高校网络生态系统中媒体宣传要素的作用、第八章高校网络生态系统中网络文化要素的作用，主要是从现实应用入手将开展高校网络思想政治教育的实施方法进行应用效果阐述，以达到"解决问题"的目的。

Contents

目 录

第一章　信息化时代高校思想政治教育的机遇和挑战

网络思想政治教育，即网络环境下的思想政治教育活动，在思想政治教育实践中是一种新的发展形态。网络即互联网。网络环境即以网络作为基础条件的环境，包括三层含义：宏观层面上为网络社会，中观层面上为赛博空间，微观层面上为虚拟活动领域。

由于育人环境在网络社会下产生了一系列的变化，针对这种变化的网络思想政治教育应运而生。对于思想政治教育来说，网络起初仅为信息传递工具和手段，后来人们逐渐认识到网络是一个虚拟交往社会，现在认识到网络是一种新的社会形态并开始对其进行研究。同时，处在网络信息化时代背景下的思想政治教育环境也得到了发展。网络技术带来新的学习生活方式，创造了新的话语体系，造就出新的权威力量，开发出新的人的发展性资源。思想政治教育环境第一次作为一种技术环境被人们所认识。技术的创新促进了社会交往的变革，各种人际互动模式在网络社会环境中获得前所未有的发展可能性，不同形态的社会交往场域取得了平等的地位。主要的典型场域包括公社型交往场域、科层型交往场域和广场型交往场域。交往活动及其技术架构产生了新的文化与价值，技术性与人文性、知识性与价值性、开放性与凝聚性、主导性与互动性、自由性与控制性、传统性与创新性、社会性与个人性等关系成为思想政治教育环境中较为突出的内在矛盾关系，这些矛盾关系进一步拓展和丰富了思想政治教育的理念、内容和方式。

第一节　网络虚拟社会的概念

网络思想政治教育的实践探索经历了十余年的发展，“网络社会观”的理论视角逐渐形成。但是，什么是网络社会？网络社会、赛博空间、虚拟社会等诸多概念的区别是什么？网络社会与现实社会的关系是什么？这些关于网络社会的基本概念本身需要得到全面地分析和科学地界定，以便于思想政治教育工作者能够在深入地理解和把握网络社会的理论内涵的基础上进行实践探索和理论创新。

一、“网络社会”的认知

我国学者对于网络社会的探讨在20世纪90年代中期就开始出现，初期主要集中在信息科学、伦理学、技术哲学等领域，研究者多是以网络社会作为背景进行相关主题的探讨。2001年前后，社会学、传播学研究领域关于网络社会本身的实证研究和深入探讨开始出现，曼纽尔·卡斯特（Manuel Castell）的名著《网络社会的崛起》的出版，把网络社会的研究推进到一个新的水平，“网络社会”成为我国哲学社会科学研究领域的关键词之一。一段时期以来，哲学、社会学、传播学、政治学、教育学等领域的学者对于网络社会的讨论产生了多种观点，给予我们丰富的启示。

（一）网络空间与网络社会

曾国屏等发表在《哲学动态》，1998年第5期的《赛博论·赛博空间·社会和文化变革》和孙伟平等发表在《哲学研究》，1998年第8期的《网络社会的道德思考》，是我国学者较早关于网络社会的理论探讨。曾国屏等认为，所谓的赛博空间是一个虚拟空间、精神生活空间和文化空间。赛博空间的技术基础是计算机技术、通信网络技术以及虚拟现实技术，在此基础上通过人们的社会交往和交流形成了赛博空间和赛博文化。这是一种人工世界、人工文化世界——计算机化、网络化、虚拟化、适人化的多维信息空间和文化。[①] 孙伟

---

① 曾国屏、李正风:《赛博论·赛博空间·社会和文化变革》，载《哲学动态》，1998年第5期。

平等指出，网络社会是因特网所带来的一种崭新的社会生活形式。这个社会建立在因特网之上，与现实社会之间既有区别又有联系。①

冯鹏志则把网络社会看作是一种新型的、数字化的社会文化生活空间，是经由网络信息技术和人们的网络社会行动所建构出来的，是一个与人类既存的现实社会完全不同的社会系统。他同时认为，作为一种以计算机技术、通信网络技术和虚拟现实技术等为基础而建立起来的电脑化、数字化和虚拟化的多维信息空间，这个又被称作“赛博空间”的地方并不构成一个超越人类生活世界之外的独立自为的世界，而仅仅是一种随着网络发展而导致的人类生活世界的分化现象；赛博空间为人类所提供的只是一个新型的行动空间和行动方式，但它不成为人类生活世界的全体。② 与冯鹏志观点相近的戚攻提出网络社会是一种虚拟的社会。他认为网络社会是由计算机与通信技术结成的网络孕育出的新型社会，网络社会以信息的生产、分配和使用为条件。网络社会与现实社会的重要区别是虚拟。它依存于现实社会，又不是现实社会的翻版，对现实社会起着重塑与再造的作用。③

与冯鹏志、戚攻等人的观点不同，童星等更加强调网络社会的现实性。他认为网络社会是一种新的社会存在方式，是现实而非虚拟的。网络社会与日常社会在人与人的关系上没有本质的对立，因而它是现实而非虚拟的社会。④ 同样是强调网络社会的现实性，康健提出必须从社会的概念出发来认识网络社会的存在性质。社会是人们相互交往的结果，是人们之间普遍联系的表现。无论社会表现为何种形式，它的这种本质不会改变。网络社会并没有存在于现实社会之外，而是在一般的社会生活领域基础上生长起来的一个特殊的电子空间或者赛博空间。这个广袤的赛博空间，是网络社会的生存空间。与现实社会相对照，网络社会是一种虚拟现实。虚拟现实作为特殊形式的现实性，是“真实社会的电子克隆”。⑤

以上所述说明，我国学者关于网络社会的研究和论述不断深入，尤其是围绕网络社会的“虚拟性”和“现实性”论题逐渐形成各家争鸣的局面。但

---

① 孙伟平、贾旭东：《网络社会的道德思考》，载《哲学动态》，1998年第8期。

② 冯鹏志：《虚拟安全阀：网络社会张力的根源及其调适》，载《自然辩证法研究》，2000年第4期。

③ 戚攻：《网络社会——社会学研究的新课题》，载《探索》，2000年第3期。

④ 童星、罗军：《网络社会：一种新的现实的社会存在方式》，载《江苏社会科学》，2001年第5期。

⑤ 康健：《试论网络社会及其特殊的现实性》，载《中共中央党校学报》，2002年第3期。

从总体情况看，对于网络社会概念本身的界定主要指的是基于互联网架构形成的网络空间。无论所指是“新的社会生活形式”“新型的社会交往空间”，还是“精神生活空间”“文化空间”；无论是“数字化的社会关系结构”还是“真实社会的电子克隆”，其所指都是网络空间。多数学者都是从虚拟社会和现实社会的两分法出发把网络社会界定为前者。

（二）作为社会形态的网络社会

2001年社会科学文献出版社推出曼纽尔·卡斯特的《信息时代三部曲：经济、社会与文化》，引起我国学术界的极大关注和讨论。在这套著作中，卡斯特提出了一种作为整体社会结构形态的网络社会：“作为一种历史趋势，信息时代支配性功能与过程日益以网络组织起来。网络建构了我们社会的新社会形态，而网络化逻辑的扩散实质地改变了生产、经验、权力与文化过程中的操作和结果。虽然社会组织的网络形式已经存在于其他时空中，新信息技术范式却为其渗透扩张遍及整个社会结构提供了物质基础……网络化逻辑会导致较高层级的社会决定作用甚至经由网络表现出来的特殊社会利益流动的权力优于权力的流动。在网络中现身或缺席，以及每个网络相对于其他网络的动态关系，都是我们社会中支配与变迁的关键根源”。[①] 具体来看，卡斯特所言的“网络社会”具有以下三个方面的主要特征。

1. 社会形态构造的基本结构：网络

卡斯特认为，网络构成了我们社会的新社会形态，网络化逻辑的扩散实质地改变了生产、经验、权力和文化过程中的操作和结果。按照卡斯特的观点，“网络社会”的“网络”并非专指互联网（Internet），而是指“一组相互连接的节点（nodes）”，而“什么是具体的节点，根据我们所谈的具体网络种类而定”。[②] 卡斯特引用凯文·凯利（Kevin Kelly）对网络逻辑的阐述“原子是过去式了。下个世纪的科学象征是动态的网络……原子代表了干净的简单特质，网络则引导了复杂性的散乱力量……网络是唯一能够没有偏见而发展，不经引导而学习的组织。其他的形态均限制了可能性……网络是开放的。事实上，网络是能够称得上是具有结构的组织里最不具有结构性的组织……”[③]

---

① [美]曼纽尔·卡斯特：《网络社会的崛起》，夏铸九等译，社会科学文献出版社2001年版，第569页。

② [美]曼纽尔·卡斯特：《网络社会的崛起》，夏铸九等译，社会科学文献出版社2001年版，第570页。

③ [美]曼纽尔·卡斯特：《网络社会的崛起》，夏铸九等译，社会科学文献出版社2001年版，第83页。

网络的形态似乎能够良好适应日趋复杂的互动，以及源自这种互动的创造性力量的不可预料的发展。卡斯特认为这种形态学上的构造就是网络，而且网络化逻辑或组织形式会导致较高层级的社会决定作用。网络所代表的特殊社会利益，即流动的权力比权力的流动更为重要。在网络中现身或缺席，以及每个网络相对于其他网络的动态关系，都是我们社会中支配与变迁的根源。

2. 网络社会的物质基础：信息技术范式

卡斯特援引弗里曼（J.R.Freeman）的论述写道："技术—经济范式乃是一群彼此相关的技术，组织与管理之创新……在每个新范式里，都有一个或一组特定投入，能够称之为该范式的'关键因素'，而此因素的特征为相对成本的下降，以及普遍的可及性。"他利用经济学中的技术范式概念提出了信息技术范式，"新的信息技术环绕着由公司、组织与机构组成的网络，形成了新的社会—技术范式"。[①]其所指的信息技术包括了微电子、计算机（硬件和软件）、电信、广播及光电等汇合而成的整套技术，遗传工程及其发展也被纳入其中。

卡斯特认为新的信息技术范式的核心特性构成了网络社会的物质基础，主要包括五个方面。第一个特性表现为信息本身就是其原料。这些是处理信息的技术，而不仅是处理技术的信息，后者是先前技术革命的状况。第二个特性则表现为新技术的效果无所不在。由于信息活动是人类活动的一部分，因此，我们个人与集体存在的所有过程都直接受到新技术媒介的"塑造"。第三个特性是指任何使用这些新技术的系统或关系的网络化逻辑。第四个特性是信息技术范式以弹性为基础。这里的弹性是指社会的诸多方面经过重新排列组合，不仅进程可以逆转，而且组织与制度亦可以修正，甚至可以彻底改变，所以新技术范式具有重新构造的能力。第五个特性表现为特定的技术逐渐聚合为高度整合的系统，在这一系统中，新技术与旧技术纵横交错，彼此之间已经无法区分。在阐述了信息技术范式的特性之后，卡斯特总结说，信息技术范式是一个开放的多变网络，并没有演变为一个封闭系统。它不仅具有强势的物质特性，而且在历史发展方面具有适应性和开放性。这种信息技术范式产生了一种被称之为信息主义的新发展模式，而且"社会组织之特殊形式的属性是，在这种组织里，信息的生产、处理与传递成为生产力与权利

---

① ［美］曼纽尔·卡斯特：《网络社会的崛起》，夏铸九等译，社会科学文献出版社2001年版，第82页。

的基本来源”。[①] 卡斯特认为，“技术确实是一种力量，尤其是在当前的技术范式里，技术贯穿生活与心灵核心的程度，可能更甚以往”。[②]

3. 网络社会的发展方式：信息主义

卡斯特提出信息主义是网络社会的发展方式。他认为社会可以用两个坐标轴来描述其特征，在一个坐标轴上区分前工业主义、工业主义和信息主义，在另一个坐标轴上区分资本主义和国家主义。其中，资本主义和国家主义属于生产方式，工业主义和信息主义属于发展方式。在此，信息主义代替了工业主义。作为新的发展方式，信息主义的构成起源于以信息技术为基础的新技术范式。

卡斯特提出，在工业方式里面，生产力的主要来源在于引进新能源，以及将能源的使用传散于整个生产和流通过程中的能力。在信息发展方式中，生产力的来源在于产生知识、信息处理与象征沟通的技术。知识和信息是一切发展方式的关键因素，而信息发展方式的特殊之处在于针对知识本身的知识行动就是生产力的主要来源。信息处理集中于提高信息处理的技术，以之作为生产力的来源，达到技术的知识根源，以及应用技术来促进知识生产和信息处理这两方面彼此互动的良性循环。

卡斯特认为，信息主义的产生源自社会的支配性领域（例如，生产过程、军事—工业复合体），但是他们会扩散到整个社会关系和社会结构之中，以致穿透与修改了权力和经验。由此，发展方式塑造了社会行为的整个领域，当然包括象征沟通。由于信息主义奠基于知识与信息的技术，在信息发展方式中，文化与生产力之间，精神与物质之间，有一种特别密切的关系。我们应该期待会有历史上全新的社会互动、社会控制与社会变迁的形式浮现。他还进一步论述到，如果技术创新没有在社会中扩散，将会造成技术的停滞不前，因为创新的机构和创新者本身都缺乏必要的社会文化反馈。[③]

由此看来，卡斯特所述的网络社会是指整个社会形态本身，与信息社会、后工业社会、信息化社会等名称是在同一个层面上而言的。正是由于网络化

---

① [美]曼纽尔·卡斯特:《网络社会的崛起》，夏铸九等译，社会科学文献出版社2001年版，第25页。

② [美]曼纽尔·卡斯特:《网络社会的崛起》，夏铸九等译，社会科学文献出版社2001年版，第90页。

③ [美]曼纽尔·卡斯特:《网络社会的崛起》，夏铸九等译，社会科学文献出版社2001年版，第17—21页。

逻辑作为社会基本结构是这个社会形态的关键特色，因而他使用了“网络社会”这个概念。

二、网络社会的概念分析

按照从微观到宏观、从局部到整体的脉络，网络社会的内涵可以分为三个不同的层面，即微观层面、中观层面和宏观层面。明确地区分和界定这三个层面上的社会形态类型，网络社会的概念就自然得以清晰。

（一）微观层面：虚拟社区

在微观层面上，虚拟社区（virtual community）作为现实社区的相对物，是在网络空间中最早出现的人与人交往而形成的社会形式，是人们关于网络社会最早的认识来源，许多关于网络社会的论述都是在虚拟社区这一意义上而言的。

按照马克思主义的社会理论，社会的本质是人们交互作用的产物，“社会——不管其形式如何——是什么呢？是人们交互活动的产物。”[①]马克思（Karl Marx）认为，任何一种社会关系总是要通过个人彼此之间的交往获得现实的存在形式。通过人与人的交往，社会关系在人们的社会交往活动中得到了现实体现，人类社会就是“直接从生产和交往中发展起来的”[②]。“社会不是由个人构成，而是表示这些个人彼此发生的那些联系和关系的总和。”[③]因此，无论社会发展变化表现出何种形式，社会的本质不会改变，我们依然可以从“人们的交互作用”的基本原理出发从社会的本质属性上来认识和界定网络社会。20世纪90年代所出现的虚拟社区就是由人们的交往活动和交互作用而产生的网络空间中最早的社会形式。

在20世纪90年代，全世界建立了好几万个这种社群，大部分的基地在美国，但是逐渐遍及世界各地。[④]一批社团活动家和学者开始研究真实社团与网络中的虚拟社团之间的关系，研究对象包括位于美国加利福尼亚（California）

---

① 《马克思恩格斯选集》第4卷，人民出版社1995年版，第537页。
② 《马克思恩格斯选集》第1卷，人民出版社1995年版，第131页。
③ 《马克思恩格斯全集》第46卷，人民出版社1979年版，第95页。
④ ［美］曼纽尔·卡斯特：《网络社会的崛起》，夏铸九等译，社会科学文献出版社2001年版，第442页。

的圣塔莫尼卡（Santa monica）的公共电子网络（PEN）、弗吉尼亚（Virginia）布莱克斯伯格（Blacksburg）的布莱克斯伯格电子村落（BEV）、华盛顿西雅图（Seattle）地区的西雅图社区网络（SCN）等。[①] 这些关于虚拟社区的实证调查和研究使得人们对于网络空间中的交往社群有了更深入的认识，卡斯特称之为互动式社会，他在综合了许多学者关于虚拟社区的论述后写道："虚拟社群终究算是真实的社群吗？答案既是肯定，又是否定。虚拟社群确实是社群，但不是实质的社群，不会遵循实质社群的那种沟通和互动模式。但虚拟社群是人际的社会网络，大部分以弱纽带为基础，极度的多样化且专业化，但也能够由于持续互动的动态而产生互惠和支持。如威尔曼所述，虚拟社群并非其他生活形式的模仿，而是拥有自身的动态——互联网就是互联网。互联网超越了距离，成本低廉，通常不具有同时性，他们结合了大众媒介的快速传播，以及个人沟通的广泛特性，并且容许在局部性的社群里拥有多重成员身份。此外，他们并未与其他社会交往形式分离。他们巩固了朝向'社会交往的私有化'趋势，亦即以个人为中心来重建社会网络，发展个人社群，实质的和线上的社区都包括在内。电脑联结为那些原本可能社会生活狭隘的人提供了社会联系的机会，因为这些联结在空间上日益分散。"[②]

崔嵬对于 BBS 的研究是我国研究者较早关于虚拟社区的实证分析。他从社会学的研究角度归纳了虚拟社区的四个特性。一是虚拟社区通过以计算机为媒介的沟通得以存在。虚拟社区中的人的沟通以计算机为媒介，从而把身体面对面的沟通排除在外。该特性使现实社区被排除在外。二是虚拟社区的互动具有群聚性。虚拟社区中的成员具备与不确定的多数人进行沟通的能力。该特性将只提供两两互动的网络服务排除在外。三是社区成员身份固定。即必须存在这样一群成员，他们以同一身份多次登录进入虚拟社区，并因此使同一虚拟身份的前后不同活动连接起来，进而综合构成虚拟身份的可识别个性，也使得虚拟身份的交往具有稳定性。只有稳定、长期的交往才能形成社区。这一特性是社区与饭店大堂或者火车站的区别，也是一个虚拟社区与一

① [英]冈特利特主编:《网络研究：数字化时代媒介研究的重新定向》，彭兰等译，新华出版社2004年版，第41页。

② [美]曼纽尔·卡斯特:《网络社会的崛起》，夏铸九等译，社会科学文献出版社2001年版，第445—446页。

个由不固定的人群组成的网络公共聊天室的区别。四是社区成员进入虚拟社群后，必须能够感受到其他成员的存在。①

虚拟社区是人类在互联网空间所开拓的崭新生存和发展领域，它的出现及其广泛影响是网络社会崛起的标志性产物之一。对于虚拟社区的具体研究正是网络社会研究的基础。诸如关于虚拟社区的社会特性、运行机制和发展规律的分析，以及虚拟社区与现实的关系等，这些研究的展开和深入，对于发现和揭示网络社会的本质规律具有十分重要的作用。因此，虚拟社区成为网络社会概念架构中的关键环节，被网络研究的学者所关注和重视，这是自然而然的。当然，我们也必须认识到，虚拟社区只是整个网络社会中的重要组成部分，不能作为网络社会的概念本身。

（二）中观层面：赛博空间

作为中观层面的网络社会，赛博空间这个概念涵盖了互联网架构上出现的所有存在形式，指的是以网络技术群为基础承载人类活动所形成的网上社会空间。与之相近的提法还有因特网空间、电子社会、虚拟空间、比特空间、网络空间、线上社会等。以“网络社会”的概念来指称这一空间，彰显出互联网空间是人类劳动实践的创造物，其本质属性是社会性。

当前我国多数学者关于网络社会的论述，都是在赛博空间这一中观层面上进行阐发的。曾国屏等关于赛博空间的研究是代表性的理论阐述。

根据曾国屏等的研究，赛博空间（Cyberspace）这个词是加拿大科幻小说家威廉·吉布森（William Gibson）于20世纪80年代中期首先使用的。他在一本科幻小说中描写了计算机网络化把全球的人、机器、信息源都联结起来的新时代，昭示了一种社会和交往的新型空间。从词源上看，Cyber这个前缀是从希腊词借来的，表达的是航行掌舵的意思。控制论这门学科的内涵包括两方面，一是进行航行掌舵式控制，一是进行信息交流。从关于信息控制和通信的赛博论，到人们将计算机的数字化信息储存和处理能力通过现代通信网络技术联结起来，形成了一个崭新的社会空间，这是一种虚拟空间、精神生活空间和文化空间。人们航行在信息的海洋中，航行在赛博空间中，可以控制自己的航向，通过超文本链接方式从一个节点跳到另一个节点，从一个信息源跳到另一

---

① 崔嵬:《在虚拟和现实之间——一塌糊涂BBS虚拟社区研究》，北京大学硕士学位论文，2001年。

个信息源，实现了一种新型的社会通信和交流。而随着虚拟现实技术的发展对键盘—屏幕式的人机界面的进一步突破，人们可以更加沉浸式地参与虚拟空间中，在人机共生中参与和体验赛博文化生活方式。概而言之，从赛博论到赛博空间，并诞生出赛博文化现象，其共性是既有航行掌舵也有交流通信。赛博空间的技术基础是计算机技术、通信网络技术以及虚拟现实技术。在这些技术的基础上，通过人们的社会交往和交流而形成了赛博空间和赛博文化。赛博空间的产生不但极大地改变了我们获取客观世界信息的方式，而且改变着我们重构客观世界模式的方式，并使人类认知方式具有新的特点。①

人类社会的发展过程也是人类生活世界的不断延拓和塑造的过程。在这个过程中，科学技术作为一种主体把握生活世界运动规律和状态的认知和行动，能够不断增强人们控制和改造自然的有效性，而且可以不断突破以往生活世界的边界，创造出新的生活空间和新的生存状态。正是借助科学技术的力量，人们的社会生活才不再仅仅驻足于日常生活空间，局限于现实的生活空间，而是常常超越日常生活空间，常常走进文化和交往的生活空间。而且正是通过信息和知识的交往，人们得以“嵌入”各种在场情境，将地方性和全球性连为一体。因而，人类社会生活的延拓不仅表现为传统时空拓展意义上的外延，而且表现为现代时空拓展意义上的外延，且现代时空拓展在外延的同时出现了“内生”，即随着社会交往不断深入而在空间上的深度挖掘和历史发展过程中的时空交错和融合，主体通过对意义和价值的把握拓展其生活空间。毋庸置疑的是，“内生”的前提是人们可以通过认知活动、物质实践和社会交往实践发现新的可能性，塑造新的生活空间，赋予发生于时空中的物理和心理过程以意义，并通过对这些意义的信息的处理来把握和应付其不确定性。②

计算机技术、现代通信技术和因特网技术的出现，使得人类实践形式和社会空间的演化出现三个显著特点：信息方式、虚拟实践和赛博空间。信息成为这种新型空间中首要的活元素，它既能表征物质和能量的状态和过程，也能用量化的方式表达自身，信息由此成为一种使世界得以展现的新方式——信息方式。通过对信息的本体论、知识论和价值论的考察，可以进一步揭示信息的本质对事物的非现实性表征和再现。这里的非现实性指的是对

① 曾国屏等:《赛博空间的哲学探索》，清华大学出版社2002年版，第3—4页。
② 曾国屏等:《赛博空间的哲学探索》，清华大学出版社2002年版，第10页。

现实和实在基于认知框架和文化语境的虚拟。作为主体实践的新形式，信息方式和虚拟既基于现实性，又是对现实性的超越。[①]而虚拟概念一经提出，就超越了纯粹技术的界限，具有深刻的哲学意蕴。一方面为我们提供了界定人类认识和实践活动本质的全新视角，另一方面也揭示出一种新型的实践活动形式——虚拟实践。虚拟实践带来人类认识论的发展，当使用者（主体）沉浸在虚拟现实之中，凸现了主体在世界中存在；主体“在虚拟现实中存在”，在虚拟现实中实现虚拟实践的发生和变化。它们是相互赋予内涵、必然关联的两个方面。一方面，主体在其意向和想象的作用下，不断地在赛博空间中寻找各种信息，并对信息做出回应；另一方面，这种基于意向和想象的信息寻找，又决定了赛博空间的存在，规定了赛博空间的“空间关系”。换言之，赛博空间是虚拟生活实践的场所，虚拟生活实践即意味着赛博空间的构建和拓展。曾国屏等进一步指出，虚拟现实是人类符号中介系统的一种革命。虚拟实践是将可能性转换为现实性的创造性实践，从而是对现实的超越和扬弃。但无论是信息方式的非现实性表征和再现，还是虚拟对现实性的超越及其中介层面的革命性，都基于赛博空间这样的基础性平台。赛博空间使得物理空间与信息空间、物质实体与信息表征、现实存在与虚拟建构之间的交互联系更加紧密，界面渐趋模糊。因此，赛博空间包括两个方面的内涵：一是数字化信息流动的空间；二是文化交往空间。

综上所述，赛博空间中的虚拟交往实践、虚拟现实活动引发了哲学层面的本体论、认识论的再思考，这种虚拟空间的社会结构、社会行为以及社会问题也已经成为社会学学者关注和研究的新领域，一些学者称这种虚拟空间为虚拟社会，认为这是有待人类探索的自然空间、社会空间之外的另类空间。可以说，虚拟社会的出现为网络社会学的确立提供了不可置疑的根据，由此，它也成为网络社会研究最为重要的内容。但是虚拟社会作为人类劳动创造的产物，其本质上是现实社会的延伸。虚拟社会空间与现实空间是密切联系与相互渗透的，网络社会的研究越深入，就会越清晰地发现虚拟生活与现实生活是紧密地交织在一起的，虚实世界的互动与融合是网络社会最为鲜明的特征。因此，仅仅把网络社会的概念定位在虚拟空间，已经无法适应网络社会的发展实践，网

① 曾国屏等:《赛博空间的哲学探索》，清华大学出版社2002年版，第12页。

络进入人类社会的广度和深度已经到达前所未有的程度，虚拟社会业已作为重要的组成部分，与现实社会一同建构出人类社会的崭新形态——网络社会。

（三）宏观层面：网络社会

作为宏观层面的网络社会指的是包括了虚拟社会和现实社会，即网上与网下两个社会空间在内的整个社会形态。这是完整意义上的网络社会，也正是本研究关于网络社会的概念界定。我们认为，网络社会的全景可以用两个坐标轴来刻画，一个是按照社会网络的发展脉络，另一个是按照从现实到虚拟的发展脉络。

在第一个坐标轴上，网络是其关键词，卡斯特所言的网络社会就是在这一意义上进行阐述的。正如卡斯特所言，“作为一种历史趋势，信息时代支配性功能与过程日益以网络组织起来。网络建构了我们社会的新社会形态，而网络化逻辑的扩散实质地改变了生产、经验、权力与文化过程中的操作和结果。虽然社会组织的网络形式已经存在于其他时空中，新信息技术范式却为其渗透扩张遍及整个社会结构提供了物质基础……”[①] 在卡斯特看来，社会组织的网络形式已经存在于新信息技术范式出现之前的其他时空中，但在信息时代社会里扮演了核心的角色。由于社会学领域中关于社会网络的研究由来已久，因此一些学者认为卡斯特的网络社会的“网络”源于传统的网络研究视角，卡斯特是把“网络”作为一种分析当今信息时代社会发展和整体结构的有力工具和视角。[②] 正如他在谈论网络社会的社会学时所言，“新型社会是由各种网络构成的，由‘网络’对社会实践进行组织改变了当今社会的社会结构。当今的社会结构表现为一个多向度的动态网络发展系统，对它的分析可以有助于解释信息时代的社会发展。同时，社会学的概念和方法也有助于对作为组织和关系的特殊形式的‘网络’进行研究。因此21世纪的社会学必须重视以‘网络’为基础的观念来分析社会整体结构。”[③]

因此，网络作为人类社会的社会组织形式在漫长的历史变迁中不断发展变化，家庭、社群、民族、国家等作为社会网络早已存在，人类社会正是由

---

① [美]曼纽尔·卡斯特：《网络社会的崛起》，夏铸九等译，社会科学文献出版社2001年版，第569页。

② 郑中玉，何明升：《“网络社会”的概念辨析》，载《社会学研究》，2004年第1期。

③ [美]曼纽尔·卡斯特：《论网络社会的社会学》，载《国外社会科学》，2001年第3期。

这些种类繁多的具体社会网络所组成。随着20世纪90年代信息技术革命的兴起，产生了不同于以往任何网络的崭新“网络”——基于计算机技术、通信网络技术以及虚拟现实技术的互联网。由此，人们应用互联网把已有的各种社会网络延伸到互联网空间，同时也在互联网上通过虚拟实践创造出新型的虚拟社群网络，并实现现实网络与虚拟网络的相互渗透和融合。这样网络化的逻辑最终将扩散成整个社会的基本结构形态，形成网络社会。在这一坐标轴上，网络社会是一种建立在普遍交往实践之上的社会结构，是人类社会已有的关系网络与信息技术网络相互作用的产物。可以说网络社会是在人类社会关系和结构的发展变迁过程中，由人类交往实践活动产生的各种社会关系网络所组成的连续体。

第二个坐标轴所刻画的是由现实到虚拟的发展，作为对现实的延伸，虚拟是人类超越自身和现实社会的创造物。

张明仓认为:“从根本上说，虚拟是标志人的超越性和自由度的哲学范畴。在狭义上，当代语境中的虚拟特指当代的数字化的表达方式、构成方式和超越方式，是我们时代的数字化的存在方式、发展方式和创造方式。而在广义上，虚拟指的是人借助于符号化或数字化中介系统超越现实、观念的或实践地建构‘非现实的真实世界’的能力、活动、过程和结构。虚拟是人的活动的一种普遍特性，是人的创造性、超越性的重要源泉和动力。”①通过由现实向虚拟的迈进，人的本质力量得到了进一步的体现，虚拟世界正是人类征服自然空间和现实社会之后，朝向新型的生存空间进军的产物。

虚拟作为现实的延伸和超越体现在三个方面，即对现实的复制和模仿、对现实的可能性的模拟和对现实的不可能性的虚构。陈志良认为:“虚拟作为一种数字化的存在，它对现实性的背离不是完全否定的。一般说来，有着三种不同形式的虚拟:（1）对实存事物的虚拟，即对象性的虚拟或现实性的虚拟;（2）对现实超越性的虚拟，即对可能性或可能性空间的虚拟;（3）对现实背离的虚拟，一种对现实而言是悖论的或荒诞的虚拟，即对现实的不可能的虚拟。无论是现实的、可能的、不可能的虚拟，还是悖论的、荒诞的、梦幻的虚拟，都表明虚拟对现实性的超越是有等级和层次的，有着各种各样的意

① 张明仓:《虚拟现实论》，云南人民出版社2005年版，第60页。

义和层次上的虚拟。一个虚拟时代，作为它的内核和虚拟，是多样化多维空间的。”① 叶险明则对虚拟对象的类型做出更为具体的划分：“一是作为现实体和现实关系功能的延续、补充、替代的那部分数字化虚拟，如虚拟企业、虚拟金融系统、虚拟社会组织等。二是作为附着实体上并和现实体一起共同构成了新的功能的那部分数字化虚拟，如各种数字化电器和数字化军事装备等。三是对纳入人们非直接体验的各种现实形态等的数字化虚拟，如虚拟人们难以或无法直接体验的各种现实形态等。四是对各种未来可能出现的现实形态或现实活动和现实关系的数字化虚拟，如虚拟宇宙探测、虚拟未来的军事活动、虚拟未来的某些关系等。五是对各种想象或幻想的数字化虚拟（包括毫无科学根据的幻想）。”②

在这一坐标轴上，现实社会延伸出了虚拟的网络社会空间，虚拟社会和现实社会一起构成了整个网络社会的全部形态。在这条轴线上认识网络社会，现实与虚拟之间的矛盾构成了网络社会的一对重要的矛盾。这一矛盾关系可以分为四个方面。一是虚拟与现实的差异性，虚拟社会与现实社会之间存在不同的方面；二是虚拟与现实的同一性，虚拟社会与现实社会之间存在相同或者相似的方面；三是虚拟与现实的对立性，虚拟社会与现实社会之间存在着一定条件下的相互对立和相互斗争；四是虚拟与现实的统一性，虚拟社会与现实社会之间存在着一定条件下的相互依存和相互转化。因此，在这一坐标轴上，网络社会是人们在现实实践和虚拟实践基础上所创造的社会结构形态，是现实社会和虚拟社会互动作用下的产物。可以说，网络社会是人在自身本质力量的增长过程中，由对现实的改造到对虚拟的创造所产生出的社会连续体。

第二节　虚拟世界的碰撞（虚实二重性）

一、网络世界的虚拟性与现实性

唯物辩证法认为，矛盾是普遍存在的，矛盾无时不有，无处不在，这就

---

① 陈志良：《虚拟：哲学必须面对的课题》，载《光明日报》，2000年第1期。

② 叶险明：《马克思的哲学革命与哲学的现实基础——兼论关于虚拟与现实关系研究的方法论》，载《哲学研究》，2005年第2期。

是矛盾普遍性原理。矛盾普遍性原理既适用于现实世界，也适用于网络世界。严耕在论及网络道德建设时认为网络世界存在八对矛盾，即电子空间与物理空间的矛盾、网络道德与既有道德之间的矛盾、信息内容的地域性与信息传播方式的超地域性之间的矛盾、通讯自由与社会责任之间的矛盾、个人隐私与社会监督之间的矛盾、信息共享与信息独有之间的矛盾、网络开放性与网络安全之间的矛盾、网络资源的正当使用与不正当使用之间的矛盾等。①

在已有研究成果的基础上，我们认为，在网络世界中主要存在着以下十个方面的矛盾。从存在性质来看，网络世界存在现实性与虚拟性的矛盾；从基本属性来看，网络世界存在技术性与社会性的矛盾；从社会本质来看，网络世界存在自由性与控制性的矛盾；从社会效应来看，网络世界存在着积极性与消极性矛盾；从主体的构成来看，网络世界存在主观性与客观性的矛盾；从信息的利用方式来看，网络世界存在共享性与垄断性的矛盾；从主体的地位来看，网络世界存在平等性与等级性的矛盾；从对于人的影响机制来看，网络世界存在同化性与异化性的矛盾；从治理形式来看，网络世界存在权力性与权利性的矛盾；从集权程度来看，网络世界存在民主性与集中性的矛盾。在其他九对矛盾中都渗透和蕴涵着现实性与虚拟性之间的矛盾。其他九对矛盾的产生、发展和解决，都离不开现实性与虚拟性之间的矛盾。因此，我们可以说现实性与虚拟性之间的矛盾是网络世界的主要矛盾。网络世界的这个主要矛盾由两个方面构成：一是网络世界的虚拟性；一是网络世界的现实性。这同时也是网络世界的双重属性。这两个方面缺一不可，他们之间是对立统一的关系。一方面，网络世界的虚拟性与现实性之间存在着相互差异性和相互否定性；另一方面，网络世界的虚拟性与现实性之间存在着相互依存和相互转化的可能性。同时我们必须看到，不论是网络世界的现实性还是虚拟性，其根源都不是网络世界本身——网络世界只是他们的一个载体，他们的根源都在现实世界之中。我们不能把网络世界看成是一个与现实世界完全不同的世界，从而认为网络世界只具有虚拟性不具有现实性；我们也不能将网络世界看成是一个与现实世界完全相同的世界，从而认为网络世界只具有现实性不具有虚拟性。网络世界与现实世界既有联系也有区别，这种关系表现在属

① 卢风、肖巍：《应用伦理学导论》，当代中国出版社2002年版，第280—292页。

性上就是网络世界具有现实性和虚拟性这种双重属性。不论是从网络世界的主体方面，网络世界的客体方面还是网络世界本身的多重维度方面我们都可以看出网络世界的虚实二重性。

二、从网络世界的主体看网络世界的虚实二重性

网络世界的主体与网络主体这两个概念之间不尽一致。网络主体包括网络世界的主体，也包括处于网络世界之外但是与网络世界的运作有关的主体。网络主体指的是在从事网络活动的过程中享有一定权利并承担一定义务的各种人。网络主体具有两种基本形态，一是从事网络活动的个人；一是从事网络活动的法人（或者组织）。网络主体是各种网络活动的推动者，是网络世界之所以成为网络世界的主体依据。如果没有网络主体，网络世界只是一个死寂的世界。网络世界正是由于有了网络主体而成为一个真正的世界。

严耕将各种网络主体分为四类：一是使用者，就是通过网络接收、传送和发布信息的个人和组织，如入网人、设立站点的网页的个人、组织、公司等；二是服务者，就是给网络使用者提供接入服务的机构，也就是 ISP（网络服务商）；三是管理者，就是对网络进行管理的各种组织，包括国际组织、各国政府及其专门的网络管理机构，如互联网协会、各国的信息化领导机构和有关执法机构等；四是建造者，就是进行网络硬件的建造、铺设和软件的生产开发机构，如各国政府、电信部门、计算机公司和科研院所等。① 常晋芳认为："所谓网络主体，是所有网络的创建者、维护者、经营者、管理者和使用者，包括个人和组织。我们可以通称为'网络人'。"② 他把网络主体分为五类：一是网络创建和维护者——在技术层面创建和维护网络运行的人员；二是网络监管者——在社会政治和法律层面监督管理网络的人员；三是网络经营者——在社会经济层面从事网络企业和商务经营、创造经济利益的人员；四是网络研教者——在文化思想层面从事网络理论研究、教学和宣传的人员；网络使用者——最大多数地使用各种网络服务的普通人。③

---

① 卢风、肖巍：《应用伦理学导论》，当代中国出版社2002年版，第280—292页。

② 常晋芳：《网络哲学引论》，广东人民出版社2005年版，第55页。

③ 常晋芳：《网络哲学引论》，广东人民出版社2005年版，第66页。

以上两种分法其实没有本质区别。我们可以在这两种分法的基础上从宏观层面将网络主体分为两类：一类是网络使用者；另一类是网络服务者。网络使用者其实是我们经常所说的网民，指的是使用网络的人。这里的使用网络包括收发电子邮件、网络聊天、查询信息、进行网络游戏、撰写博客、网络交际等各种网络活动。网络使用者就是我们这里要说的网络世界的主体。而网络服务者就是为网络使用者服务的人，包括以上所说的网络创建者、维护者、经营者、管理者（管理者其实也是服务者）等。值得说明的是，网络使用者与网络服务者的划分是相对的，他们在一定条件下可以相互转化：当网络使用者从事网络服务时，他就又成了网络服务者；而当网络服务者使用网络时，他就又成了网络使用者。有的人也可能一身二任，既是网络使用者也是网络服务者。

一般而言，网络服务者总是处于网络世界之外，而网络使用者总是处于网络世界之中。处于网络世界之外的网络服务者都是现实的人，也都来自现实的社会，他们无疑都具有而且也只具有现实性，一般而言，他们没有虚拟性，因为他们没有进入网络世界。而处于网络世界之中的网络使用者即网络世界的主体都必然同时具有虚拟性和现实性这双重属性。当网络使用者出现在网络世界中时，他们都是作为"虚拟人"存在的，他们或者表现为一个ID，或者表现为一个昵称，或者表现为一个电子邮箱地址，或者表现为一串数字，或者表现为一个密码，或者表现为一个IP，如果从根本上说就是表现为1和0的不同排列组合……这是他们虚拟性的表现。同时，网络使用者即使处于网络世界之中的时候也具有现实性，因为他们来自现实世界，他们在网络世界中活动也是为了满足自己的各种现实的需要，他们在网络世界中的言行要受到现实世界的种种制约，他们在网络世界中活动的方式、方法、时间、地点、内容等因素都与现实世界有着千丝万缕的联系。"实际上，能够接触到网络世界的前提条件就是要有特定的非网络的物质资源，而且不仅仅是有机会获得电脑和运行电脑所必需的电力。"[①] 有论者指出："互联网是需要一定的物质条件的。首先，是需要有一台电脑，而且这台电脑在配置上还需要达到一定的水平。其次，就是需要网线（对应网卡）或者电话线（对应调制解调器）的

① 曹荣湘：《解读数字鸿沟——技术殖民与社会分化》，上海三联书店2003年版，第231页。

连接。仅这两个方面的物质条件，对于许多人而言就构成了一种限制。如果没有足够的钱买电脑，如果没有落在一个装了网线和电脑的单位，而自己又没有装电话，还不舍得花钱或者根本没钱去网吧上网，自己也就当然地被排斥在了互联网的外面。所以可以说互联网中的人员或者说互联网的用户实际上是已经筛选了的。至于那些在网站上浏览、阅读、聊天、留言、粘贴文章的人，则更是需要有识字、用键盘打字的能力。制作网页、编程、设置小功能等又需要更高的技术水平。”①

以上所述表明，即使是处于网络世界中的虚拟人，也要受到现实的限制。其中最重要的是以下两种现实限制。一是进入网络世界的客观条件，如上网所用的基本设备或者金钱等；一是进入网络世界的主体条件，如基本的网络技能和上网时间、上网精力等。而且，这两个条件缺一不可。可见，身处网络世界的网络使用者——即网络世界的主体——不仅具有虚拟性，也具有现实性。

三、从网络世界的客体看网络世界的虚实二重性

网络客体与网络世界的客体这两个概念之间不尽一致。网络客体包括网络世界中的客体，也包括处于网络世界之外但与网络世界的运作有关的非主体因素。所谓网络客体，就是网络世界得以运行的各种条件和在网络活动中网络主体指向的对象。一是网络内部结构系统。“计算机网络系统结构包括四个要素：实体、系统、层和协议。实体指能完成某一特定功能的程序；系统指包含一个或多个实体，具有信息处理和通信功能的物理整体；层指在系统中能提供某一类服务功能的逻辑构造；协议指在系统中两实体间完成通信或服务所必须遵循的规则和约定。”②二是网络硬件，包括服务器系统、通信传输介质、网络设备等。三是网络协议，主要是TCP/IP协议。四是网络软件。五是网络信息。六是在网络活动中的受动方等。其中，第五项和第六项属于网络世界中的客体。除了网络信息和网络活动受动方之外，各种网络客体都具有也只具有现实性，他们一般不具有虚拟性。

而网络信息同时具有虚拟性与现实性。网络信息的虚拟性比较好理解，

---

① 王水雄：《结构博弈——互联网导致社会扁平化的剖析》，华夏出版社2003年版，第57页。

② 常晋芳：《网络哲学引论》，广东人民出版社2005年版，第102—103页。

因为网络信息本身就是以数字化虚拟为形式的。信息以比特的形式在网络世界中流动，它本身是无形无影的，这就是信息虚拟性的一面。但是，信息还有现实性的一面。信息的现实性可以从以下几个方面中看出来：首先，网络信息的生产主体和消费主体都是现实世界中的现实的人；其次，网络信息基本上都来源于现实世界；再次，网络信息在网络世界中流动之后，又往往都流向现实世界；最后，网络信息基本上都是为现实世界服务的。因此，我们说网络信息具有现实性。

网络活动中的受动方也同时具有虚拟性与现实性。与网络活动中的主动方即网络世界的主体一样，网络活动中的受动方也是现实世界中的现实的人在网络世界中的符号表现。因此它与网络世界的主体一样都同时具有虚拟性与现实性这双重属性。

综上所述，网络世界的主体既有虚拟性也有现实性，网络世界的客体既有虚拟性也有现实性，作为技术世界、社会世界和文化世界的网络世界也都既有虚拟性也有现实性。一言以蔽之，网络世界不仅仅具有虚拟性，而且也具有现实性。网络世界的虚拟性和现实性同时存在，相互为用，他们之间既有对立性也有统一性，而且统一性占据主导地位。虚拟性与现实性是网络世界的双重属性，虚拟性与现实性之间的矛盾构成网络世界的基本矛盾。这个基本矛盾决定和推动着网络世界的发展变化，也决定和推动着网络环境下虚拟与现实关系的发展变化。

网络虚实二重性对思想政治教育的理论研究和实践发展具有重要意义。在这个网络化生存和发展的时代，正确把握虚拟社会的虚实二重性有助于我们深入认识和研究网络社会条件下人的思想品德发展规律。自觉能动性是人的思想形成发展的基础，网络世界的虚拟性进一步促进了人在思想发展过程中自觉能动性的作用。由于数字化生存范式和虚拟交往空间的出现，人的以自主性、能动性、创造性为主要内容的主体意识得以充分发展。诸如自我意识的增强、民主意识的深化、成长意识的发展等方面尤其在青年一代的身上得到显著体现。

在网络社会条件下，虚拟实践和虚拟认识的发展促进了人们思维方式的发展与更新，开放性思维、创新性思维、共享性思维等成为思维方式的新特征；而国家意识和民族观念的淡化、道德意识和行为的失范、人际交往障碍、多重人格、感情冷漠、网络沉溺等现象的出现，说明虚拟网络同样给人的思想发展带来不可忽视的负面影响。因此，虚拟实践使得人的思想具有更为丰富和复杂的发展内容和方式，需要思想政治教育者充分认识网络世界的虚实二重性，把握人的思想品德发展过程的规律，切实发挥思想政治教育对人的发展的指导作用。

存在决定意识的理论揭示了人的思想发展的一般规律。虚拟世界的现实性使得思想政治教育者认识到，虚拟社会空间中问题的最终解决离不开现实社会的实践活动。因为网络世界不仅仅具有虚拟性，也具有隐匿在虚拟性之后的深深的现实性，所以我们在开展思想政治教育的过程中不能仅仅就网络而研究网络，而应该深入发掘各种网络问题的现实背景和现实根源。存在决定意识的规律性要求我们，网络思想政治教育必须有“实”的一面，我们不但要主动营造健康向上的虚拟生活，更要调节和优化现实社会的生存环境。只有这样，才能真正促进人的思想道德品质的良好发展。

第三节　高校学生网络运用现状

互联网技术的蓬勃兴起与迅猛发展推动社会进入了互联网时代。互联网对大学生的思想观点、价值观念、思维方式、行为习惯乃至生活状态都产生了举足轻重的影响。大学生的网络运用状况以及网络对大学生的影响状况等，已成为大学生思想政治教育需加强关注的重要内容。本节通过对大学生的上网时长、上网目的、微博微信等自媒体的使用、对待网络热点的态度、网络影响等有关方面状况展开调研总结，以期较为全面细致地把握当前大学生的网络运用状况，为进一步开展好大学生思想政治教育提供现实依据和科学研判。

一、上网时长

上网时长能够直观体现大学生对网络的依赖程度和使用情况，同时也能从一定层面上反映网络对大学生的影响状况。调研资料发现，随着网络运用便捷性和自由性的不断完善，近年来大学生上网时长呈显著增加趋势，值得我们高度关注。①

（一）总体情况

总体来看，大多数大学生能够合理控制上网时长。调查数据显示，大部分大学生（55.5%）每天上网时长在4小时以下。具体来看，每天上网时长不超过2小时的人数比例较低，为12.6%；上网时长在2~4小时的人数比例最高，为42.9%；上网时长4~6小时的人数比例次之，为27.1%；另有17.4%的大学生上网时长在6小时以上（见图1.1）。

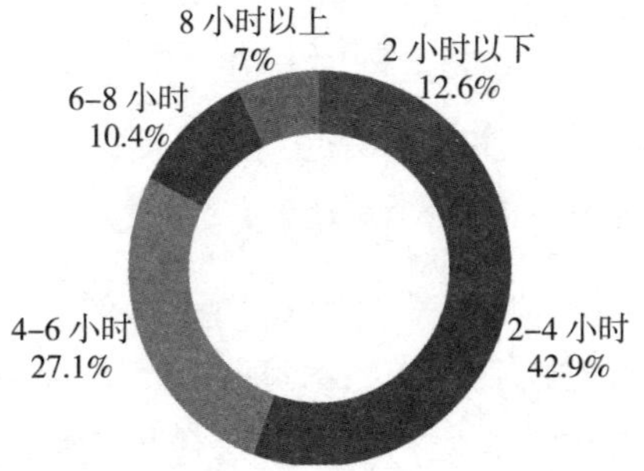

图 1.1　2017 年大学生每天上网时长分布状况

表 1.1　2014—2017 年大学生每天上网时长分布状况比较（%）

上网时长＼年份	2014 年	2015 年	2016 年	2017 年
2 小时以下	20.0	16.5	14.8	12.6
2~4 小时	44.4	49.0	46.7	42.9
4~6 小时	21.6	21.2	23.7	27.1
6~8 小时	8.0	7.4	7.9	10.4
8 小时以上	6.0	5.9	6.9	7.0

为进一步比较分析近年来大学生上网时长状况（见表1.1），我们将每天上网时长“2小时以下”“2~4小时”“4~6小时”“6~8小时”“8小时以上”分别进行统计，发现大学生对网络的使用日益频繁，网络在大学生日常生活中展现出越来越重要的地位。

① 中国互联网信息中心：第41次《中国互联网络发展状况统计报告》，http：//cnnic.cn/gywm/xwzx/rdxw/201801/t20180131-70188.htm，2018年1月1日。

（二）不同群体大学生上网时长状况

为进一步比较分析不同群体大学生的上网时长状况，我们将每天上网时长分为“2小时以下”“2~4小时”“4~6小时”“6~8小时”“8小时以上”，然后进行分析。经分析发现，不同群体的大学生在每天上网时长方面存在显著差异。

1. 基于自然因素的分析

不同性别、民族的大学生在每天上网时长方面不存在显著差异，但不同年龄段的大学生在每天上网时长方面存在显著差异。具体情况如下。

从年龄来看，年龄相对较大的大学生，其每天上网时间也相对较长。低、中、高年龄段的大学生每天上网时长主要集中于2~6小时，人数比例依次为72.4%、70.2%、61.9%；每天上网时长在6小时以上的比例依次为12.5%、18.1%、27.9%。综合来看，伴随年龄的增长，网络在大学生日常生活中占据的时间越来越多，大学生对网络的使用越来越频繁。[①]

2. 基于成长背景的分析

生源地类别及生源地所在区域、家庭类型、父母亲职业类型、父母亲文化程度、独生子女状况以及家庭经济状况等成长背景不同的大学生，在每天上网时间长短方面不存在显著差异。由此有理由相信，与自然因素和教育因素相比，成长背景对大学生每天上网时长的影响较小。

（三）上网时长对大学生有关思想政治状况的影响

调查发现，近年来大学生每天上网时间呈显著增加趋势，大学生对网络的使用越加频繁和普遍。为进一步研究分析每天上网时长对大学生有关思想政治状况的影响，我们又通过相关分析等分析方法展开研究。分析发现，较长的上网时间或对大学生有关思想政治状况具有消极影响。每天上网时间越长的大学生，他们对有关正确思想观点和价值观念的认同度越低，有关方面的表现越差。这里需要特别予以说明的是，虽然每天上网时长与大学生有关思想政治状况呈显著负相关关系，但当前大学生在价值观、政治观、道德观、文化观等方面的综合表现较好，因此这里仅揭示每天上网时长与大学生有关思想政治状况的相关性（负相关），而不能得出每天上网时间越长的大学生其思想政治状况越差的结论。但与此同时，值得引起我们高度重视的是，在大

---

① 沈壮海、王晓霞、王丹等:《中国大学生思想政治教育发展报告2017》，北京师范大学出版社2018年版，第365—367页。

学生每天上网时长日益增加的事实前提下，面对网络空间内鱼龙混杂的各类信息以及网络对大学生思想观点和价值观念潜在的消极影响，加强大学生网络思想政治教育，对大学生网络运用展开合理有效的规范引导，已然成为大学生思想政治教育亟待解决的重要课题。

二、上网目的

上网目的直观体现大学生网络用途，是反映大学生上网需求、价值取向和网络行为选择的重要指标。了解和掌握大学生主要上网目的，对规范和引导大学生网络行为，提升大学生思想政治教育的有效性具有重要现实意义。

（一）总体情况

调查数据显示，大学生上网目的呈现出明显的娱乐化倾向，利用网络进行学习也是主要上网目的之一。调查表明，大学生选择“娱乐消遣”上网目的的比例最高，为71.9%；选择“学习”的比例次之，为61.5%；选择“交流沟通”的比例位列第三，为59.1%；选择“获取新闻信息”的比例位列第四，为57.8%；少部分大学生选择“商务交易”（5.2%）和“其他”（2.4%）（见图1.2）。

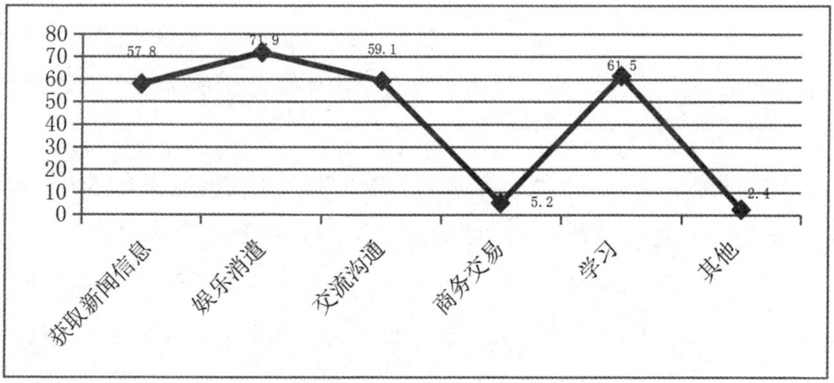

图 1.2 2017 年大学生上网目的状况（%）

通过对2015—2017年三年的数据进行比较发现，三年来大学生对主要上网目的的选择高度一致，“娱乐消遣”始终位列大学生主要上网目的的首位，选择比例为68.4%~71.9%；大学生选择“学习”（58.2%~61.5%）和“交流沟通”（57.6%~59.1%）的比例近年来呈显著上升趋势（见图1.3）。

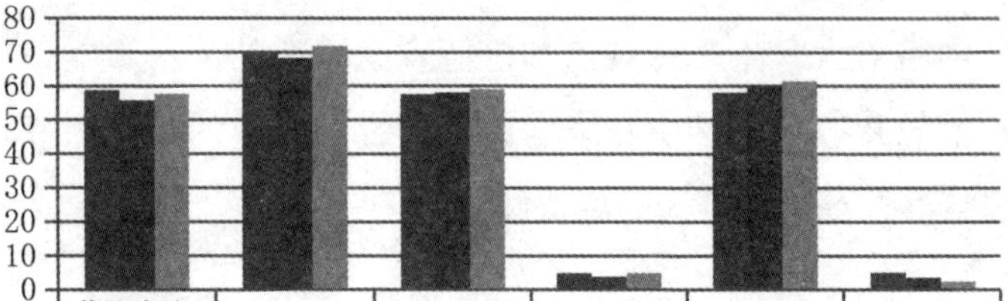

	获取新闻信息	娱乐消遣	交流沟通	商务学习	学习	其他
■2015年	58.9	69.7	57.6	5	58.2	5.1
■2016年	55.7	68.4	58.1	4	60.1	3.6
■2017年	57.8	71.9	59.1	5.2	61.5	2.4

图 1.3　2015—2017 年大学生上网目的状况比较（%）

（二）不同群体大学生上网目的的状况

从性别来看，女生在上网目的方面选择“娱乐消遣”和“交流沟通”的比例分别为74.2%、66.3%，明显高于男生相应的选择比例70.0%、53.1%，女生上网的娱乐化倾向更加明显；男生选择“获取新闻信息”的比例为60.2%，明显高于女生的相应比例54.9%；在利用网络学习方面，男生和女生相差不大，他们选择“学习”的比例分别为61.0%、62.0%，女生比例略高于男生。

从学生干部经历来看，有学生干部经历的大学生选择“娱乐消遣”（72.4%）、“学习”（62.3%）、“交流沟通”（60.3%）、“获取新闻信息”（58.9%）等主要上网目的的比例，均明显高于没有学生干部经历的大学生的相应比例69.2%、56.4%、52.0%、50.5%。

从学科类别来看，不同学科类别的大学生在上网目的方面存在明显差异。社会科学类大学生上网倾向于“娱乐消遣”（73.5%）、“交流沟通”（63.1%）和“获取新闻信息”（60.6%）的人数比例，均高于人文科学类和理工类大学生；上网倾向于“学习”（57.4%）的人数比例，则低于人文科学类（62.2%）和理工类（63.3%）大学生。①

从政治面貌来看，与非党员大学生相比，党员大学生网络使用的合理程度相对较高。调查数据显示，党员大学生选择“娱乐消遣”和“交流沟通”的比例依次为65.4%、56.5%，分别明显低于非党员大学生的相应比例75.2%、

① 沈壮海、王晓霞、王丹等：《中国大学生思想政治教育发展报告2017》，北京师范大学出版社2018年版，第367—371页。

60.4%；选择“学习”和“获取新闻信息”的比例依次为64.9%、63.7%，分别明显高于非党员大学生的相应比例59.7%、54.9%。

从学历层次和年级来看，伴随学历层次和年级的提高，大学生上网目的的合理程度明显提升。从学历层次来看，本科生、硕士生、博士生选择“娱乐消遣”的比例依次为76.1%（平均）、65.5%、53.5%，选择“交流沟通”的比例依次为62.1%（平均）、55.7%、43.9%，均呈明显下降趋势；选择“学习”的比例依次为58.3%（平均）、65.9%、76.6%，选择“获取新闻信息”的比例依次为56.5%、60.1%、62.7%，均呈明显上升趋势。由此可见，伴随学历层次的提高，大学生上网的娱乐化倾向明显降低，转而更加重视利用网络进行学习和获取新闻信息，大学生网络运用的合理程度伴随学历层次的提高而明显提升。从年级来看，大学生对上网目的的选择也展现了大学生网络使用合理程度逐步提升的良好态势。具体见图1.4。

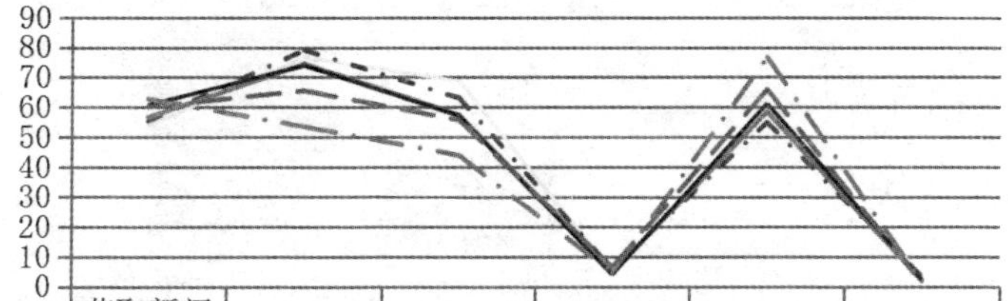

	获取新闻信息	娱乐消遣	交流沟通	商务交易	学习	其他
大一	53.7	76.6	68.7	4.9	59.1	3.8
大二	55.4	79	63	5.8	54.9	3.2
大三	56.6	74.4	57.4	4.7	58.5	1.9
大四	60.7	73.9	57.1	3.9	61.2	2.3
硕士	60.1	65.5	55.7	6.4	65.9	1.2
博士	62.7	53.5	43.9	4.6	76.6	1.3

图1.4　年级不同的大学生上网目的状况（%）

三、微博微信的使用

以微博微信为代表的自媒体平台为大学生日常交流、获取信息、发表观点等提供了便利，在大学生群体中越来越占有市场，同时微博微信的使用也对大学生的思想观点、价值观念和生活方式产生了重要影响。当前，大学生对微博微信的使用状况必然成为大学生思想政治教育的重要关注方面，如何借助微博微信等新媒体平台开展思想政治教育也成为大学生思想政治教育面临的新课题。

（一）总体情况

大学生使用微博微信的人数比例高达96.5%，微博微信在大学生群体中基本实现全覆盖。具体来看，2017年，大学生“只使用微博”的比例为2.9%，“只使用微信”的比例为27.5%，微博和微信“两者都使用”的比例为66.1%，仅3.5% 的大学生表示“两者都不使用”。对于微博和微信两类自媒体平台来讲，大学生使用微信的比例（93.6%）明显高于使用微博的比例（69.0%）。2014—2017年，微博和微信在大学生群体中的普及率呈逐年递增趋势（见图1.5），相比而言，微信在大学生群体的使用率更高、普及速度更快。

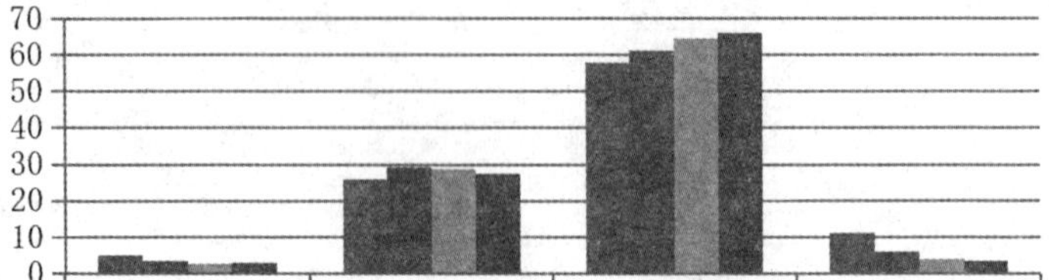

	只使用微博	只使用微信	两者都使用	两者都不使用
■2014年	5	26	57.9	11.1
■2015年	3.4	29.3	61.3	6
■2016年	2.8	28.7	64.5	4
■2017年	2.9	27.5	66.1	3.5

图1.5　2014—2017年大学生微博微信使用状况

基于微博和微信在大学生中高普及率的现实基础，进一步开发和利用微博微信等自媒体平台以创新思想政治教育方式、提升思想政治教育艺术和水平，应成为大学生思想政治教育长期持续着力的一项重要工作。大学生使用微博微信的具体用途见图1.6。由图中分析可见，微博和微信已成为大学生了解信息的重要途径。而当前网络空间内鱼龙混杂的各类信息充斥于微博微信当中，这势必对大学生的价值观念和行为选择产生潜移默化的影响。因此，大学生思想政治教育应积极引导大学生形成正确评判微博微信中各类信息的思维方式和价值准则，努力降低网络不良信息对大学生产生的消极影响。

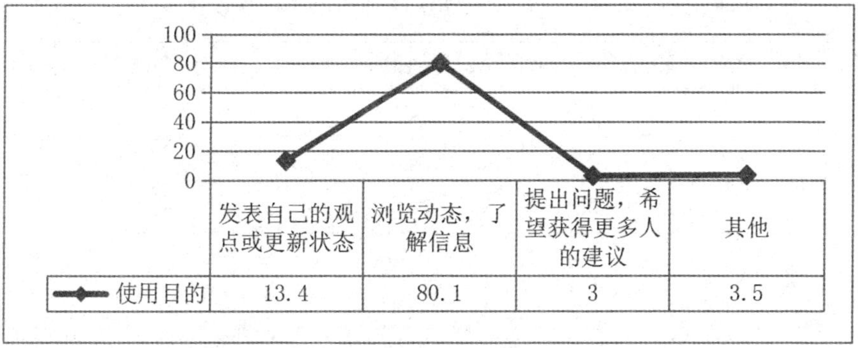

图 1.6　大学生使用微博微信的目的（%）

（二）不同群体大学生微博微信使用状况

为进一步了解和掌握不同群体大学生的微博微信使用状况，我们进行了交互分析。分析发现，自然因素、成长背景和教育因素不同的大学生在微博微信的普及率以及使用目的方面存在显著差异。

1. 基于自然因素的分析

交互分析发现，在基于自然因素的分析中，民族不同的大学生在微博微信的使用方面不存在显著差异，而性别和年龄不同的大学生在微博微信的使用方面具有显著差异。

从性别来看，与男生相比，女生使用微博微信的比例更高。调查数据显示，女生使用微博或微信的比例为97.5%，明显高于男生的使用比例94.8%。调查还发现，女生同时使用微博和微信的比例为77.5%，同样明显高于男生的相应比例56.5%，但男生“只使用微信”的比例（35.0%）明显高于女生（18.6%）。[①]

从年龄来看，伴随年龄的增长，大学生使用微博微信的比例越来越高。调查数据显示，低年龄段、中间年龄段和高年龄段的大学生使用微博微信的比例，依次分别为96.0%、96.4%、97.3%。这表明微博微信等自媒体平台在高年龄段的大学生中的普及率相对更高（见表1.2）。[②]

---

① 沈壮海、王晓霞、王丹等：《中国大学生思想政治教育发展报告2017》，北京师范大学出版社2018年版，第371—374页。

② 沈壮海、王晓霞、王丹等：《中国大学生思想政治教育发展报告2017》，北京师范大学出版社2018年版，第374—375页。

表 1.2　年龄段不同的大学生使用微博微信状况（%）

	只使用微博	只使用微信	两者都使用	两者都不使用
低	2.8	28.2	65.0	4.0
中	2.7	25.1	68.8	3.4
高	3.4	32.4	61.6	2.6

2. 基于成长背景的分析

交互分析发现，在基于成长背景的分析中，生源地类别、父母亲职业类型、父母亲文化程度、家庭经济状况和独生子女状况不同的大学生，在微博微信的使用方面存在显著差异。

从生源地类别来看，与来自乡镇及以下地方的大学生相比，来自县城及以上地方的大学生使用微博微信的比例更高；生源地类别不同的大学生在微博微信的主要使用目的方面不存在显著差异。调查数据显示，来自县城及以上地方的大学生使用微博微信的比例为96.9%，高于来自乡镇及以下地方的大学生的比例96.0%。

从学校所在区域来看，学校所在区域不同的大学生在微博微信的使用率方面存在显著差异，而在使用目的方面不存在显著差异。调查数据显示，华中地区高校的大学生使用微博微信的比例最高，为98.2%；东北地区高校大学生使用率相对较低，为95.8%（见图1.7）。[①]

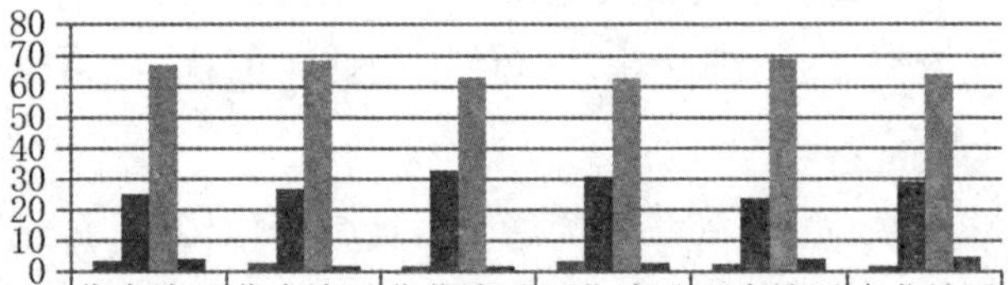

	华东地区	华中地区	华北地区	西北地区	西南地区	东北地区
■只使用微博	3.6	3	2.1	3.5	2.6	2
■只使用微信	25.2	26.8	32.9	31	24	29.1
■两者都使用	66.9	68.4	62.9	62.6	69.2	64.1
■两者都不使用	4.3	1.8	2.1	2.9	4.2	4.8

图 1.7　学校所在区域不同的大学生使用微信微博状况（%）

① 沈壮海、王晓霞、王丹等：《中国大学生思想政治教育发展报告2017》，北京师范大学出版社2018年版，第378页。

四、对待网络热点问题的态度

网络传播的快捷性等特点使得某个社会问题可以在网络空间内“瞬间”得到发酵和传播，对社会舆情和舆论走向产生重要影响，同时也深刻影响甚至左右着人们对该社会问题的看法和评判。当某个社会问题在网上引发激烈探讨时，大学生如何看待有关网络评论、自己又是否能够做出客观公正的价值评判，都直观体现和反映着大学生的网络素养和有关思想政治素质。

（一）总体情况

调查表明，绝大部分大学生面对网络热点问题时能够进行理性思考和理性判断，展现了较高的网络素养和网络主体意识（见图1.8）。

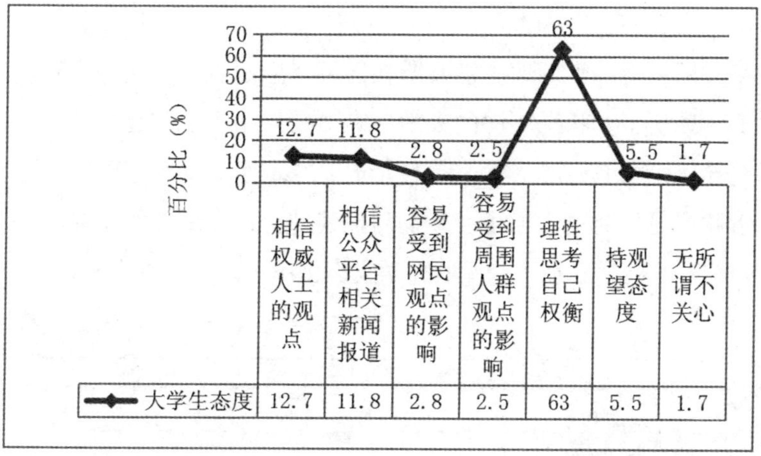

图1.8　2017年大学生对待网络热点问题的态度

进一步比较分析2014—2017年的数据发现，大学生面对网络热点问题时绝大部分能够进行理性判断，展现了较强的网络主体意识。调查还发现，一方面，近年来大学生面对网络热点时对权威人士、公众平台的信任度较2014年明显提升。这从一定层面上表明官方渠道在引导网络热点问题讨论方面的公信力有显著提升。另一方面，近年来大学生对网络热点问题的评判受外界因素影响的程度明显降低。综合来看，大学生面对网络热点问题讨论时表现出较高的网络素质。①

① 沈壮海、王晓霞、王丹等:《中国大学生思想政治教育发展报告2017》，北京师范大学出版社2018年版，第379—380页。

（二）不同群体大学生对待网络热点问题的态度

1. 基于自然因素的分析

交互分析发现，性别和民族不同的大学生对待网络热点问题的态度不存在显著差异，年龄段不同的大学生之间存在显著差异。

调查表明，伴随年龄段的升高，大学生在对待网络热点问题时更倾向于“相信权威人士和新闻报道”，而与此同时表示“理性思考，自己做权衡”的比例逐步降低。经调查数据显示，低年龄段、中间年龄段和高年龄段的大学生表示“相信权威人士和新闻报道”的比例依次分别为20.9%、24.5%、31.5%，呈显著上升趋势；表示“理性思考，自己做权衡”的比例依次分别为66.5%、62.1%、59.6%，呈显著下降趋势。

2. 基于成长背景的分析

交互分析发现，生源地类别及所在区域、家庭类型、父母亲职业类型及文化程度、独生子女状况不同的大学生在对待网络热点问题的态度方面不存在显著差异，而家庭经济状况不同的大学生之间存在显著差异。[①] 调查表明，家庭经济状况越优越的大学生，他们对网络热点问题的关注度越高；对于网络热点问题，不同家庭经济状况的大学生态度不一，具体见图1.9。

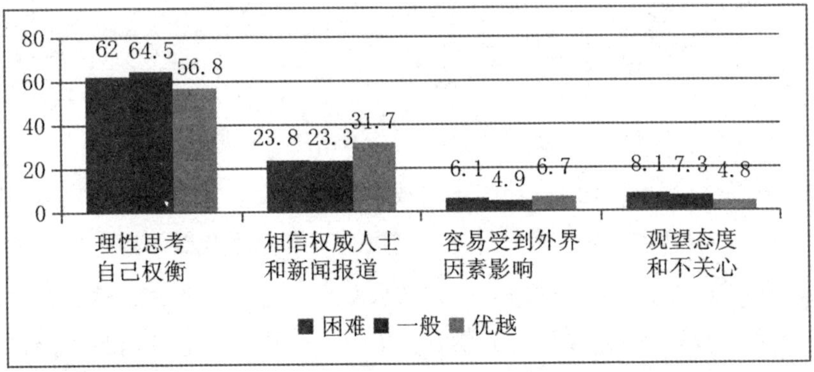

图 1.9　家庭经济状况不同的大学生对待网络热点问题的态度（%）

3. 基于教育因素的分析

交互分析发现，学校类别、学科类别不同的大学生在对待网络热点问题

① 沈壮海、王晓霞、王丹等:《中国大学生思想政治教育发展报告2017》，北京师范大学出版社2018年版，第381页。

的态度方面不存在显著差异，而学历层次、政治面貌和学生干部经历不同的大学生之间存在显著差异。从学历层次来看，学历层次越高的大学生，他们看待网络热点问题的态度受外界因素影响的程度越小（见图1.10）。[①]

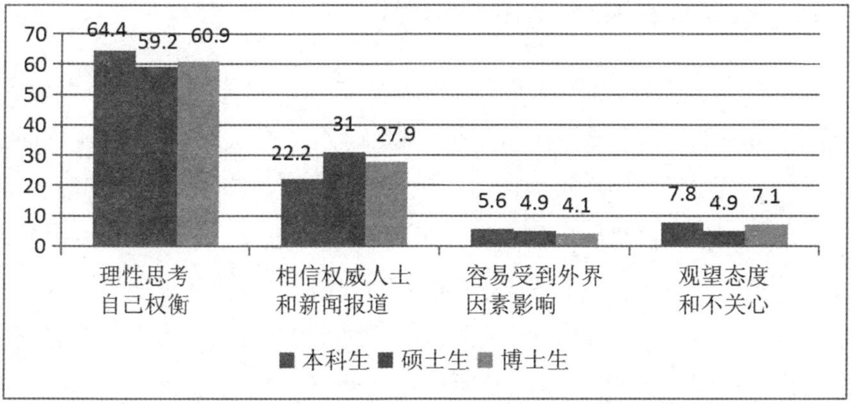

图1.10　学历层次不同的大学生对待网络热点问题的态度（%）

从学生干部经历来看，有学生干部经历的大学生对网络热点问题的关注度更高，更倾向于自己理性思考，网络主体意识强烈；没有学生干部经历的大学生对于网络热点问题更倾向于相信权威人士和新闻报道，同时也更容易受到外界因素的影响。

（三）关于网络热点问题的态度对大学生有关思想政治状况的影响

在现实生活当中，网络热点问题往往都是人们较为关注的社会问题甚至是社会矛盾，其持续发酵往往吸引大量网民的关注，引发人们对有关社会问题及相关国家制度政策等内容的热烈探讨。由于网民在文化水平、价值观念、思维方式以及对网络热点问题的了解程度方面千差万别，因此针对网络热点问题的讨论、解读和评判往往充斥着各种各样的声音，其中更是不乏对社会问题背后所牵涉的有关制度政策、政府应急处理能力等的评判甚至抨击，此类现象势必对人们的思想观念，特别是对人们对于党和国家制度政策的认同情况产生影响。而权威人士和官方新闻报道在引导网络舆论，降低有关政治性网络热点问题对大学生政治认同可能存在的不良影响方面发挥着“以正视

① 沈壮海、王晓霞、王丹等:《中国大学生思想政治教育发展报告2017》，北京师范大学出版社2018年版，第381—383页。

听”的积极作用。与此同时，在引导大学生正确看待网络热点问题的过程中，要充分尊重大学生的网络主体意识。

五、高校学生网络运用状况综述

当前，网络对大学生的影响日益广泛和深入，加强大学生网络思想政治教育已成为大学生思想政治教育的重要内容。本文围绕大学生每天上网时长、上网目的、微博微信等新媒体使用、对待网络热点的态度、网络安全、网络影响等有关大学生网络运用的多方面内容展开调研，以期为更好地引导大学生使用网络、开展大学生网络思想政治教育提供有价值的现实参考和依据。调研资料表明，大学生总体上具有较高的网络素质，运用状况呈现良好态势，能够合理使用网络，表现出较强的网络安全意识，但与此同时也存在一些值得高度关注和加以改进的问题。例如，大学生上网娱乐化倾向依然明显，对待网络热点问题的态度仍有一定的引导和提升空间，对有关网络安全活动的知晓度不高，参与积极性不强，以及上网对大学生课堂学习和日常休息产生的消极影响不容忽视，等等。

第四节　高校网络思想政治教育的现状与问题

一、网络思想政治教育

1994年4月20日，中国通过一条64K的国际专线，全功能接入国际互联网，中国互联网时代从此开启。20余年来，伴随着教育对象、教育环境的变化，大学生网络思想政治教育“基于‘触网’的‘负效应’、着眼‘建网’的‘新阵地’、注重‘信网’的‘内容化’，大致经历了教育管控、沟通引导和内容服务3个阶段”。[①] 如今，网络思想政治教育已成为高校思想政治教育的重要内容，并取得了长足发展。例如，“易班推广行动计划”完全覆盖上海60多

---

① 唐亚阳、胡彩霞:《大学生网络思想政治教育的发展脉络与走向》，载《思想教育研究》，2015年第9期。

万名高校学生；“大学生在线引领工程”，共建高校达370个，注册师生用户达247万人，中国大学生在线已成为具有较强影响力的综合性大学生主题教育网站。[①]

习近平同志在全国高校思想政治工作会议讲话中指出：“要运用新媒体新技术使工作活起来，推动思想政治工作传统优势同信息技术高度融合，增强时代感和吸引力。”[②]高校对网络与思想政治教育的结合并不陌生，但如何实现思想政治工作与信息技术的高度融合，仍是亟待破解的重要课题。“当前思想政治教育与信息技术的融合视野、广度和深度还存在问题，缺乏整体观照与宏观视野，没有做到内容的真正融入，实际应用与理论研究都不够深入。”[③]因此，我们还需要在不断地理论研究和实践创新中寻求思想政治教育与信息技术融合规律。

在网络思想政治教育具体实践中，教育部层面，2017年4月至12月，教育部思想政治工作司、中央网信办网络社会工作局联合举办了“第二届全国大学生网络文化节”，征集微电影、动漫、摄影、网文、公益广告、校园歌曲等并进行评选表彰。另外，教育部思想政治工作司、中央网信办网络社会工作局还联合举办了第二届“全国高校网络宣传思想教育优秀作品推选展示”活动，面向高校宣传思想工作干部或从事相关领域研究和实践的专业教师，征集优秀网络文章、优秀“微”作品、优秀工作案例并进行评选展示，以推动思想政治工作联网上线，增强思想政治工作说服力、亲和力、针对性。高校层面，各高校也纷纷创新方式方法，推进网络思想政治教育。本节将立足调查数据对高校网络思想政治教育开展情况和效果进行分析总结。

（一）网络思想政治教育的开展和学生参与情况

微博、微信、主题网站都是高校进行网络思想政治教育的重要载体。调查了高校运用这些载体开展网络思想政治教育的情况及大学生参与情况。

1. 总体情况

调查发现，对于“您更喜欢运用下列哪种新媒体来了解时事信息”，分别有

---

① 叶雨婷、刘一凡：《如何打造“网络一代”大学生的思想政治教育》，载《中国青年报》，2016年12月9日。

② 习近平：《把思想政治工作贯穿教育教学全过程　开创我国高等教育事业发展新局面》，载《人民日报》，2016年12月9日。

③ 沈壮海、史君：《推动思想政治教育与信息技术的高度融合》，载《国家教育行政学院学报》，2017年第1期。

36.3%、32.7% 的大学生选择了微博、微信，16.6% 的大学生选择主题网站，还分别有8.4%、2.5%、2.4% 的大学生喜欢通过 App 客户端、贴吧论坛、电子杂志了解时事信息，另外，还有1.1% 的大学生通过其他方式来了解时事信息（见图1.11）。

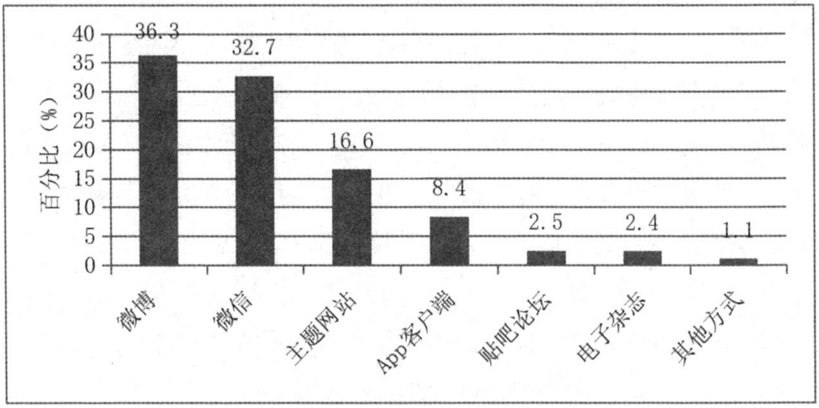

图 1.11　大学生了解时事信息选择的新媒体平台

在高校微博、微信等新媒体公众平台建设方面，调查显示，93.1% 的大学生表示所在高校有微博、微信等新媒体公众平台，仅有3.4% 的大学生表示所在学校没有以上新媒体平台，3.5% 的大学生表示“不清楚”。

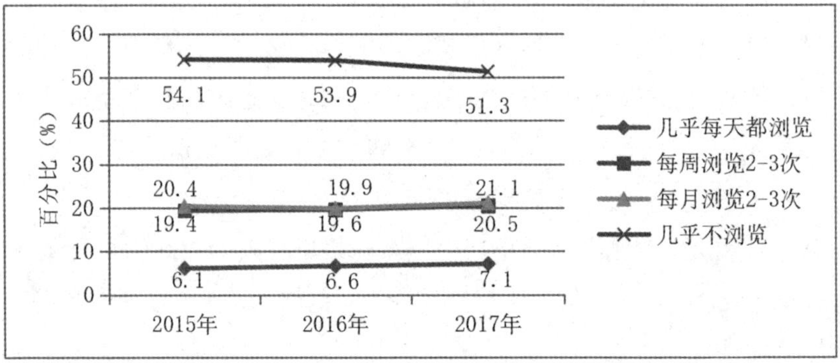

图 1.12　大学生浏览思想政治教育类主题网站频率（%）

在大学生思想政治教育类主题网站方面，根据调查数据：从2015年、2016年到2017年，浏览大学生思想政治教育类主题网站的大学生比例在逐渐升高，和微博、微信等新媒体公众平台的受关注程度横向比较，大学生思想政治教育类主题网站的受关注程度要低很多，但从2015—2017年数据纵向比较来看，大学生浏览思想政治教育类主题网站频率略有上升（见图1.12）。

2. 不同群体大学生了解时事信息更喜欢用的新媒体平台

交互分析发现，在性别、年龄、年级、学历、学科类别、政治面貌、生源地类别、家庭经济状况、学科类别、学校所在区域这几个因素上不同的大学生了解时事信息更喜欢用的新媒体平台存在显著差异。

（1）基于自然因素的分析

不同性别的大学生了解时事信息更喜欢选用的新媒体平台有显著差异。35.2% 的男大学生更倾向通过微博了解时事信息，24.2% 的男大学生更倾向通过微信了解时事信息，还分别有 21.6%、11.8% 的男大学生喜欢在主题网站、贴吧论坛上了解时事信息。而八成左右的女大学生喜欢通过微博、微信了解时事信息，特别是有一半的女大学生喜欢通过微信了解时事信息。男大学生通过贴吧论坛了解时事信息的比例显著高于女大学生（见表 1.3）。

将 20 岁及以下、21~24 岁、25 岁及以上分别归为低年龄段、中间年龄段、高年龄段，交互分析发现，不同年龄段的大学生了解时事信息更喜欢用的新媒体平台有显著差异。高年龄段大学生最喜欢使用微博了解时事信息，低年龄段大学生和中间年龄段大学生最喜欢使用微信了解时事信息。值得注意的是，高年龄段大学生通过主题网站了解时事信息的比例显著高于其他年龄段大学生（见表 1.3）。

表 1.3　不同性别、年龄大学生了解信息常用新媒体平台交互分析（%）

		新媒体平台						
		微博	微信	主题网站	App 客户端	贴吧论坛	电子杂志	其他方式
性别	男	35.2	24.2	21.6	2.7	11.8	3.4	1.1
	女	29.9	50.3	10.6	2.1	4.5	1.6	1.0
年龄段	低	28.0	38.1	17.4	2.1	9.5	3.1	1.8
	中	34.7	37.0	14.4	2.6	8.5	2.0	0.8
	高	37.7	29.9	21.3	2.3	5.8	2.5	0.5

（2）基于成长背景的分析

交互分析发现，生源地类别不同的大学生了解时事信息更喜欢的新媒体平台存在显著差异。来自乡镇及以下地方的大学生使用微博了解时事信息的比例（33.4%）稍高于使用微信的比例（32.2%）；来自县城及以上地方的大学生明显更喜欢使用微信了解时事信息，比例为 39.0%（见表 1.4）。

表 1.4　不同生源地类别的大学生了解信息常用新媒体平台交互分析（%）

	微博	微信	主题网站	App 客户端	贴吧论坛	电子杂志	其他方式
乡镇及以下	33.4	32.2	19.3	2.5	8.4	3.1	1.1
县城及以上	32.3	39.0	14.6	2.4	8.5	2.1	1.1

（3）基于教育背景的分析

不同学历层次的大学生了解时事信息选择的新媒体平台存在显著差异（见表1.5）。本科生和硕士生更喜欢通过微信了解时事信息，其比例分别为37.7%、36.0%；博士生更喜欢通过微博了解时事信息，其比例为40.8%。值得注意的是，本科生使用贴吧论坛了解时事信息的比例显著高于硕士生和博士生，而博士生使用主题网站了解时事信息的比例显著高于本科生和硕士生。

表 1.5　大学生了解信息常用新媒体平台的交互分析（%）

		新媒体平台						
		微博	微信	主题网站	App 客户端	贴吧论坛	电子杂志	其他方式
学历层次	本科生	31.3	37.7	15.6	2.2	9.1	2.8	1.3
	硕士生	34.0	36.0	17.6	3.4	6.5	2.0	0.5
	博士生	40.8	25.6	22.0	1.6	7.6	1.6	0.8
学科类别	人文科学类	36.4	41.4	13.4	1.4	4.5	2.0	0.9
	社会科学类	33.4	36.6	16.8	3.5	7.3	1.7	0.7
	理工类	31.6	34.6	17.1	2.2	10.2	3.0	1.3
政治面貌	党员	37.0	34.0	16.2	2.7	8.6	1.3	0.2
	非党员	30.6	37.3	16.8	2.3	8.4	3.1	1.5
学校类别	“985”高校	35.5	32.4	17.3	2.1	8.7	3.0	1.0
	非“985”高校	29.6	40.5	15.7	2.8	8.2	2.0	1.2
学校所在区域	华东地区	31.6	35.8	16.6	2.9	9.6	2.0	1.5
	华中地区	33.9	37.6	16.3	1.6	6.6	3.2	0.8
	华北地区	41.6	31.8	16.2	2.2	6.3	1.4	0.5
	西北地区	34.3	33.2	16.1	3.4	9.2	1.9	1.9
	西南地区	24.1	42.9	18.9	3.5	6.8	2.6	1.2
	东北地区	33.3	34.6	15.4	1.1	11.2	3.7	0.7

不同学科类别的大学生了解时事信息选择的新媒体平台也存在显著差异（见表1.5）。77.8% 的人文科学类大学生喜欢使用微博、微信了解时事信息；70.0% 的社会科学类大学生喜欢使用微博、微信了解时事信息；理工类大学生中有66.2% 的人更喜欢使用微博、微信了解时事信息，他们中有10.2% 的人更喜欢使用贴吧论坛了解时事信息。

不同政治面貌的大学生了解时事信息选择的新媒体平台存在显著差异（见表1.5）。党员大学生最喜欢使用微博了解时事信息，非党员大学生最喜欢使用微信了解时事信息。

不同学校类别的大学生了解时事信息选择的新媒体平台存在显著差异（见表1.5）。“985”高校的大学生更喜欢使用微博了解时事信息，而非“985”高校的大学生更喜欢使用微信了解时事信息。

学校所在区域不同的大学生了解时事信息选择的新媒体平台存在显著差异（见表1.5）。华东地区、华中地区、西南地区和东北地区高校的大学生更喜欢使用微信了解时事信息，而华北地区、西北地区高校的大学生更喜欢使用微博了解时事信息。

3. 不同群体大学生浏览微博、微信等新媒体公众平台频率

将大学生浏览学校微博、微信等新媒体公众平台频率分为“经常浏览”“偶尔浏览”“很少浏览”“基本不看”，分析发现，自然因素中的性别，成长背景因素中的生源地所在区域，教育因素中的学生干部经历、政治面貌这几个因素对大学生浏览学校新媒体公众平台的频率有显著影响。进一步分析发现，在控制了自然因素、成长背景、教育因素的情况下，大学生的学习积极性、上网时长、上网目的对大学生浏览学校新媒体公众平台频率有显著影响。

在浏览学校微博、微信等新媒体公众平台的频率上，女大学生高于男大学生，有学生干部经历的大学生高于没有学生干部经历的大学生，党员大学生高于非党员大学生。这可能由于女大学生、有学生干部经历的大学生、党员大学生在参加校园活动、人际交往等方面更为积极。

学习越积极的大学生比学习越不积极的大学生浏览学校微博、微信等新媒体公众平台的频率更高。将学习积极程度分为“非常积极”“比较积极”“一般”“不大积极”“很不积极”，分析表明，学习积极的大学生比学习不积极的

大学生浏览新媒体平台频率高。这可能由于学习积极的大学生更加关注学校资讯。

4. 不同群体大学生浏览大学生思想政治教育类主题网站的频率

将浏览大学生思想政治教育类主题网站的频率分为“几乎每天都浏览”“每周浏览2~3次”“每月浏览3~4次”“几乎不浏览”，分析发现：成长背景中的生源地所在区域、生源地类别，教育因素中的学科类别、政治面貌、学历层次、学校类别以及学校所在区域对大学生浏览思想政治教育类主题网站的频率有显著影响。此外，在控制了自然因素、成长背景、教育因素的情况下，大学生的学习积极性、上网目的、平时对思想政治理论方面信息的关注程度，对大学生浏览思想政治教育类主题网站的频率也有显著影响。

在成长背景因素方面，生源地为东北地区的大学生比生源地为华南地区的大学生浏览思想政治教育类主题网站的频率高，生源地是乡镇及以下地方的大学生比生源地是县城及以上地方的大学生浏览思想政治教育类主题网站的频率高。

在教育因素方面，人文科学类大学生比理工类大学生浏览思想政治教育类主题网站的频率更高、党员大学生比非党员大学生浏览思想政治教育类主题网站的频率更高，本科生、硕士生比博士生浏览思想政治教育类主题网站的频率高，“985”高校大学生比非“985”高校大学生浏览思想政治教育类主题网站的频率高，东北地区高校的大学生比华北地区高校的大学生浏览思想政治教育类主题网站的频率更高。这可能由于人文科学类大学生相较于理工类大学生、党员大学生相较于非党员大学生更关心时政。

学习越积极的大学生比学习越不积极的大学生浏览思想政治教育类主题网站的频率更高。这一结论与前文所述的学习越积极的大学生浏览微博、微信等新媒体公众平台频率越高的结论类似。

上网进行娱乐消遣、交流沟通以及学习的大学生浏览思想政治教育类主题网站的频率相对较低，而上网目的为获取新闻信息的大学生浏览思想政治教育类主题网站的频率较高。

平时对思想政治理论信息越关注的大学生浏览思想政治教育类主题网站的频率越高。

（二）对网络思想政治教育的满意度

1. 总体情况

调查显示，18.0% 的大学生对本校开展的网络思想政治教育表示“非常满意”，35.2% 的大学生表示“比较满意”，36.2% 的大学生认为“一般”，只分别有 8.6%、2.0% 的大学生认为“不大满意”“很不满意”。可见，89.4% 的大学生对网络思想政治教育满意。对比 2015 年、2016 年数据，大学生对网络思想政治教育的满意度不断攀升，总体满意度从 2015 年的 84.8% 上升至 2016 年的 88.3%，再上升到 2017 年的 89.4%；“非常满意”的比例从 2015 年的 12.3% 上升至 2016 年 14.5%，再上升到 2017 年的 18.0%。可见，网络思想政治教育得到了不断改进和提高，越来越受大学生好评（见图 1.13）。

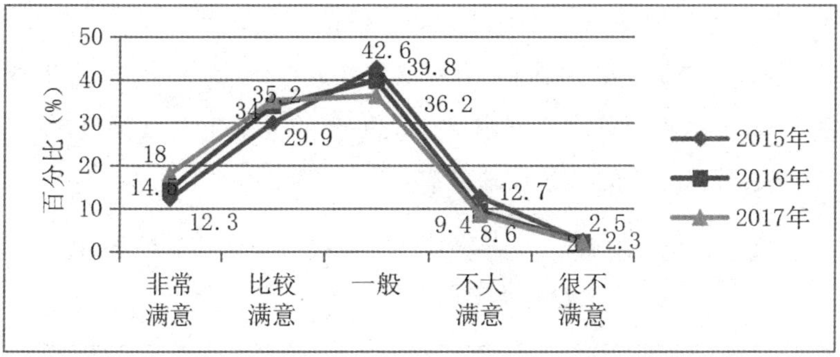

图 1.13　2015—2017 年大学生对网络思想政治教育的满意度评价

2. 不同群体大学生对网络思想政治教育的满意度评价

将大学生对本校开展的网络思想政治教育的评价分为“非常满意”“比较满意”“一般”“不大满意”“很不满意”，分析发现，自然因素中的性别，成长背景因素中的家庭类型，教育因素中的学校所在区域、政治面貌对大学生对网络思想政治教育的满意度评价有显著影响。具体为：女大学生比男大学生对网络思想政治教育的满意度高，双亲家庭的大学生比单亲家庭的大学生对网络思想政治教育的满意度高，东北地区高校的大学生比华北地区高校的大学生对网络思想政治教育的满意度高。

将受访大学生浏览思想政治教育类主题网站的频率和对网络思想政治教育的满意度进行分析发现：几乎每天都浏览大学生思想政治教育类主题网站的大学生中分别有 35.8%、35.0% 的人对网络思想政治教育表示“非常满意”“比较满意”；而几乎不浏览思想政治教育类主题网站的大学生中分别只有11.4%、28.5%的人对网络思想政治教育表示“非常满意”，“比较满意”（见表1.6）。

表 1.6　大学生浏览思想政治教育类主题网站频率和网络思想政治教育满意度的交互分析（%）

浏览频率＼满意度评价	非常满意	比较满意	一般	不大满意	很不满意
几乎每天都浏览	35.8	35.0	25.0	2.5	1.7
每周浏览 2~3 次	25.7	44.8	24.6	4.0	0.9
每月浏览 2~3 次	20.4	41.9	31.0	6.0	0.7
几乎不浏览	11.4	28.5	44.8	12.3	3.0

将大学生浏览学校微博、微信等新媒体公众平台的频率和对网络思想政治教满意度进行分析发现：经常浏览学校微博、微信等新媒体公众平台的大学生中分别有21.2%、40.1%的人对网络思想政治教育表示“非常满意”“比较满意”，而基本不浏览这些新媒体公众平台的大学生中只有11.3%、16.9%的人对网络思想政治教育表示“非常满意”“比较满意”（见表1.7）

表 1.7　大学生浏览学校微博、微信等新媒体公众平台频率和网络思想政治教育满意度的交互分析（%）

浏览频率＼满意度评价	非常满意	比较满意	一般	不大满意	很不满意
经常浏览	21.2	40.1	30.3	7.0	1.4
偶尔浏览	14.7	33.3	40.8	9.5	1.7
很少浏览	10.4	27.7	45.0	14.7	2.2
基本不看	11.3	16.9	52.1	12.7	7.0

上述分析结果表明，浏览大学生思想政治教育类主题网站和学校微博、微信等新媒体公众平台频率高的大学生，大多比浏览频率低的大学生对网络思想政治教育更满意。

二、高校网络思想政治的重要性和可行性

（一）高校网络思想政治教育的重要性

我国的思想政治教育学科在实践中不断地发展、不断地创新。网络信息

技术的进步使得我国的传统高校思想政治教育的范畴变得更加开阔，它丰富的教育资源给我国的高校思想政治教育提供了一定的先决条件，促进了我国高校思想政治教育的全面发展，但同时也对高校网络思想政治教育在理论加强和研究实践等方面提出了更高的要求，以此来推动我国的思想政治教育理论体系的进一步丰富和发展，用更高水平、更高层次的理论研究成果进一步指导我国的思想政治教育工作实践。[①]

1. 高校网络思想政治教育对构建和谐社会的重要性

2005年，在全国省部级领导干部就提高构建当代社会主义和谐社会的专题研讨会上，胡锦涛同志指出，判断一个社会能否和谐有序地发展、一个国家是否能实现长治久安，社会全体成员的思想素质和道德修养是关键所在。在2011年的全国省部级主要领导干部专题研讨班上，胡锦涛再次强调指出，我们要进一步完善和健全我国的信息网络管理体系，不断提高对网络虚拟社会的管理水平，建立健全网络上的舆论引导体制。”在新形势下，互联网这个虚拟社会不仅给人们的思想道德素质造成了一定程度的冲击，而且对我们党的思想政治工作也带来了新的发展机遇和挑战。高校大学生既是我国非常宝贵的新生资源，同时也是构建我国和谐社会的主要力量。高校的职能不仅仅只是塑造高素质人才，它还肩负着服务社会和构建和谐社会的重要任务，因此，高校要把互联网等新媒体的优势得以有效利用并充分发挥出来，促进我国的高校网络思想政治教育工作朝着更加有序、全面的方向发展，进一步推动和谐校园、和谐社会的全面建设。

2. 高校网络思想政治教育对传播社会文化的重要性

《关于进一步加强和改进大学生思想政治教育的意见》一文中提到，高校网络思想政治教育对于传播社会的主旋律、弘扬正气，以及加强校园网络建设都具有非常重要的作用，它是我国大学思想政治教育工作得以顺利开展的重要手段。全面加强高校网络的基础设施建设和信息化建设，极大地推动了我国信息化校园建设的步伐。高校的虚拟网络文化和大学的校园文化已经有机融合在了一起，大学生借助互联网这个平台来自由打造自己的精神空间以及文化范畴。高校的网络思想政治教育工作的目的是不断丰富大学文化的内

---

① 潘强、许钟元、邵光辉：《多元文化背景下大学生思想政治教育的挑战与创新》，中国纺织出版社2018年版，第321页。

容并全面提高大学校园的文化品质，促进高校网络思想政治教育文化不断更新发展，发扬社会主旋律、弘扬社会正气，积极开展一些丰富多彩的内容与有趣的教育活动，并以此来吸引大学生的关注，进一步促进高校的网络思想政治教育文化向着更好的方向发展。同时，高校网络思想政治教育可以把网络中的一些不良信息过滤掉，在控制网络的舆论中有着极其重要的控制导向作用，有利于高雅而新潮的校园网络文化的创造。①

（二）完善高校网络思想政治教育的可行性

1. 高校思想政治教育工作为网络思想政治教育实践提供了平台

目前在我国的高校中，虽然在网络思想政治教育方面通过有效措施开展了很多有趣的实践活动，但是网络思想政治教育的理论体系还不够完整、不够科学、不够有序。虽然一些红色网站、高校辅导员的微信微博等平台的建设和具体实践，给我国高校网络思想政治教育体系的进一步健全带来了很多宝贵的经验，但要最终实现高校网络思想政治教育体系的具体内容，跟学校的思想政治教育者的实际行动是分不开的。目前我国高校思想政治教育队伍的水平各有高低、良莠不齐，但其中仍然有很多优秀的队伍，如现在有很多高校辅导员为了加强和大学生的交流沟通，充分利用现代网络媒体，建立了符合自身实际而又有效的网络管理和教育方法，迎合了大学生和时代发展的需求。与此同时，随着高校教育工作者年龄结构的进一步改善，我国的高校网络思想政治工作得到了越来越多的年轻教育工作者的大力支持和积极认可，在一定程度上推进了高校的网络思想政治教育工作。高校积极探索网络思想政治教育工作，为进一步完善我国高校网络思想政治教育体系提供了有效的保证奠定了坚实的基础。

2. 网络环境下高校的思想政治教育日益多元化

高校的网络思想政治教育要想完全适应社会发展和时代进步的需要，就必须不断地推陈出新，创新教育形式。简单说来，就是要实现系统化、主动化、及时化、互动化和多样化。系统化指的是要有效运用网络等媒体来建设和发展我国的高校网络思想政治教育工作，综合利用高校思想政治教育的一些相关资料，进一步开创新方法、新局面，从而实现网络教育、思想政治教

① 潘强、许钟元、邵光辉：《多元文化背景下大学生思想政治教育的挑战与创新》，中国纺织出版社2018年版，第322页。

育以及人文教育的有机融合；主动化主要指高校的教育工作者要始终坚持自己的主导地位，第一时间主动发布信息，同时还要根据高校大学生的自身实际情况做出反应和判断；及时化是指要及时更新网络思想政治教育的内容，及时反映相关的热点问题；互动化是指施教者（教育者）和受教者（大学生群体）之间要实现双向互动，通过网络这种媒介，互相交流思想，以解决各种实际问题；多样化是说高校网络思想政治教育的形式和内容日趋多样化，要充分、合理利用当代网络媒体技术，语言、沟通和影响多管齐下，让高校大学生更容易接受。[①]

3. 高校网络思想政治教育是思想政治教育的重要构成成分

我国目前的高校网络思想政治教育理论体系仍有很多不健全和不完善的地方，国内的众多教育学者和专家对高校网络思想政治教育的思考从未停止过。国内诸多专家、学者对高校网络思想政治教育的内涵、方法、原则和目标等方面的深刻研究，在一定程度上拓展和创新了我国思想政治教育的理论，为我国高校网络思想政治的理论体系的进一步完善和发展提供了坚实的理论支撑。健全高校的网络思想政治教育要参考和借鉴以往的研究成果，进行层次更深、范围更广的研究，从而进一步完善，进一步明确网络思想政治教育体系研究的方向。

三、高校网络思想政治教育的问题

（一）高校网络思想政治教育存在的问题

经过十多年的努力，中国的思想政治教育已经成功实现了网络化且取得了突飞猛进的发展。但是，我国高校网络思想政治教育工作仍然处于成长阶段，仍存在许多问题，这些问题严重影响了网络思想政治教育的整体水平。主要表现在以下四个方面：

1. 教育主体的网络教育理念和重视程度不够

在新的时代背景下，我国的高等教育从精英教育发展到大众化教育。在大学生的日常管理的过程中，思想政治教育在全面实施科教兴国战略，确保

① 潘强、许钟元、邵光辉：《多元文化背景下大学生思想政治教育的挑战与创新》，中国纺织出版社2018年版，第323页。

中华民族在激烈的国际竞争中立于不败之地和建设小康社会加快社会主义现代化建设宏伟目标等所有方面具有重要和深远的战略意义。但是由于网络的迅速发展，部分思想政治工作部门对当前高校网络思想政治教育建设和学生使用互联网及由此带来许多积极的和消极的事情关注的注意力比较分散，对为什么必须加强高校网络思想政治教育和如何加强高校网络思想政治教育建设的理解不够到位。[①] 网络信息技术快速进入高校生存与发展空间的同时，思想政治教育工作者（从最高领导到基层政治辅导员）大多对此认识不足，重视不够，完全没有真正意识到网络思想政治教育在高校中的功能，没有将网络思想政治教育作为一种重要的进步的固定工作，只停留在宣传口号，干实事的就更少了。因此，思想政治教育工作者要根据形势的发展不断变化。

2. 部分高校网络思想政治教育平台建设不够

网络思想政治教育的基础是网络设施，网络思想政治教育的开展需要安全、稳定、高效的网络安全环境。但一些大学网络设施建设投资严重不足，基础设施较差，网络传输速度太慢，而且上网费用昂贵，所有这些都严重制约了网络思想政治教育的发展。目前高校网络思想政治教育项目网站由于关注程度不高、投资小、技术问题的限制等使得其数量、规模也受限制。在全国的许多高校，特别是在西部某些大学，由于种种原因，甚至连基本的网络设施都缺乏。即使许多高校建立了网络思想政治教育网站也只是迎合思想政治教育进网络的趋势。这些网站管理很简单，内容太严肃，只是把思想政治教育的内容从书上搬到网上。还有一些网站，虽然基本上符合以大学生为中心，但是内容太庸俗，包含了过多的娱乐内容，这也严重偏离了思想政治教育的目标。一些学校基本不设置与红色教育内容相关的部分。这些原因直接导致了思想政治教育类网站点击率不高，许多的思想政治教育类网站点击率令人失望。

3. 高校网络思想政治教育工作制度和监管制度不健全

随着互联网的迅速发展，迫切需要加强对网络思想政治教育的引导和规范。目前，在我国高校网络思想政治教育过程中，互联网的使用没有明确和完善相关管理制度。虽然现在大学都建立了校园网，学生通过校园网的入口

① 潘强、许钟元、邵光辉：《多元文化背景下大学生思想政治教育的挑战与创新》，中国纺织出版社2018年版，第323页。

可以接入网络，但被称为真正的互联网使用标准规定却很少。学生使用学校的计算机房或网络教室的计算机浏览信息、发表观点时，没有相关的规章制度来约束，只有一些学校为了显示管理到位，临时在黑板上写上“不允许浏览黄色网站”等类似的没有约束力的文字，而且没有采取具体的措施（如监督系统或技术屏蔽）。即使有一些大学已经建立了相应的网络管理机制，并建设了相应的网络思想政治教育建设管理系统，但是就如何管理还缺乏一个长期的规章制度和稳定的实施措施。大多数学校对互联网的使用并不重视，导致大学网络思想政治教育制度建设基本处于空白。

4. 高校网络思想政治教育力量薄弱

网络信息时代对教育工作者提出了更高的要求，他们更应该具备全面特别是在信息掌握和应用方面的素质，现在我们需要一批既懂思想政治教育，又懂网络技术的人才队伍。从思想政治教育工作者的现状、知识结构和网络应用水平上来看，还需要很长的路要走。[①]不管是专业或兼职网络思想政治教育工作者，在数量和质量都不能满足现实的需要，特别是缺乏思想政治教育理论和网络应用程序都熟练的技术人才。尽管各高校为了提高网络教育已经采取了一些措施，如组织各种各样的计算机技能培训、选拔一些这样的人才从事辅导员工作等，但这些措施相对于实现思想政治教育和网络技术的融合仍然有很长的距离。有一些高校思想政治教育工作者的知识结构是单一的。思想政治工作和政治科学、哲学、伦理学、心理学、文学、艺术以及许多其他学科密切相关。所以，一个好的思想政治工作者应该是“复合型人才”，并且要不断汲取新的知识。然而，种种复杂的因素导致了许多高校思想政治工作者的知识结构比较单一，同时对网络文化、文学和艺术的新思想、新现象接受和了解不够，从而失去了一个重要的沟通交流平台。

四、高校网络思想政治教育的建议与对策

针对目前大学生的网络运用状况，大学生思想政治教育或许可从以下几方面着力加强和改进。

---

① 潘强、许钟元、邵光辉：《多元文化背景下大学生思想政治教育的挑战与创新》，中国纺织出版社2018年版，第324页。

（一）将提升网络素养作为大学生思想政治教育的重要内容

调查显示，网络对大学生日常生活和学习产生了重要影响，已成为大学生日常生活的重要组成部分。重视培养和提升大学生网络素养，应成为大学生思想政治教育“因事而化、因时而进、因势而新”的重要举措。在大学生思想政治教育过程中，应进一步提升对网络思想政治教育的重视程度，将网络素养教育纳入大学生思想政治教育课程体系，设立专门课程或融入式课程，明确教学目标，编撰与之密切相关的课程教材体系，提升网络素养教育的科学化和规范化水平；重视提升大学生网络素质，全面提高大学生网络应用能力和网络道德水平，提升大学生在网络空间内的法理和伦理道德修养，增强大学生对网络信息的甄别判断能力，树立正确的网络价值观；建立学校与学生、家长与子女之间的网络教育与引导机制，加强学校有关部门、教师和家长对大学生上网时长、上网目的等的监督和引导，特别是对大学生上网娱乐化倾向以及上网影响大学生课堂学习、正常休息等问题给予有效的监督和管理。①

（二）将提升大学生的网络价值判断能力作为重要着力点

伴随网络在大学生日常生活中的日益渗透和所展现出的越来越显著的影响，虚拟网络正与现实社会一起对大学生的思想政治素质产生双重影响效应。在加强现实生活中大学生价值观教育的同时，提升大学生的网络价值判断能力，使大学生对网络热点问题、网络事件、网络评论和讨论等能够做到明辨是非曲直、对错美丑，引导大学生树立正确的网络价值观，已成为本课题调研所反映出的当前大学生思想政治教育应重点做好的工作之一。在教育和引导大学生树立正确价值观的过程中，首先，要重视加强权威人士和主流媒体的舆论引导能力。调查数据显示，在热烈探讨的网络热点问题中，大学生随年龄的增长对权威人士和主流媒体的认可度显著提升。培养大学生正确的网络价值观，应充分发挥好社会问题分析专家等权威人士以及各级各类新闻平台的教育和引导作用。其次，在网络空间内大力弘扬社会主义核心价值观，使社会主义核心价值观成为大学生评判是非美丑的价值准则。最后，有关部门要加强对网络空间的整治和监管，对各类非法网站、对大学生及广大网民

---

① 沈壮海、王晓霞、王丹等:《中国大学生思想政治教育发展报告2017》，北京师范大学出版社2018年版，第398页。

产生错误舆论引导的言论坚决取缔和制止，提升网络空间价值治理能力。[①]

（三）进一步增强大学生的网络安全意识和参与网络安全活动的积极性

网络安全与国家安全紧密相关，调研显示，大学生对网络安全之于国家安全的重要地位和作用认识充分，但对有关网络安全活动的知晓度和参与度较低。大学生思想政治教育在扎实做好大学生网络安全教育的过程中，既要进一步提升大学生对网络安全的重视程度，又要更加重视激发大学生参与网络安全活动的积极性，从思想认识和行为实践两个层面教育和引导大学生树立正确的网络安全观，养成积极的网络安全行为。首先，加强大学生网络安全观教育，使大学生充分认识国家安全的整体环境和组成部分，明确网络安全在国家安全中的定位，提升大学生的网络安全意识。其次，开展网络安全知识教育，通过开展专家讲座、学术沙龙等方式在大学生中普及网络安全知识，提升大学生维护网络安全的能力。最后，大力开展有关网络安全的实践活动，积极动员大学生参与。调查显示，不足一半的大学生知晓“网络安全宣传周”活动，其中仅1/3左右的大学生参与了该活动。高校及有关部门应进一步做好有关网络安全活动的宣传动员工作，通过各种丰富多彩、生动有趣的形式激发大学生的参与积极性。[②]

（四）牢牢占据微博微信等新媒体阵地开展思想政治教育

调查数据显示，96.5%的大学生使用微博微信；93.1%的大学生表示自己所在的学校有微博微信等新媒体公众平台，其中89.9%的大学生表示“经常浏览”（42.6%）或“偶尔浏览”（47.3%）这些平台。微博微信等新媒体平台在大学生群体中基本实现全覆盖，微博微信等新媒体平台已成为大学生思想政治教育的重要网络阵地。与此同时，绝大部分高校都设立了自己的微博微信新媒体公众平台，这为依托微博微信开展大学生思想政治教育奠定了良好的基础。牢牢占据微博微信等新媒体阵地开展大学生思想政治教育，各高校及有关教育部门要在提升微博微信等自媒体平台的传播力方面下功夫，努力

---

① 沈壮海、王晓霞、王丹等:《中国大学生思想政治教育发展报告2017》，北京师范大学出版社2018年版，第398页。

② 沈壮海、王晓霞、王丹等:《中国大学生思想政治教育发展报告2017》，北京师范大学出版社2018年版，第398页。

提升自身新媒体平台对大学生的吸引力，提高大学生的关注度；切实发挥微博微信等新媒体平台的教育引导功能，通过新媒体平台对网络热点问题、社会问题以及思想政治理论等问题及时做出细致、全面、专业和权威的解读和分析，使其成为大学生思想政治教育的“传声筒”和“扩音器”；有关部门还应利用微博微信等新媒体平台积极关注和回应大学生，将新媒体平台打造成陪伴大学生成长的朋友和师长，改变教育部门官方微博微信“板着脸”的僵硬面孔，增加教育部门官方微博微信的亲和力和生活化，提升微博微信等新媒体平台的思想政治教育有效性。①

① 沈壮海、王晓霞、王丹等:《中国大学生思想政治教育发展报告2017》，北京师范大学出版社2018年版，第399页。

第二章　高校网络生态系统的内涵

教育生态学的出现，为研究教育现象、解决教育问题提供了新的视角。本书对高校网络生态系统所进行的研究正是以教育生态学为理论基础的。

生态系统的建立旨在通过系统分析的方法，来研究特定空间内生物之间和其所处环境的能量流动、物质循环、信息交换的过程。在一定空间中，生物与生物，生物与环境总是不可分割地相互联系、相互作用，他们通过能量、物质、信息相互联结构成一个统一的整体。[①] 在这个统一整体中，生物与环境之间相互影响、相互制约，并在一定时期内处于相对稳定的动态平衡状态。在维持平衡状态的过程中，生态系统体现出了诸多特征。类比到教育活动中，就是参与到教育活动中的各类群体和其所处的环境。

从功能角度，对于高校思想政治教育而言，其一，教育者（教师、辅导员、班主任等）与受教育者（大学生）以一定的条件共存于思想政治教育场域之中，并且同外部环境（即学校环境、家庭环境、社会环境）不断地进行物质循环、信息交换和能量流动，这与生态系统是动态功能系统的特征相契合。其二，当系统外部环境发生改变，例如，国家对高校的思想政治教育政策等发生变化时，教育者会根据环境的变化主动更新教育内容，拓展教育渠道，完善教育机制来顺应外部变化，体现出生态系统自动调节的功能。综上所述，高校思想政治教育系统是一个动态的、自持的、可调节、具有区域特征的系统，并且系统内各要素之间、要素与环境之间不断进行着各种交互，可将其模拟为一个教育生态系统。从特征角度，其一，生态系统具有一定的

① 李洪远：《生态学基础》，化学工业出版社2006年版，第12页。

区域特征。思想政治教育也会因学校所处的地理位置，学校历史变革，学校文化等影响而使该系统内诸要素具有不同的特点。其二，在受到外部环境影响的同时，高校思想政治教育的教育者与受教育者自身对教育的认识以及产生的行为、言论，对系统内其他要素以及外部环境进行能量传递与物质循环，体现了生态系统自持的特点。

第一节　什么是生态系统

一、生态系统的基本概念

生态系统概念的提出要归功于系统分析方法的出现。20世纪30年代以来，科学界掀起了“系统分析”的热潮，极大推动了关于“自然平衡”和早期群落稳定性问题的研究。[①] 因为“系统分析”将复杂的系统视为具有反馈机制和内部关联的各个分室，从而使系统能稳定在相对恒定的平衡点上。

生态系统是1935年由英国的植物学家A.G.坦斯利（A.G.Tansley）提出。他认为，生态系统不仅包括有机复合体，而且也包括形成环境的整个物理因素复合体。[②] 随后1971年世界著名生态学家奥德姆（Odum）[③] 和许多生态学者[④⑤⑥] 指出，生态系统是特定空间内的全部生物和物理环境的统一体。在自然界中，只要在一定空间范围内存在生物和非生物两种成分，并能相互作用达到功能上的稳定，这个整体便可视为一个生态系统。

---

① 林鹏:《植物群落学》，上海科学技术出版社1986年版，第272—275页。

② A.G.Tansley，“The Use and Abuse of Vegetational Concepts and Terms”，*Ecology*，Vol.16，No.3，July 1935，pp. 284-307.

③ E.P.Odum，“The Strategy of Ecosystem Development”，*Science*，Vol.164，No.3877，1969，pp.262-270.

④ J.L.Chpman、M.J.Reiss，*Ecology. Principles and Applications*，Cambridge：Cambridge University Press，1999，pp.187-190.

⑤ 曹凑贵:《生态学概论》，高等教育出版社2002年版，第17—20页。

⑥ ［加］金明仕:《森林生态学》，文剑平、梁辉、刘曙光等译，中国林业出版社1992年版，第25—30页。

二、生态系统的组成成分和结构

（一）生态系统的组成成分

理论上讲，地球上的所有物质都可能是生态系统的组成成分。任何一个生态系统都由两部分组成，即非生物成分和生物成分。但为了分析方便，常常又把这两大部分分为四个基本成分，即生产者、消费者、分解者和非生物成分，如图2.1所示。

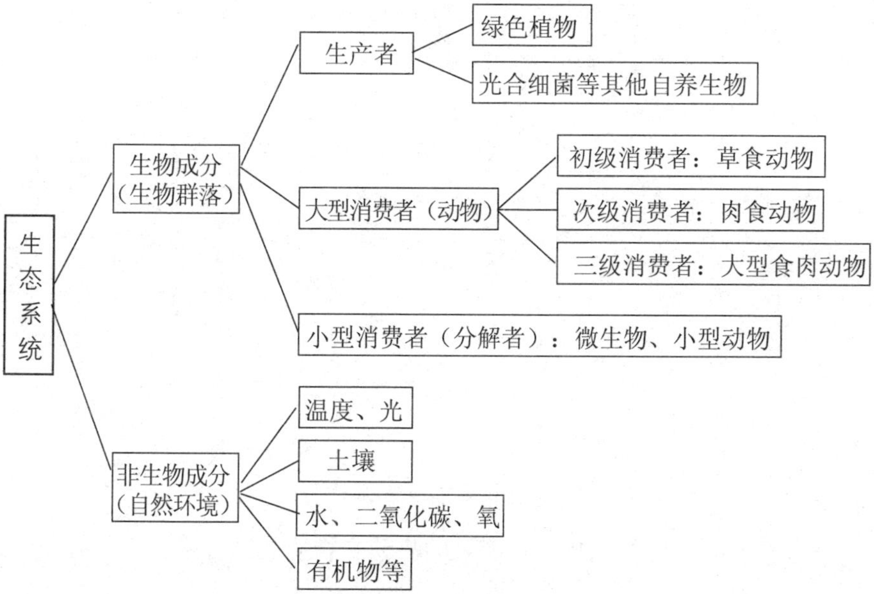

图2.1　生态系统的组成成分

非生物成分是生物成分物质和能量的来源，包括生物活动的空间和参与生物生理代谢的各种要素，如光、水、二氧化碳以及各类矿质营养物质。生物成分包括植物、动物、微生物等。

生产者是生物成分中能利用太阳能等能源，将简单的无机物质合成为复杂的有机物质的自养生物，如陆生的各种植物，水生的高等植物和藻类，还有部分光能细菌和化能细菌。生产者是生态系统中的必要成分，它能将光能转化为化学能，是生态系统所需一切能量的基础。

消费者是靠自养生物或其他生物为食而获得生存能量的异养生物，主要是各类动物。其中，有的以植物为食，如牛、马、兔等动物。

分解者包括细菌、真菌、放线菌和原生动物。分解者在生态系统中的重要作用是把复杂的有机物质成分分解为简单的无机物质成分，归还到环境中供生产者重新利用。图2.2体现了生态系统四个基本成分之间的关系。

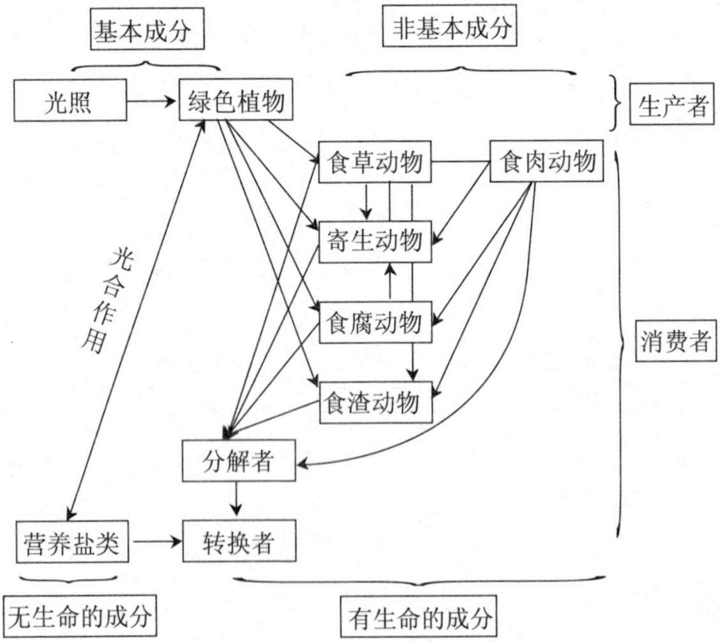

图 2.2　生态系统四个基本成分的关系

生态系统的四个基本成分在能量的流动和物质的循环中各以特有的作用相互影响，互为依存，共同组成了生态系统的功能单元。其中，生物成分的生产者、消费者和分解者是按照生态系统中的作用划分的，与分类类群无关，故三者又被称为生态系统的三大功能类群。生物成分和非生物成分是生态系统的必要组成部分，两个缺一不可。

（二）生态系统的结构

生态系统的结构包括两方面的含义，分别是组成成分及其营养关系、各种生物的空间配置（分布）状态。生态系统的结构包括物种结构、营养结构和空间结构。因生态系统是一个强调能量流动和物质循环的一个功能单位，所以在结构方面也主要是从营养功能上划分的，可以认为食物网及其相互的关系就是生态系统的营养结构。而物质结构对于各类生态系统来说有着很大的差异，生态系统的空间结构就是生物群落的空间格局状况，包括群落的垂直结构和水平结构。每个生态系统的构成中都存在不同的营养级，营养级的个数通常不会超过五至六个。

三、生态系统的基本特征

（一）生态系统是生态功能系统

物质的循环、能量的流动和信息的传递是生态系统的三大功能。能量的流动是单方向的，物质的流动是循环式的，信息传递则包括营养信息、化学信息、物理信息和行为信息。生态系统是与外界环境不断进行物质的循环和能量的流动的特定空间。所以生态系统具有有机体的一系列生物学特性，那么也就象征生态系统具有内在的动态变化的能力。任何一个生态系统总是处于不断发展、进化、演变之中，这就是系统演替。人可以根据发育的状况分为幼年期、成长期、成熟期等发育阶段。每个阶段所需的进化时间在各类生态系统中是不同的。

（二）生态系统具有一定的区域特征

生态系统与特定的空间相联系，包含一定地区和范围的空间概念。这种空间都存在着不同的生态条件，栖息着与之相适应的生物类群。生态系统与环境系统的相互作用使生态系统的结构和功能反映了一定的地域特性。同一种生态系统，因环境的不同，其物种结构、物种丰度和系统的功能等均有明显的差别。

（三）生态系统是开放的“自持系统”

物理学上的机械系统做功需要电源，它的保养是在人的干预下完成的，所以机械系统完成其功能是在人的操纵和管理下完成的。而生态系统则与之不同，需要的能量是生产者对光能的搬运和转化，消费者对食物的选择和摄取，分解者对动、植物生活时的代谢排泄物和动、植物自身残体的分解，使复杂的有机物回归到环境中去，此过程往复循环，不断进行着能量的流动和物质的循环，以保证生态系统功能的正常发生。生态系统的功能联系的自我维持基础就是它具有的代谢机能，这种代谢机能是通过系统内的生产者、消费者、分解者共同完成的，他们是生态系统自维持的结构基础。

（四）生态系统具有自动调节的功能

自然生态系统若未受到其他因素的严重干扰和破坏，其结构和功能是非常和谐的。主要因为生态系统是具有自动调节的功能，也就是当生态系统受到外来干扰而使稳定状态改变时，系统靠自身内部的机制可以再次返回稳定、协调状态。生态系统的结构越复杂，物种数目越多，自我调节能力也越强。但是生态系统的自我调节能力是有限的，超过了此限度，也就失去了自我调节的能力。

四、生态系统的基本功能

生态系统的结构及其特征决定了它的基本功能：能量的流动、物质的循环、信息的传递。生态系统的基本功能都是紧密联系、相互作用的，是生态系统中的生命部分。

（一）生态系统中的能量流动

生态系统的能量的流动是指能量通过食物网络在系统内的传递和耗散的过程。能量的流动首先起始于生产者的初级生产，最终结束于分解者功能的完成，整个过程经历了能量形态的转变、能量的移动、能量的利用及能量的耗散。生态系统是通过食物关系使能量在生物间发生转移的。生态系统不同生物之间通过取食关系而形成的链锁式单向联系称为食物链。通常情况下，生物之间的食物关系比这种直链状的链锁要复杂，通常食物链彼此交错连接成网状结构，称为食物网。

（二）生态系统中的物质循环

生态系统中生命的生存和繁衍除了需要能量外，还必须从环境中得到生命活动所需要的各种营养物质。如果没有物质的摄入，那么生命就会停止，生态系统也将随之解体。物质还是能量的载体，没有物质，能量就会自由散失，也就不可能沿着食物链传递。物质既是维持生命活动的结构基础，也是贮存化学能的运载工具。主要维持生命活动正常进行所必需的各种营养元素是生态系统中的物质，同时这些物质也是食物链各营养剂传递和转化的，从而进一步构成了生态系统的物质流动。但是物质循环却不是单方向的。同一种物质可以在食物链的同营养级内被生物多次利用。各种有机物质经过分解者分解成可被生产者利用的形式归还环境中重复利用，周而复始地循环，这个过程就叫作物质的循环。

（三）生态系统中的信息传递

生态系统的功能整体性除了体现在生物能量流动、物质循环方面外，还表现在系统中各成分之间存在着信息传递。从信息传递的角度看，生态系统中的各种信息主要可以分为两大类，即物理信息和化学信息。物理信息顾名思义是以物理过程为传递形式的信息，如光、声音等。而化学信息，是指生物代谢产生的一些物质，尤其是各种腺体分泌的各类激素等均属传递信息的化学物质。同种动物之间通过释放化学物质的方式传递信息是相当普遍的现象。

五、生态系统的平衡

（一）生态平衡的概述

生态系统平衡作为一个科学的概念是在现代生态学发展过程中提出的，从生态学角度看，平衡就是某个主体与环境的综合协调。国内外的生态学者对生态平衡提出了各种定义和表述。英国的植物学家 A.G. 坦斯利（A.G.Tansley）[①] 认为生态平衡存在于顶级群落，也就是生态系统的成熟期。显然他是从生态系统的结构状态来定义生态系统平衡的。但有些学者却存在不同的见解和想法，部分人甚至认为没有生态平衡的存在。

生态平衡是非常复杂的生态现象。由于受生态系统最基本特征所决定，并且始终都处于变化中，生态平衡首先应该理解为动态平衡。对生态平衡的表述应该反映不同的层次上的区别，以及不同发育期的区别。各类生态系统都应该把结构、机制、功能的稳态，自控能力和进化趋势作为衡量平衡与否的基础。

（二）生态系统平衡的基本特征

在生态系统生态学中，把一个生态系统从幼年期到成熟期的发展过程称之为生态系统的发育。在无干扰的情况下，生态系统发育的结果是结构更加多样复杂、各种组分间的关系协调稳定、各种功能渠道更加畅通。E.P. 奥德

① A.G.Tansley，“The Use and Abuse of Vegetational Concepts and Terms”，*Ecology*，Vol. 16，No. 3，July 1935，pp. 284-307.

姆（Odum）[①]曾经比较了生态系统发育过程中在结构和功能方面的变化，并从比较指标中概括为三个方面，分别是生态能量学指标，营养物质循环特征，生物群落的结构特征、稳态、选择压力。

（三）生态系统平衡失调的基本特征

在生态系统中，在外界施加了人或自然的压力，超过了生态系统自身调节能力或者代偿功能后，都将使其功能受阻，结构被破坏，正常的生态关系被打破，这种状态称之为生态系统平衡失调。

生态系统平衡失调有诸多因素，自然因素有地壳变迁、火山喷发、洪水、泥石流等。这些因素对生态系统的破坏是严重的，并伴有突发性的特点。

（四）生态系统内稳定及其含义

生态系统平衡实际上就是生态系统内稳定的显示。生态系统内稳定理论强调各种生物内环境稳定这一普通概念的引申，最初是由生理学家和物理学家提出，后来由控制论学者对其给予了发展并应用于以负反馈为基础的自控系统。苏卡姆尔—哈姆斯曾提出，内稳定这个俗语可用于群落学研究。生态系统内稳定的概念就是早期生物学平衡概念的发展，它意在解释包括生态系统稳定性、调节和抵抗力等内在的各种机制的结构和功能。也就是说，内稳定是系统保持自身内部稳定的能力。

每个生态系统都在来自内部和外部两类因素的压力下运行。内部因素是生物群落自身发育和由此引起的生境变化。外部因素常与生物群落自身无关，如气候、天气等因素。

生态系统对外界干扰具有调节能力才使它保持了相对的稳定，但是这种调节能力不是无限的。生态平衡失调就是外界干扰大于生态系统自身调节能力的结果和标志。不使生态系统丧失调节能力或者未超过其恢复力的外干扰及破坏作用的强度称之为“生态平衡阈值”。阈值的大小与生态系统的类型有关，还与外干扰因素的性质、方式及左右的持续时间等因素密切相关，生态平衡阈值的确定是自然生态系统资源开发利用的重要参量，也是人工生态系统规划与管理的理论依据之一。

---

① E.P.Odum，“The Strategy of Ecosystem Development”，*Science*，Vol.164，No.3877，1969，pp.262-270.

六、生态系统趋同效应

趋同效应是指不同系统的生物，在进化中逐渐表现出相似的形态和性质特征。如蜻蜓、蚊子、麻雀等动物虽然亲缘关系很远，但由于适应飞翔的生活，他们都具有翅。蝼蛄、鼹鼠都在地下生活，他们都有适于掘土的附肢。企鹅属于鸟类，海豚、海豹属于哺乳类，但由于适应水生环境，他们的前后肢均为扁平型，适于划水，并且都具有流线型的体型，可减少在水中的阻力。趋同可以指两种或两种以上亲缘关系较远的生物，由于栖居于同一类型的环境之中，从而演化成具有相似的形态特征或构造的现象。

七、生态位的概述

Grinnell 在1917年首先应用“生态位”一词来表示对栖息地再划分的空间单位，将生态位定义为“恰好被一种或一个亚种所占据的最后单位”。[①②③]Elton 认为“一种动物的生态位表明它在生物环境中的地位及其与食物和天敌的关系”，将生态位定义为“指物种在生物群落中的地位和角色”。王刚等仔细分析了生态位定义的内在含义，并将其总结为有机体和所处生态环境条件之间的关系以及生物群落中的种间关系。因此群落中的一个种与其他种之间的动态关系（包括竞争、捕食—被食、寄生—寄主、共生互惠等关系）也是一种广义的种与环境因子之间的关系，他认为生态位是生态学上的特殊性，即种和群落中其他种及环境之间的特殊联系。[④]

综上所述，生态位指一个种群在生态系统中，在时间和空间上所占据的位置及其与相关种群之间的功能关系与作用，表示生态系统中每种生物生存所必需的生境最小阈值。生态位研究在理解群落结构和功能、群落内物种关系、生物多样性、群落动态演替和种群进化等方面发挥着极其重要的作用，现已经取得了很多的研究成果。

---

① [美]R. M. 梅等:《理论生态学》，孙儒泳等译，科学出版社1980年版，第6页。

② 赵惠勋:《群体生态学》，东北林业大学出版社1990年版，第13—28页。

③ 赵志模、郭依泉:《群落生态学原理与方法》，科学技术文献出版社重庆分社1989年版，第81—89页。

④ 王刚、赵松岭、张鹏云等:《关于生态位定义的探索及生态位重叠计测公式改进的研究》，载《生态学报》，1987年第2期。

第二节　教育生态学概述

教育生态学是生态学与教育学结合的一门教育边缘学科，是从生态学的视角研究教育如何作用于人，怎样使教育环境中的各要素相互影响、相互作用的。高校网络生态系统的构建正是以教育生态学为理论基础展开的。

一、教育生态学简介

（一）起源与发展

1. 西方教育生态学研究概述

20世纪初，生态学发展成为独立学科，并在植物学和生物学两方面迅猛发展。1921年人类生态学的概念在《社会学科学导论》中被首次提出，自此人类开启了运用生态学原理和方法研究社会问题的大门。1932年，美国学者奥格布在其著作《教学社会学》中提出了“课堂生态学”的概念。[①]1935年，英国的比尤斯出版了著作《人类生态学》。自此，从事人类生态学研究的学者也越来越多。20世纪40年代，堪萨斯大学成立了米德威斯特心理学现场研究所，以生态学理论对人类行为进行研究。1966年，英国学者阿什比就已经提出了“高等教育生态学”的概念。随后，费恩、坦纳、沙利文等学者纷纷对教育与环境之间的关系进行了研究。20世纪70年代，康奈尔大学的布朗布伦纳对校园环境下个体行为与外部环境的关系展开研究。与此同时，以校园环境为背景的生态学研究逐步趋于繁荣。1976年，哥伦比亚大学的克雷明首次提出了“教育生态学”。自此，教育生态学成为一门独立的学科。1977年，英国学者艾格尔斯顿则突破了前人研究的局限性，在著作《学校生态学》中提出要对教育资源的分布问题进行研究。截至20世纪70年代，西方的教育生态学已经呈现出兴旺之态。自20世纪80年代以来，教育生态学的研究领域不断拓宽，研究内容不断纵深。美国学者古德莱德以将学校视为文化生态系统为理论基础，提出了要统筹生态因子，建立健康的学校生态系统。华鲍尔斯研

① Waller W.，*The Sociology of Teaching*，Hoboken：John Wiley&.Sons Inc.，1932，p.161.

究了微观课堂是生态和宏观教育、文化、生态危机等生态问题。西方学者就教育生态学的研究达成了一个共识，即：生态学的基本精神——综合、联系和平衡。研究的主要内容包括微观教育生态学、教育生态因子生态学、宏观教育生态学。[①]

2. 我国教育生态学研究概述

在我国，关于生态教育的论断早已出现在古代传统文化中，例如，儒家的"天人合一"，强调了人与自然的和谐与统一；道家的"道法自然"，揭示了自然就是道的真实内涵，主张"自然而然"的规律；宋代程颢提出的"天人一本""天人本无二，不必言二"的"天人合一"思想[②]，这些论断和主张都蕴含着教育生态思想观念。

1926年，庄泽宣《教育概论》探讨了教育与环境之间的关系，他最早以学术著作的形式发表了教育生态相关理论。九年后，由吴俊升与王西征所著的《教育概论》中对"遗传环境"和"发展与适应"教育生态规律进行了论述。1943年，张栗原在《教育生物学》中从儿童身心发展规律出发，对人物生态学进行了研究。进入20世纪以来，我国的教育生态研究从台湾开始得以发展。20世纪60年代，台湾学者方炳林出版了专著《生态环境与教育》。台湾师范大学也于20世纪70年代成立了教育生态研究所，成为我国较早开展生态教育学研究的科研机构。20世纪80年代后期，台湾的李聪明发表了《教育生态学导论》，以教育生态学为理论基础，系统地思考了台湾的教育问题。

大陆地区对于教育生态学的研究略晚于台湾。20世纪80年代，以吴鼎福、诸文蔚为代表的学者们对教育生态学展开了研究。大陆地区第一本教育生态学专著为1990年吴鼎福与诸文蔚合著的《教育生态学》。该著作以教育生态环境与教育之间作用与反作用为研究脉络，运用了大量的生态学理论和概念，实现了生态学与教育学的融合。1992年，任凯与白燕合著的《教育生态学》则将教育生态系统作为研究对象，运用生态学原理和方法对一些教育现象进行了分析。

进入21世纪以来，我国的教育生态学理论日趋丰富。2000年，华东师范大学的范国睿在其他学者研究的基础上进行创新突破，其著作《教育生态学》

---

① 贺祖斌:《高等教育生态研究述评》，载《广西师范大学学报(哲学社会科学版)》,2015年第1期。
② 乐爱国:《道教生态学》，社会科学文献出版社2005年版，第20—26页。

从文化、人口、资源、环境、学校、课堂等方面考察教育环境对人、学校和教育发展产生的影响。[①]吴林富则针对教育生态系统、生态平衡等问题提出要增强对教育生态理论的实际应用。2004年，贺祖斌在《高等教育制度生态环境及其优化》一文中用生态学理论对我国高等教育的制度环境进行了分析，并通过制度创新对教育环境进行了优化。[②]2006年，李景春根据生态位原理分析教育生态系统，探讨教育发展创新战略，实现教育内部以及教育与社会的和谐发展。[③]2008年，王加强和范国睿发表的《教育生态分析教育生态研究方式初探》引入了教育生态分析这一教育生态研究方式，以提高教育生态研究的质量。[④]2009年，邓小泉、杜成宪在对我国教育生态学研究概况进行梳理与分析之后，也强调教育生态系统应该是教育生态学研究的核心，并进一步指出，教育生态学研究应该重点分析教育生态系统的构成，准确把握教育生态系统中的物质流、能量流与信息流的实质及其对教育生态系统的影响，而且要特别强调教育生态系统中各因子之间的相互联系、相互作用及功能上的统一。[⑤]2011年，贺祖斌的《高等教育生态论》对高等教育的生态承载力、生态区域发展等进行了研究。[⑥]2012年以来，康淑敏、周颖、夏元芬等人将教育生态学应用于英语课堂教学实践中。2013年以来，刘振亚、郑刚、郭艳婷、何郁冰、赵冬鸣等人吸取了国外高校创业生态教育的经验，提出了对中国高校开展创业教育的建议，自此教育生态学的理论被广泛应用于高校创业教育中。教育生态学的应用在近几年来更具有时代的特色，周梅、何丽萍运用这一理论对网络时代的高校思想政治教育进行了研究。

（二）教育生态学相关概念

教育生态学虽然是教育学与生态学共同衍生出来的一门学科，但是它绝不仅仅是这两门学科的简单叠加或者相互交叉。作为一门独立的学科，教育生态学仍然拥有完善的理论体系。

---

① 闻慧、梁磊、贺敏:《教育生态研究发展综述》，载《现代物业》（中旬刊），2011年第11期。

② 贺祖斌:《高等教育制度生态环境及其优化》，载《现代大学教育》，2004年第3期。

③ 李景春:《生态位理论视域中的教育生态系统及其发展》，载《教育科学》，2006年第3期。

④ 王加强、范国睿:《教育生态分析：教育生态研究方式初探》，载《教育理论与实践》，2008年第19期。

⑤ 邓小泉:《教育生态学研究二十年》，载《教育理论与实践》，2009年第5期。

⑥ 贺祖斌:《高等教育生态论》，广西师范大学出版社2005年版，第10页。

1. 教育生态学的定义

教育生态学是指运用生态学原理，研究人类进行教育活动中的现象与问题，从而梳理出教育的发展规律，预测教育的发展前景。简言之，教育生态学就是研究教育与人及其周围环境之间规律，将教育学与生态学交叉的一门学科。

2. 教育生态学的研究对象

教育生态学研究的不仅是教育本身及其生态环境，而且是将二者联系起来，探究教育的生态规律，关注教育生态系统的构成、功能、规律及如何实现系统物质、能量和信息交互的平衡。总而言之，教育生态学运用系统分析理论，看待教育现象，剖析教育问题，把握教育规律，关注的是教育主体、客体、介体、环境共同构成的教育生态系统，它着重研究的是教育生态环境和其构成要素对教育生态系统和系统主体的影响。

3. 教育生态学的研究任务

可以从三个层面来分析教育生态学的研究任务：第一，以系统的观点，从生态圈的角度，教育生态学是全面地分析教育与各种生态环境之间的关系，以及生态环境中各种生态因子对教育的作用机理和规律的；第二，从宏观和微观的角度，教育生态学是研究宏观教育生态和微观教育生态的，可以细化到教育的个体生态、群体生态和教育的生态系统，其中教育生态系统的研究是其主要任务；第三，教育生态学是运用水平分析法，分析教育的水平结构、教育的分布模式以及教育生态的功能的。

4. 教育生态学的基本原理

（1）限制因子定律

教育生态学中经常会提到生态因子这一概念。生态因子指的是生源质量、教师水平、学校风气、班级氛围等关系教育效果和发展的诸多因素。任意一个生态因子都对应其所在生态系统中的一个阈值，不能高于或低于这个范围，否则该生态系统就会受到影响，这就是限制因子定律。在教育生态学中，最重要的限制因子是能量流和信息流。[①] 通过人的主观能动性控制好限制因子，克服限制因子对生态系统产生的限制，会促进教育更好更快地发展。

① 闫蒙钢:《生态教育的探索之旅》，安徽师范大学出版社2013年版，第10页。

（2）耐度定律和最适度原则

任何事物的发展都应该适应其所处的环境，数量、规模和速度都应该有一个最适度值，过高或者过低都将产生不良的后果。同样，教育的群体生态系统也要将各要素控制在适度的阈值范围。教育生态系统中的主体也有对生态环境的生态因子相适应的最小值和最大值，当达到适度值时，即实现了生态因子质和量的统一。这就是教育生态学要遵循的耐度定律和最适度原则。

（3）花盆效应

这一原理很形象地阐述了“花盆里栽不出万年松”的道理。花盆中养殖的花虽然在人的精心照顾下能够美丽绽放，但温室里的花朵终究经不起风吹雨打。也就是说花盆里的花受到了空间限制。类似地，教育生态学认为教育主体离不开教育生态环境。亲子关系出现问题，例如，父母单纯地溺爱孩子，会遏制孩子的健康成长。花盆效应的提出旨在告诫教育者建立开放性的教育系统，联系实际开展教育活动，引导学生由学习书本知识向了解社会过渡，实现教育的根本目的。

（4）教育生态位原理

教育生态系统与其他系统共同存在，他们共同从社会大系统中获得能量，也就是说，教育生态系统与其他系统要进行能量的配比，这就产生了竞争和排斥的关系。同样，教育生态系统中各个子系统，例如，初等教育生态系统、高等教育生态系统、职业教育生态系统之间也会进行竞争与排斥，他们在同一生态位中相互促进，同时也会互相产生消极影响。

（5）教育生态链法则

教育生态链与生物学中的生态链不尽相同，它取决于不同阶段的教育和教育特点。目前，学者对教育生态链的研究只停留在定性研究。

（6）教育节律

教育节律就如同人的生物钟一样，教育者根据受教育者的学习情况，指导其进行预习、复习，组织其参加各阶段考试。教育节律的安排必须遵从教育规律，这样才会有利于教育质量的提高，使受教育者获益。

（7）社会群聚性

生物群聚指生态系统内的各个生物相互组合建立联系，形成某一特定区域，形成一种组织。在教育生态过程中，教育互动参与者也会存在社会群居性，他们以群体这种形式存在于教育生态系统中。班级就是最为常见的教育生态群体。

（8）群体动力关系

群体动力关系体现的是群体内各个成员之间形成的竞争、共生、合作、权威等关系。

（9）整体效应

整体效应是指任意一个生态行为的产生将会对整个教育生态系统产生全局性的影响。所以，教育生态行为的发起要顾全大局，着眼于整个教育工程。

（10）边缘效应

一种理解为教育若要发展、创新，需要进行人才流动，只有知识不断得以更新才能促进教育，近亲繁殖不利于教育发展。另一种理解为不同地区对教育的重视程度不同，教育资源分布的不均匀导致出现薄弱的教育边缘区。

5. 教育生态学的基本规律

（1）迁移和潜移规律

教育生态系统中的物质、能量和信息通过两种方式流动：一种是宏观可见的迁移，即径流；一种是微观不明显的潜移，即潜流。例如，资金经由教育部、各省教育厅至各校，资金进行了迁移。各校将资金拨付各个学院、课室、教工，资金逐渐被迁移，能量不断被消耗。

（2）富集与降衰规律

富集指的是教育生态系统内的物质流、能量流和信息流的集中流动，富集度越高，系统的教育水平越高。然而，过高的富集度同时会造成浪费。降衰则伴随富集而存在，信息流经过的环节越多，信息的衰减也就越多。所以富集要与不同的发展水平和层次相适应。

（3）教育生态的平衡与失调

从功能方面来看，教育生态系统内各生态因子通过输入、输出物质、能量和信息以和谐共存，形成教育生态的平衡，一旦输入输出不对等，则出现教育生态的失调；从结构方面来看，教育生态系统内各生态因子之间的关系、构成比例等方面也会存在平衡与失调。

（4）竞争机制与协同进化

教育生态系统内各个生态子系统都存在竞争关系，良性竞争关系促进了教育制度改革和学科之间的渗透，提高了教学质量。随着竞争的不断推进，竞争的副作用不断减弱，教育资源得以整合，教育方式不断进化，竞争者之间相互促进，协同进化局面出现。

（5）教育生态的良性循环

一旦教育圈所包含的所有教育生态系统处于平衡、稳定的状态，形成了良好的教育生态环境，其物质流、能量流和信息流就会开启良性循环模式。

6. 教育生态学的功能

教育生态学的功能可从其生态系统内部功能和外部功能来界定。

在教育生态系统内部，教育者和受教育者是核心要素，其主要功能为育人。教育者向受教育者传授知识、经验和技能，受教育者以此服务社会。与此同时，受教育者通过学习养成了道德规范，明确了行为准则，更好地造福社会。另外，教育教学的进步带动了科技创新的发展，系统内的人才不断向外部社会输出智力能量。这也体现了教育生态系统的内部功能。

教育生态学的外部功能则发挥在社会发展的政治、经济、科技、文化四个方面。在政治方面，教育体现了为我国培养社会主义合格接班人的服务功能。无论是课堂教育还是实践教育，受教育者会不断接受爱国主义教育、理想信念教育，从而不断坚定为实现中国梦而不懈奋斗的决心。在经济方面，教育体现了推动经济发展的奠基功能。教育是科技进步的推动力，而科技又是经济发展的基本保障。在科技方面，教育体现了对科技创新的培育功能。教育一方面培养出科技创新人才，一方面产出科研成果。文化方面，教育体现了对文化的选择功能。教育取文化之精华，去文化之糟粕，同时创造并发展新兴文化。

7. 教育生态环境

教育活动的主导者是人。人在教育中的各种行为受到其所处环境的影响，同时又影响着环境。所以研究教育生态问题，就必须要研究教育的生态环境。教育生态环境指制约并调控教育出现、进行和发展的多样环境体系。教育生态环境分为自然环境、社会环境和规范环境，又称为物理环境、结构环境和价值环境。

自然环境是人类赖以生存的必备条件。它包括温度、湿度、光照、氧气等非生物因素，也包括植物、动物以及微生物等生物因素。自然环境为人类提供生存所需的物质和能量，为教育活动提供资源，而教育所产生的价值作用于自然环境，使自然环境得以优化，更加和谐。

社会环境指人类通过不断改造自然所形成的特有环境，包括政治环境、经济环境、文化环境等。社会环境中的资源均可以为教育所用。除了物质基础，教育更离不开精神支撑得以延续和发展。教育又能够促进良好社会风气、高尚品质品格的形成，所以，社会环境不仅制约着教育，同时教育的反作用力也影响了社会的进步。

规范环境是人类在群体生活中所持有的和形成的态度、风气和气质观念。[①]每个人都因成长经历、性格特点的不同，对同一事物持有不同的心理感受和需求，精神追求也因人而异，这就构成了每个人的价值。当个人的价值观符合社会的价值体系时，便成了社会价值，也就是风俗习惯、道德风尚、舆论氛围等体现人类群体价值的元素。当这些元素影响到人的行为活动时，则形成了规范环境。规范环境体现了教育生态中人类心理和精神层面的需求。人们受到他人心理诉求、处事态度、价值观念的影响，建立起自己的价值体系，发展了自己的人格。

以上三类环境分别满足个人发展所需要的自然的、社会的和精神的因素，不同层次的环境与其他环境相互影响，交叉存在，难以割离，体现了教育生态环境的多维镶嵌性。在这种复合环境的影响下，人类从事教育活动，人与教育共同发展，形成了复合的教育生态系统。受教育者在生态环境的影响下又反作用于生态环境，与环境协调发展。而三者之中，与人类联系最密切的是规范环境。教育是文化的一部分，而文化是规范环境的主要构成要素。教育是社会文化传承、发扬的主要手段，文化又是教育的内容和素材的一部分。

二、教育生态系统

奥地利生物学家贝塔朗菲最早提出“系统”这一概念，系统即为“相互作用的诸要素的综合体”。[②]钱学森对系统的定义为：“系统是由相互作用和相

① 吴鼎福：《教育生态学刍议》，载《南京师范大学学报（社会科学版）》，1988年第2期。

② ［美］贝塔朗菲：《一般系统论》，林康义、魏宏森译，清华大学出版社1987年版，第3页。

互依赖的若干组成部分结合而成的具有特定功能的有机整体。"①研究系统就是要研究如何使系统中各要素相互联系，达到协调、平衡的状态，使系统正常运行，实现系统的功能。所以，研究教育生态系统有助于我们厘清系统内要素之间的关系，以及如何使各要素之间，要素与环境之间进行物质、能量和信息的交互，维持系统内外的平衡，从而保证教育的实施效果。

（一）教育生态系统的构成要素

结构需要要素的支撑得以存在。教育生态系统的结构也需要其内部要素之间相互联合、相互协调才能稳固，教育生态系统才能正常运行。系统内各要素的地位、作用、与其他要素的关系，与外部环境进行怎样的交互，都决定了教育生态系统的性质与功能。

教育生态系统主要由教育者、受教育者、教育机构、用人单位、社会、家庭等要素构成，同时政治、经济、科技、文化等要素也参与教育生态系统的运行中。学校、教师、学生、用人单位、社会、家庭作为主要要素构成了教育生态系统，政治、经济、科技、文化等要素在教育生态系统中也发挥着作用。一个国家的政治环境影响了教育的大环境。经济状况奠定了教育的物质基础。科技的进步需要教育作为支撑，而科技成果应用于教育中又会促进教育的发展。教育的发展需要从文化中汲取精髓，同时文化在教育中得以发扬和传承（详见图2.3）。

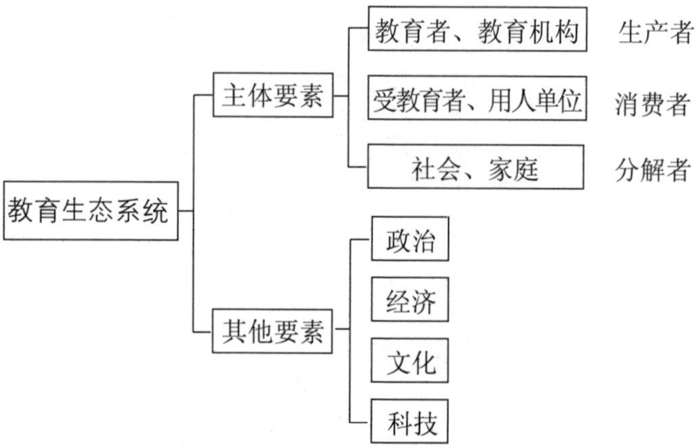

图 2.3　教育生态系统的构成

① 曹凑贵:《生态学概论》，高等教育出版社2002年版，第12页。

自然生态系统的生产者是绿色植物和化能合成生物，他们通过光合作用和呼吸作用与环境交换能量，他们同时被消费者食用供其生存。在教育生态系统中，其生产者是指不同层次、不同类型的教育机构，也可以是具有教育功能的组织与个人，为了使问题清晰明了，此处将生产者界定为教师及学校，即教育者和教育机构。学生接受来自教师和学校的知识与技能，用人单位通过招聘获得支持其运作的人才资源，所以学生和用人单位是教育生态系统的消费者。

自然生态系统中的分解者将生产者的遗体、消费者的排泄物和遗体通过细胞呼吸分解为非生物的物质和能量，并重新还原到生态环境中，供生产者和消费者使用。在教育生态系统中，学校、科研机构将知识传授给学生，学生将知识转换为技能和能力，为社会所用，为家庭提供经济支撑。社会同时将不具备竞争力的人淘汰出局。被淘汰出局的人或者回归家庭，或者通过再次进入教育机构提升自我能力，进行新一轮的生产与消费。学校和教师在教育教学方面取得成果，得以广泛应用于社会各类教育机构中，甚至可以促进学生的家庭教育。也就是说教育生态系统中生产者产生的物质同样会被分解者分解，在这一过程中，进行了能量的传递。所以，家庭和社会可视作教育生态系统的分解者。

家庭和社会在获取教育者和受教育者，学校和用人单位的物质、能量与信息后，会将他们转换为政治、经济、科技、文化所需要的养分，促进国家层面的进步与创新。政治、经济、科技、文化等要素就好比是生态系统中的非生物物质，他们为系统内的生命物质提供了赖以生存的能量。政治、经济、科技、文化方面的成果将转化为多种形式的资源投入到教育中。而教育者和学校具备科研能力，其科研成果可以直接转化为推进国家政治、经济、科技、文化发展的能量。身处社会环境中的学生与用人单位也必会受到来自政治、经济、科技、文化的影响，例如，用人单位会着重投资国家重点支持的科技领域，招聘具有该领域专业技能的学生。而用人单位所进行的各种经营活动会对国家的整体经济产生影响。学生在学习和工作过程中会有意无意地吸收并传播外来文化，同样作用于教育生态系统的非生命物质上。图2.4展示了教育生态系统中各要素之间的关系。

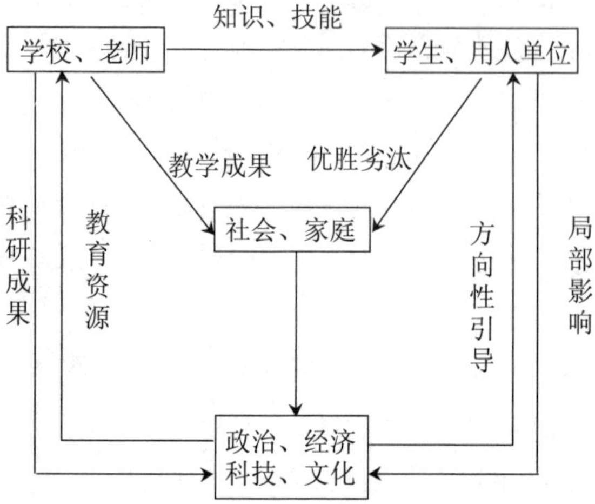

图 2.4　教育生态系统各要素之间的关系

（二）教育生态系统的物质流、能量流与信息流

教育生态系统是通过系统内各要素之间以及要素与其外部环境进行物质、能量、信息的交流与传递来运行的，也正是有了物质流、能量流和信息流的循环往复，教育生态系统才能维系平衡。

1. 物质流的形成

社会将物质资源、人力资源投入到学校的教育教学中，不断改善学校的教学条件，提高教学质量，使学生获得良好的教育，从而获得知识和技能。这一过程实现了人、财、物的价值向知识和技能的转化。学生走进社会后，又将知识和技能转化为推动社会进步与发展的物质财富和精神财富。社会将学生创造的物质财富和精神财富的一部分再次投入到教育中。图2.5体现了教育生态系统物质流的循环过程。

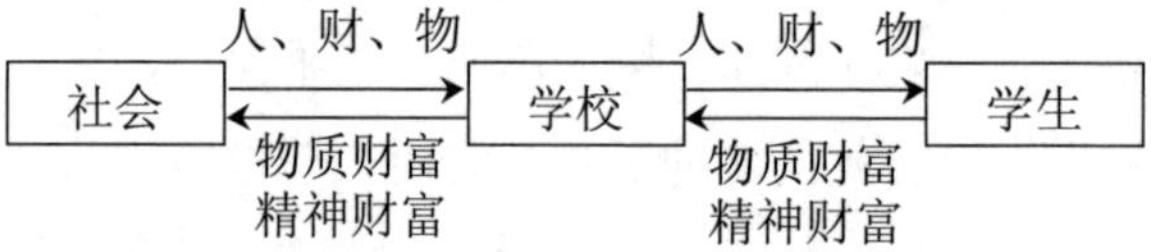

图 2.5　教育生态系统的物质流循环

2. 能量流的形成

教师将观念、知识和技能传授给学生，学生消化理解后形成自己的价值

观、知识体系和能力，并应用到社会实践中。一些新的理论、知识和技能在实践中应运而生。教育专家和学科专家将其系统地编入学生教材，新的理论、知识和技能由教师传输给学生。同时，教师在教学过程中通过学生的课堂反馈，不断充实知识储备、提高教学水平、创新教学方法、丰富教学内容，提高了课堂效果。学生又进一步将知识转化为有利于社会进步的资源。这就构成了教育生态系统的能量流循环。图2.6展示了能量流的循环。

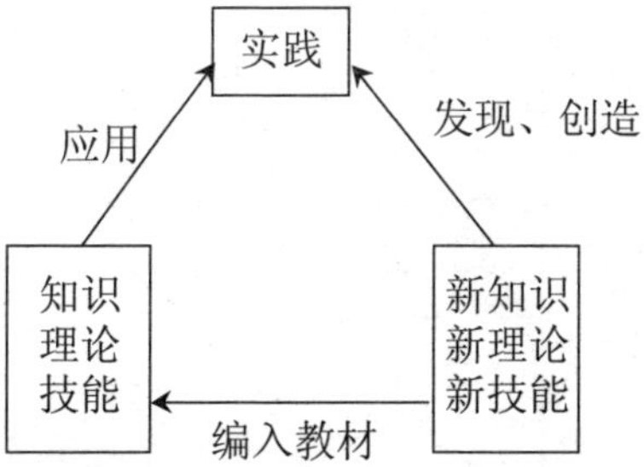

图 2.6　教育生态系统的能量流循环

3. 信息流的形成

教育生态系统与外部环境存在着联系。例如，教育与社会环境中家庭教育密不可分，也会受到来自规范环境下文化、科技等因素的影响。教育生态系统内部各要素也存在千丝万缕的联系。学前教育、初等教育、中等教育和高等教育存在一脉相承的关系，学校领导与教师，教师与学生，教工与学生，学生与学生之间通过教学活动产生了诸多联系。他们之间均存在信息的交流、传递与反馈。例如，学校领导向教师传达了国家的教育政策，教师根据政策开展教学活动。教师将教学中的问题集中反馈至学校领导，由领导依据教育政策，与教师一起完善教育过程。在教育生态系统中，各个要素通过信息交流、传递、反馈，不断地调整自身的状态，与教育生态环境和其他要素相适应，从而使教育生态系统健康、和谐地发展。

三、高校思想政治教育生态系统

高校思想政治教育生态系统是教育生态系统的子系统。高校教育既是教育的重要组成部分，又与教育具有内在一致性。以生态学为视角探讨高校教育具有可行性。建立高校教育生态系统就是研究如何充分利用现有资源，通过有效渠道，运用合理方法，将系统内各要素通过机制进行有机关联并相互作用达到系统的生态平衡，从而实现高校社会主义核心价值观在学生群体中的有效渗透。

（一）高校思想政治教育生态系统的构成

高校思想政治教育生态系统中的各要素扮演着主体、客体和介体的角色，在与环境的作用与反作用下维系着生态系统的运行，如图2.7所示。

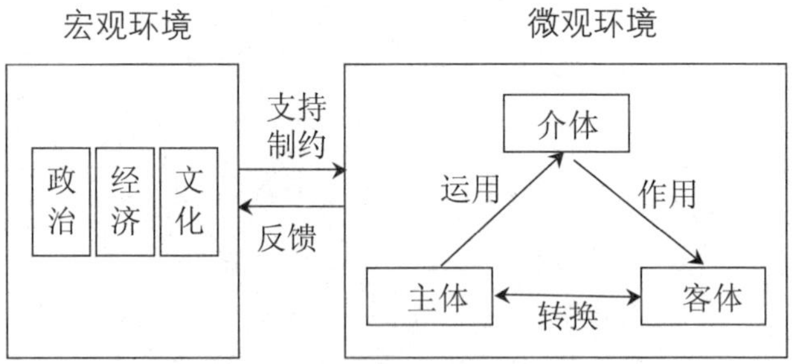

图 2.7　高校教育生态系统的构成

教育主体主要是指教育者与受教育者，即任课教师、班主任、辅导员、管理人员与学生。从生态学角度分析，该系统的教育者相当于自然生态系统中的生产者，但不等同于在教育过程中他们是绝对权威的领导者，而是与受教育者具有平等的人格，在教育过程中发挥主导性作用。受教育者虽然是施教对象，在接受教育的过程中，他们不是完全被动的，虽然具有受动性的特点，这种受动性却不是消极被动的，而是显现出受教育者的主观能动性，这种主观能动性是受教育者对教育者对其施加的教育作用与影响的主观接受、主观选择、接受程度和自我教育的主动性，也就是说受教育者在思想政治教育过程中具有一定的主体性。①

本书曾提及教育资源与教育生态密不可分的联系。教育资源是教育者或教育机构实施教育所利用的各种资源，可视为高校思想政治教育生态系统内的客体，包括物质资源、人力资源、信息资源、生源资源等。人力资源则主要指高校的教师、管理人员等，生源资源指学生，这两类资源分别与教育主体中的两类人群有重叠的部分，在系统运作过程中因发挥的作用不同而导致所扮演角色发生变化。这种主客体之间的转变体现了生态系统的竞争关系。

① 李晓蕾:《高校思想政治教育生态系统建设研究》，哈尔滨工程大学博士学位论文，2012年。

师生既是竞争的主体也是竞争的客体。二者是处于辩证统一关系之中的，如果只有教育者的竞争能动性，或者只有受教育者的能动性，都是难以真正开展高校思想政治教育生态竞争的，二者缺一不可。例如，当教师向学生传授知识时，身为教育主体的学生此时作为生源资源成为教育客体；学生学习知识后向系统内部产生积极或消极的反馈，系统根据反馈做出反应，此时学生又成了系统的教育主体。

教育介体主要是指实施教育过程中搭建的渠道以及运用的方法和内容，是系统中引发主体与客体相互作用的媒介物质，教育者可以根据教育的目的和要求调整和控制教育的介体，发挥教育介体的正向牵引作用，从而实现“正向”的教育功能。例如，教育者以课堂教学、网络宣传等为教育渠道，运用案例分析、线上讨论等教育方法，将诚信教育分解为诚信待人、诚信做事等内容，实施思想政治教育。教育介体承担了主客体之间物质流动、信息交换、能量转变媒介作用。

外部环境分为微观环境与宏观环境。宏观环境指政治环境、经济环境、文化环境等受国家政策影响的广义环境；微观环境指学校、家庭等与师生密不可分的相对范围较小的狭义环境。首先，宏观视阈，“经济基础决定上层建筑”①，任何形式的教育活动都需要物质保障，即经济投入，因而经济环境势必与教育生态系统发生了信息、物质和能量的交换。政治环境则决定了高校思想政治教育的总体方向。其次，微观视阈，家庭环境决定了系统主体——受教育者的成长轨迹，同时深深地影响着受教育者价值观的形成。学校和社会则影响着教育主体、教育氛围，主体的行为又直接作用于学校和社会环境，给学校和社会造成积极或消极的影响。这一过程恰恰体现了教育生态系统内要素与外部环境之间的能量交换过程。

（二）高校教育生态系统的运行

1. 教学相长

高校教育生态系统中，教育者除了教师，还包括参与到学生教育活动中的辅导员、班主任以及学校相关管理服务人员。同时，在施教的过程中，教育者与学生在线上与线下相互作用、相互交流、相互学习以及管理与服务的过程，实现了系统的能量流动，师生共同进步。作为传道者，教育者自己要

---

① 《马克思恩格斯全集》第3卷，人民出版社1995年版，第38页。

明道、信道，使自己先受教育，努力学习先进思想和文化，坚定地支持党的领导。这样才能在教育活动中发挥主导作用，促进学生对所学知识点从深度、广度加强理解，并将观点、意见进行反馈，教育者根据反馈内容进行教育、管理与服务方向、重点及形式的调整。另外，学生在与教育者进行交流的过程中，通过感悟教育者的道德修为，提高了辨别信息真伪的能力，从而形成了师生互相促进。

2. 资源联动

要使高校教育具有实效，就需要高校调动全体教职员工的积极性，保证部门间的通畅沟通与密切协作，充分合理地将各类学校资源应用在教育中，努力营造教育的良好氛围。作为高校思想政治教育生态系统的客体，只有各类教育资源被合理利用和相互补充，才能形成合力，确保主体发挥能动性，共同为开展高校思想政治教育服务。首先，要在组织上，实现专职、兼职、后备多维力量的统筹兼顾，不断优化教育队伍结构，形成以校党委为中心，辅导员、班主任、任课教师为主，管理服务人员为辅的高校教育梯队，自上而下地做好学生引领与教育工作。其次，在体制上要实现创新，构建高校党委、教师队伍、管理队伍、专家队伍多位一体的建设体制，提高高校思想政治教育队伍的整体优化及科学发展。确立高校党委在教育的领导核心地位，保证思想政治教育队伍的正确方向、科学实施以及教育目标全面实现。实现教师队伍与管理队伍紧密配合，为社会主义核心价值观教育营造良好的氛围。聘请思想政治教育专家，定期指导学校的教育的开展，不断提升相关教育教学水平。再次，在宣传上，信息资源的获取、整合、利用、传播需要专业团队进行把控，健全的信息管理组织机构才能保证高校教育站在时代的前沿，才能占据引领学生的思想政治教育的主阵地。

3. 协同服务

教育者可通过理论教学、实践养成、质量评价、效果展示等为抓手，全面深化高校思想政治教育。

第一，理论教学模块是教育引导的课堂呈现形式，即运用创新的理论教学模式辅助大学生接受多种形式、多种内容的教育。第二，实践养成模块搭建适应学生精神需求的活动平台，辅助大学生加深知识、观念、技能的理解。第三，质量评价模块运用数据分析大学生知识的掌握程度。第四，效果展示模块既体现了舆论宣传，又是文化熏陶的过程积累，即运用典型事迹和榜样力量来修正大学生知识技能的认知偏差。

4. 环境导向

高校的思想政治教育活动要与学生的日常生活机密联系起来，使他们在实践中感知、领悟知识的力量。这离不开环境的熏陶和感染。从生态学角度来看，高校思想政治教育产生的一切活动受到外部环境的影响，同时也反作用于外部环境。教育主体、教育客体和教育介体都与触发教育的环境相互作用，都在外部环境机制下进行相互作用。

政策导向影响是在政府对教育的引导下将开展思想政治教育的文件精神进行宣传、学习和领会，社会环境影响是将文化融入大学生的生活、学习、成长的各个环节，校园环境影响是取决于校园的价值导向和文化渲染，家庭是国家、社会最基本的单元，家庭氛围对学生的人格形成、基础认知有最根本的影响。政策导向引领了社会文化的形成和发展，社会文化影响着校园文化和家庭文化，即宏观的外部环境对于微观的外部环境有着指导性的作用。同时，大学生成长在家庭环境与高校环境中，直接从家庭和学校汲取文化的认同，又将自己的思想转化为行为，在社会大环境中体现与传播。外部环境机制中，教育者帮助学生解读政策导向性文件精神，通过实践活动感知社会环境下的教育氛围，将正向的社会文化与特色的校园文化有机结合，最大限度地发挥高校的思想政治教育的功能。

第三节　高校网络生态系统的概述

一、网络生态系统界定

网络生态系统是一个随着现代互联网技术的发展而不断发展的教育系统，互联网技术与传统教育的紧密结合使得人们在知识获取方面得到极大的便利，除了传统的课堂教学以外，学习者获得的知识绝大多数来自网络媒体，越来越多的用户选择通过网络媒体来实现学习目的。随着这种媒体学习方式的普及，人们对于健康的网络学习环境的需求也日益增长。鉴于互联网经济的迅速增长以及它与许多行业广泛的相关性，提出了“互联网生态”概念。[①] 运用生态学的原理来分析一下网络教育的生态环境，网络教育生态系统包含生物成分和非生物成分。生物成分包括主体、客体、介体，主体主要由教师群体构成，他们从事网络教育产品的制造，提供网络教育资源，对学习者进行辅导答疑等，网络教育平台的建设者、维护者也是有机部分。客体则从事网络教育产品的消费，通过浏览、下载以及购买等方式使用网络教育资源，这一类群体有学生、网民等。教师、版主、虚拟社区管理员等连接介质负责管理和维护网络教育资源，对过时的、质量不高的学习资料予以清理，也定期分解网络废物。高校网络教育系统中的生物成分是动态变化的，如教师通过网络媒体分享他的课件等教学资源时，他可以作为主体，而当他通过网络媒体下载课件时，就转变为教育资源的客体。介体则主要由网络教育产品、互联网基础设施、社会环境三部分组成。网络教育产品指的是可供学习者学习和下载的一系列知识资源；[②] 互联网基础设施是搭建互联网教育平台的硬件基础，如计算机网络、校园网、区域性和全国性的教育网等；网络社会环境是指区别于传统教育环境的一种网络文化氛围，如在构建网络教育环境的过程中组建的学习共同体、网络社区等虚拟学习团体。

运用生态理论分析网络教育系统的发展，探究其运行机制，不仅能够丰富网络教育系统的发展理论，同时也为网络教育的建设提供了具体可行的实践经验，能够极大地推动我国教育的发展和学习型社会的建设。

二、高校网络生态系统

（一）高校网络生态系统的构成

高校教育网络环境的内部结构与生态学结构类似，由教育主体、教育客体和教育介体等要素组成。教育主体是系统中的生命体，教育客体是系统中与教育主体进行一系列物质和能量交换的无生命物质；教育介体是系统中促

① 沈丽冰、孙涛、戴伟辉:《网络生态环境及其可持续发展分析》，载《科技进步与对策》，2006年第11期。

② 楚少保:《试点高校网络教育质量监管探究》，河南大学硕士学位论文，2011年。

进其良性循环的催化剂，即促使有机体与无机体相互作用的重要媒介。构建能够良性运转的生态系统，他们的变化会对网络生态系统的平衡造成影响。教育主体既在适应着教育客体，也在改变着教育客体，教育介体则将教育主体和教育客体紧密联系起来，使网络生态系统成为具有一定功能的整体，三者之间的关系引导着整个网络生态系统由平衡到不平衡再到平衡这个不断发展变化的螺旋式上升过程。网络生态系统是在动态发展的，作为教育者要充分利用网络生态系统做好当代大学生的思想引领工作，依据党的基本路线和各项方针不断调整教育介体，做好有机教育主体和无机教育客体之间的思想教育阵地建设，将党的重要讲话精神落实到方方面面，实现思想政治教育的引导作用。在党的十九大报告中，习总书记提出："加快一流大学和一流学科建设，实现高等教育内涵式发展。"目前高校的教育正在通过高校网络系统帮助当今的大学生树立正确的世界观，人生观，价值观。

高校网络生态系统是由多个要素构成的复杂系统。这些要素主要包括：（1）网络信息。高校网络系统是一个信息系统，包含了多种多样的信息，如文本，图像，声音，视频信息等，他们拥有新闻载体、教学资源、校园形象使者等重要角色，是高校网络生态系统中不可或缺的生态基石。（2）网络主体。即校园网中信息的发布者、调控者和接收者。高校的网络主体主要是教师和学生，还包括一些校友和其他相关社会人士。他们在网络生态系统中从事线上教学、社会交际、收发信息等网络活动，对整个生态环境起着不可忽视的作用，相当于自然生态系统中的消费者。（3）校园网络文化。网络文化是高校文化的重要组成部分，打造良好的网络文化环境将对建设校风、维持校纪、规范学生行为、维护学校良好声誉产生深远的影响。（4）网络基础设施。包括个人电脑、公共上网设备、各类信息输入输出设备及服务器，属于生态系统中的物质因素。（5）网络规章制度。任何一个生态系统的平衡都离不开规章制度，健全的规章制度能带来良好的信息沟通环境和网上教学环境，并对系统成员的上网行为形成约束，促进良性生态平衡。以上五个要素互相依存，互相影响，共同组成了一个完备的、可以自行实现平衡调节的高校网络生态系统。

（二）高校网络生态系统的评价体系

1. 网络教学系统的开发程度

高校的主要活动是教育，高校网络生态系统应当具备强大的教学功能。

网络教学系统开发程度的子评价指标有：网络教学的硬件平台和软件平台的规模和质量；网络教学平台和资源的自主研发情况；外购网络教学平台的数量；课程内容的丰富度和平台功能的完善程度；对网络平台的管理能力和技术支持强度；信息的可视化程度；共享讨论聊天区的建设情况。[①]

2. 校园网络信息质量

信息是网络生态系统的基石，不良信息会严重影响生态系统的平衡与稳定，而高质量的信息能帮助生态系统实现长期可持续可调节的繁荣稳定。虚假信息、网络谣言、垃圾邮件以及淫秽暴力迷信等信息越多，校园网络信息质量就越低下。相反，如果官方微信公众号、微博等信息平台得到大力支持，高校也能做好新闻发布、信息公开、公共社交平台建设，高校网络生态系统的稳定性必将大大提高。

3. 学生的道德品质状况和心理发展状况

大学生是高校的网络主体，他们的道德品质和心理状况直接反映了一所学校的育人质量，也是网络生态是否稳定的主导根源。高校学生的道德品质主要表现在：（1）道德意识。不良信息可能会淡化道德责任感，最终形成错误的道德观。（2）诚信意识。网络交往的匿名性和自由性更容易使大学生的诚信防线失守，建立不真诚的人际关系，并使虚假信息泛滥。（3）行为规范程度。体察散播谣言，恶意诋毁他人，散布病毒信息和盗取他人信息等违法违纪行为是否在高校学生中频繁出现。此外，网络交往对大学生心理健康来说是一把双刃剑。一方面，健康的网络交往能提供给学生一个展示自我、互相学习的机会；另一方面，非健康的网络交往会导致大学生对情感认知的错位，引发畸形恋爱等一系列问题，还会导致大学生因过度沉迷网络而丧失斗志、荒废学业。[②]

三、高校网络生态系统的有机构成体系

身处在一个快速发展的信息时代，大学生的获知观念由被动接受教育的

---

① 韩锡斌、葛文双、周潜、程建钢：《MOOC平台与典型网络教学平台的比较研究》，载《中国电化教育》，2014年第1期。

② 潘玉腾：《网络对大学生心理健康的影响及教育对策》，载《思想教育研究》，2002年第4期。

灌输和安排，转为主动地上网查阅资料来获取所需的知识，他们不再依赖课本上局限的内容，网络成为获取知识和反馈信息的主要途径。大学生是国家未来的主力军，是网络信息资源索取的主体，提高其网络素养是促进网络生态系统正常运行的关键。大学生的网络素养指的是大学生在利用网络过程中的基本素养，即大学生在正确认识网络媒介的基础上，客观获取、评议、使用、传播网络信息，提高自身思想理论水平并增强综合能力的意识，它作为大学生网络微教育的主要组成部分，是网络生态系统的有机成分。[①]探索大学生网络素养培育机制是当代形势发展的必然要求。

（一）贯彻实施网络道德教育路线，培养大学生网络行为自律意识

大学生在使用网络的过程中，要形成承担相应责任、履行相应义务的自律意识，唤起正确使用和传播网络信息的责任感和使命感。这就要求大学生把网络道德上升为道德习惯，培养网络自律精神，规范网络道德行为。学校作为思想教育工作的主体，要充分发挥课堂教学和团组织活动对大学生网络素养培育的作用，建设符合新媒体时代需求的大学生网络文化教育平台。对大学生进行网络道德的培养就是在高校中对大学生进行有计划、有步骤地开展网络道德的教育，使大学生树立正确的网络道德观念，并且能自觉地用网络道德的要求来规范自己的行为。各大高校应通过思想政治理论课程、团课以及社会实践来帮助学生树立正确的人生观、价值观和世界观，进而培养大学生的网络自律精神。把网络道德上升为道德习惯并非易事，各大高校要承担起监督的职责，帮助大学生养成网络道德行为，引导学生通过不断的实践将网络道德贯彻到日常的行为当中并不断探索和创新提高网络教育水平的基本方法，加强网络微教育中的网络基本意识，使“坚持社会主义核心价值取向，弘扬社会主义新风尚”的教育深入到当代大学生的骨髓中。

（二）提高网络信息辨别素养，增强学生自我监督效果

信息时代带来了信息资讯和信息技术的大量更新和涌入，这些未经监管和整合的信息通过多种途径进入大学生的视野中，而他们正处于人生观、世界观和价值观形成阶段，缺乏社会经历，使得他们对纷繁复杂的网络信息缺少敏锐的判别能力。引导大学生辨别网络信息的真实性、提高大学生在网络

① 席梅花:《论当代大学生网络媒介素养的培育——以镇江市高校为例》，江苏大学硕士学位论文，2016年。

环境中筛选和整合信息的能力，是落实大学生网络素养培育的必然要求。学校是大学生学习各项技能的主要阵地，要提升网络信息处理能力，这就要求各大高校形成思想引领和实践锻炼相辅相成的机制，以团日活动和团课为契机，以团支部为基本单位，将实践锻炼落实到每一位大学生身上①，并且针对微媒体网络技能加以培训，并定期考核，加强对学生的监督和督促作用，从多方面多途径了解学生的迫切需要和真实思想，不断探索适合当代大学生的网络道德教育道路，不断拓展高校思想政治教育的深度与广度，加强高校文化教育建设，使社会主义新风尚在各大高校落地生根。

（三）构建微媒体网络舆论正确导向，充分发挥网络传播优势

网络微教育的出现使大量的资讯充斥着学生的视野，五花八门、亦真亦假的内容大大提高了网络微教育信息的复杂性，这就给大学生的思想引导工作增大了阻力和难度。

习近平总书记在党的新闻舆论工作座谈会上发表重要讲话，提出了党的新闻舆论工作必须创新理念、内容、体裁、形式、方法、手段、业态、体制、机制，增强针对性和实效性，切实提高党的新闻舆论传播力、引导力、影响力、公信力。官方媒体是广大高校师生了解社会动态、获取时政新闻、学习知识文化、进行娱乐交流的主要渠道，官方媒体要充分发挥权威效应，建设并创造强有力的网络文化平台。网络媒体要坚持正确的舆论导向，加强自律，改进突发公共事件的信息发布和舆论引导工作，避免网络舆论非理性表达的负面影响，不断完善网络舆论的引导策略，同时充分发挥网络传播的优势，通过微文化对大学生产生潜移默化的影响，唱响时代主旋律。②要通过网络渠道广泛传播正能量、凝心聚力、明辨是非，构建新媒体网络舆论正确导向，引导大学生对网络舆论有更深层次的认识并弘扬社会主义新风尚。

四、高校网络生态系统的无机运行体系

高校网络生态系统的无机运行体系划分为四个模块，各模块间具有相互支撑和协同服务的作用，在此将各模块间形成的机制称为“高校网络生态系

① 郑全蕾:《论新媒体时代高校学生管理工作的创新》，载《西部素质教育》，2015年第8期。
② 王世梅:《加强网络舆论引导的对策思考》，载《军事记者》，2012年第10期。

统的无机运行体系的四模块相互支撑的协同服务机制”，并将此机制细化为四个维度：理论教学、实践养成、质量评价、精神弘扬。

（一）以理论教学为基础，加强大学生对知识、观念的理解

在传统课堂式理论教学内容正常开展的基础上，以理论教学模块为依托，根据大学生的思想动态以及实际思想学习需求，将创新的理论教学模式运用到对大学生的思想政治教育工作中。将之作为目前使用较为广泛的传统理论教学内容的“微补充”与“微拓展”，以达到“用时少、更便捷、更高效、更有趣、更细致、更丰富”的教学效果。“用时少”即实现碎片化的理论学习，利用课堂外短暂的10余分钟即可实现对知识的简单补充与拓展；“更便捷、更高效”即利用“微课”进行小知识的传播与教学，使得教学的进行对课堂地点和课程时间的依赖性得到有效的降低；“更有趣、更丰富”即以“微党课”“微团课”“微团活”“微班会”“微电影”“微故事”等具有倡导性的形式进行“微课”制作与传播。

（二）以实践养成为途径，辅助大学生将理论转换为能力

着重于大学生综合素质的培养，将实践模块作为大学生能力养成的载体，构建贴切的活动平台以辅助大学生对知识的理解与认识，同时促进大学生将理论与实践相结合，将知识转化为能力，将想法付诸实践，以达到提升大学生对理论学习模块知识的应用和实际问题的分析能力的目的。[①]其主要措施可划分为：以案例分析为途径提高对网络信息“质”的辨识能力，以社会微公益为途径提高对网络信息“性”的认识，以技能微教育为途径强化对网络信息“能”的传导，以网络行为规范为途径营造网络文化“德”的氛围，并在此基础上，以制度设计、素质拓展和创新创业等为媒介分别实现实践秩序的养成、行为修养的浅化、实践能力等的培养。

（三）以质量评价为参考，分析大学生的学习效果与理解程度

采用大数据分析的方式将大学生对理论教学模块中“微课”教学内容的喜爱程度、各教学模块的参与度、各类教学方式的接受度以及教学效果的认同度量化为大学生对“微课”教学内容的点击率、评论率、点赞率、转发率，并结合评论中的具体建议和意见，对教学质量进行评价。从而反映大学生对

---

① 金焱明：《浅论大学生理论知识向实践能力的转化》，载《长江大学学报》，2004年第3期。

教学内容的掌握程度，并以此作为观测标准，以分析大学生对教育内容“外化于行，内化于心”的情况与程度，并根据具体情况对理论教学模块进行修正与完善。采用对涉及热点问题探讨、时事聚焦、问题访谈等内容的“微评论”进行分析的方法，对实践养成模块进行“依托性”分析评价（即以相关“微评论”为依托对实践养成模块进行分析评价）。以此为参考对教育效果进行预判和教育成果分析。此外，此评价结果亦为对教育重点方向进行必要调整提供了重要参考。

（四）以精神弘扬为介质，修正大学生的认知偏差

虽已进行了必要的理论教学和实践养成，大学生对一些问题的认知仍然难免出现一定偏差。在修正大学生认知上的偏差方面，典型事迹的运用和榜样力量的弘扬可以起到引导和号召的作用，以典型案例、榜样导航等为主题的“微党课”“微团课”“微团活”“微班会”“微电影”“微故事”等有着极好的倡导性作用。可结合以上具有倡导性效果的活动形式，并围绕理论教学、实践养成等模块构建“微教育”库，开展有别于传统宣传和教育的既定模式的活动。活动的具体开展形式可有以下参照：开展先进人物事迹报告会，可以10至20分钟的微团课、微班会的形式加以体现；开设“微电影”展映会或设立先进人物访谈专题栏目，以弘扬青春正能量为主题，大学生自主制作的形式开展，并通过10分钟左右的“微课”视频进行广泛宣传；亦可进行案例汇编与整理，将整理所得作为开展高校思想政治教育的有效参考资料。

五、高校网络生态系统的良性调整体系

随着互联网技术的高速发展，人类进入了网络资源高度共享、人人都可以自由发表言论的“自媒体”时代。在网络生态系统中，每个人以另一种自我形态工作、生活、交往，各种社会机构也以数字化的表现经营、竞争、合作。高校网络生态系统是整个网络生态系统的子系统，高新技术的迅猛发展对高校网络生态系统影响深远，涉及高校的教育教学、生活管理、道德监管、校风建设及形象建设等各个方面。

（一）相关概念的解析

高校网络生态系统主要利用互联网技术，以传播和反馈作为传播途径，

并将视频、文字等作为载体，使网络教育的质量更高，运用更灵活、快捷、方便，效果更明显。

人们把能够对生态系统进行“正能量”调整的体系称为良性调整体系。它要求生态系统中各主要成分中可进行能量交换的各介质之间可以对有机物和无机物进行有效的联络沟通，进一步帮助系统构建良性循环。通过高校教师与学生之间的线上线下教学，沟通，如此一来的师生相互作用就会促使高校网络生态系统形成一种师生自主生长的共生机制，从而达到生态系统的良性调整体系持续稳定的理想状态。

教师承担了生态系统中教学的主导者的角色，并且实际组织并实施各类教学活动。所以，构建高校网络生态系统的关键是打造一支高水平高素质的师资队伍。教师应充分利用网络教育环境的技术与平台，通过高校网络教育生态系统提高教育传播效率，拓展教育培育渠道，并提高自身的权威性。[①]从学生角度出发，学生可从深度、广度加深对所学知识点的理解，并及时反馈观点、意见，同时教师根据学生的反馈情况规划下一阶段的教育方向、重点课题以及对形式做出调整。在此过程中，通过师生间的交流，学生们体会感悟教师的道德素养，提高了辨别信息的真伪能力，从而形成了师生自主生长的共生机制，进一步促进了高校网络生态系统的良性调整体系的构建。

（二）高校良性调整体系的实际构建

1. 高校可结合自身实际情况，探索和尝试网络教育中的微媒体运用，例如，通过微信、微博平台构建信息畅通的网络教育平台，开拓主次分明、交错有序、覆盖广泛的信息来往渠道。此外，在实现教育传播效率提高的同时，也实现了接受者对教育效果的即时反馈，从而使高校网络教育生态系统生活化、细致化、实用化。

2. 高校学生是微网络技术的主宰体，通过掌握其对微网络教育运用的微行为产生情况，可构建多元化且相互渗透式的微课程体系，并可尝试开辟特色鲜明、大众化、效果显著的行为转化路径。在搭建高校网络生态系统的同时，不仅可突破传统式的教育，而且可提高教师素养，加快教师对知识点的反应速度，拓展学生的知识面。

---

① 张淑敏:《我校师资队伍建设的几点建议》，载《东北财经大学学报》，2003年第1期。

3. 通过观测网络微教育中的微评论表现效果，了解动态的微语言变化情况，探索出贴近学生心理转变、符合学生发展趋势的交流方式。[①] 在促进教育者提升自身微权威的同时，提高了接受者的是非辨别能力，从而保持“正能量”生态系统的自净化功能。

4. 加强大学生网络道德教育，提高大学生的网络道德修养和思想水平。首先，思想政治教育工作者要充分利用QQ、微博和微信等现有网络平台，深入广大用网学生中开展教育，努力增强网络道德教育的趣味性和实用性。其次，辅导员等学生管理人员要从入学开始抓学生的网络自律性，发布针对网络不道德行为的处罚条例，并做好多种形式的宣传教育工作。

5. 优化校园网络的基础设施和管理系统，提高电子设备配备率，做好信息防火墙建设，让师生能够随时随地享用优质、安全的网络资源。另外，要加强高校网络生态系统的法制化建设，严格遵循国家相关法律法规，加强国家信息法的宣传教育，防患于未然。最后，要打造优良的网络文化环境，从而形成文明、健康、和谐的校园网络空间，推动加速建成稳定可持续的高校网络生态系统。

六、高校网络生态系统的培育机制

（一）建设以网络环境为基础的思想政治教育平台

在新时代，网络媒体发展带来的现代科技，已经成为大学生日常生活的不可分割的部分，高校如果无视这种变化，坚持传统的思想政治教育手段和载体，将会带来教育上的失败。如今，高校网络媒体是开展大学生思想政治教育活动和进行沟通交流的主要方式和平台，通过网络微教育，可以实现很多传统教育方法无法实现的功能，包括远程授课、课下自由学习等，另一方面，现在高校辅导员开展大学生思想政治教育工作，也要结合网络生态系统特征，增强大学生思想政治教育的参与感、代入感和互动性。随着大学生思维和能力的多角度、多方面发展，对于传统思想政治教育都存在一定的抵触情绪，以教育和现代科技结合的方式可以找到当代思想政治教育工作的新的

① 周彬:《微语言在教育教学中的作用》，载《课程教育研究》，2013年第25期。

突破口。

因此，高校要着力于建设以网络媒体为基础的思想政治教育平台，加强对校园网络环境的监管，要引导学生树立健康的网络媒体意识。教育工作者要创新教学手段、教学思维、教学载体。在网络微教育活动中，高校辅导员应该改变传统思想政治教育工作的保守理念，紧跟时代步伐，要结合当代大学生的兴趣爱好，利用微信、微博、QQ 等网络社交媒体，通过大学生喜闻乐见的方式开展思想政治教育工作，在网络媒体上对当代大学生进行思想引领，从而提高思想政治教育感召力。

（二）丰富社会主义核心价值观教育的形式

当代高校大学生使用互联网科技的普及率满足了网络微教育实施的前提条件。目前在校大学生普遍拥有个人电脑，而且校园网络平台的建设也日益完善，这为在大学中建立核心价值观网络教育基地提供了保障。大学里有很多教育资源，辅导员可以将制作好的多媒体课件上传到网络教育基地上，鼓励高校大学生自主学习。在网络微教育平台下，高校的网络媒体建设取得了很大进展，成功开展了网络教学，并在此基础上发展了个性化教学模式。[①] 在网络技术的支持下，充分利用开放型的网络环境，汇集了大量包括数据、资料、程序以及教学软件等多方面的教学资源，加快形成一个高度综合集成的信息库。这种开放式的网络教育资源库有利于网络教育基地的建设和发展，为大学生社会主义核心价值观教育提供了技术支持及保障。伴随着网络思想政治教育的发展，高校辅导员逐渐接触并可以熟练使用互联网科技。广大辅导员的现代教育理论水平、教研能力和运用以计算机及网络为核心的信息技术能力得到了很大的提高，为大学生社会主义核心价值观教育提供了师资保证。

（三）避免网络媒体环境下思想政治教育弊端

毫无疑问，如今网络微教育带给大学生便利的同时，也带来了消极的影响，网络生态系统在一定程度上也是高校大学生的一个抒发感情、发泄情感的平台，但若长时间地、不合理地使用这一平台就可能使大学生出现一些负面心理。在网络媒体中，人可以尽可能地展现自我的优点，伪装自己，隐藏自己的真实状况，这就很可能导致高校大学生对自己只有片面的认识。因此，

① 许晨:《新形势下校园网络建设的探索与思考》，载《金陵科技学院学报》，2004年第3期。

很多高校大学生可能在网络媒体角色中迷失自己。上网时间越长，这种迷失自我的状态将会越严重。信息匮乏演变为信息富裕或是过剩等，为当前网络时代的主要特征。这就决定多数大学生投入的大量时间和精力在虚拟网络中得不到回报，进而使得学生出现不安感和挫败感，从而导致高校大学生出现心理问题。很多高校辅导员利用网络媒体工作的能力不强，因为没有受过专业且系统的培训，在开展大学生思想政治教育工作出现了一些问题。另外，由于很多高校辅导员对创新教育的方式及手段的认识不够，导致思想不够积极，对一些教育工作注重形式而忽视了教育的实际内容，也导致了教育效果不够好。作为高校教育工作者，要以体系培育为基础，以机制保障为手段，同不良消极思想抗衡。在实际教学工作中，很多高校辅导员都拥有自己个人或者班级的公众号，在公众号讲授一些典型故事以及具有教育意义的内容，可以实现网络微教育的“正能量”的有效传达。与传统教育相比，使用互联网科技这种手段，具有时效性、深入性和代入性，对于熏陶学生的思想观念具有很大的意义。所以，利用先进的网络媒体平台，增强学生之间的凝聚力，加深高校辅导员与学生之间的沟通，对于推进高校大学生思想政治教育工作的建设具有重要的现实意义。

七、构建高校网络生态系统的意义

党的十九大提出：与世界携手构建人类命运共同体，统筹国内国际两个大局。强调中国特色大国外交要推动构建新型国际关系，推动构建人类命运共同体。在这个多元化时代，任何一个国家都不可能遗世独立，加强相互关联才是生存之道。

于国而言，广阔的国际社会就如同最大的生态系统——生物圈。包括国家、地区在内的各个单位彼此之间存在依存，同时又不可避免地与生态环境相互关联。在时代的进程中，网络的产生促使一种新型高校网络生态系统的形成。而在当今时代，高校网络生态系统日渐发挥强大作用，构建此系统势在必行。

高校网络生态系统的构建，最主要的价值便是结合网络平台实现思想道德教育。社会未来的走向更大程度地取决于当代青年人，可以说青年人的思想动态将会影响社会的发展，青年人的价值取向将会主导整个社会的发展方向。而当今能够担起大任的青年人广泛处于大学阶段，良好的思想价值观还没有构建完善，而且他们又正处于信息大爆发的大数据时代，每一天都会有数量庞大的信息通过手机微信、微博、网络直播、电子邮件等方式向大学生传播，主流媒体和社会舆论都在剧烈地冲击着大学生的身心。一旦身心受到一些不良信息的影响，将会造成很大损失。

网络的高速发展附带着诸多平台的产生。如微博、贴吧、微信等社交平台，而这些社交平台又同时附带微视频、微小说、微语录等内容板块，这其中又会含有其他链接，如此环环相扣。可以说每一种都是一把双刃剑，我们不能否定由此带来的便利，同时也很难控制附带的危害。由此，我们便需要转换思路，化制止为引导、化排斥为融合，以网络平台为媒介，构建“正能量”的高校网络生态系统。

（一）构建高校网络生态系统，将生态系统层次理论引入开放的网络微教育体系中来，并且实现网络、学生、教师、社会之间的总体平衡

于大学生而言，处在这个阶段，很容易被各种各样的信息扰乱心智，左右行动。而良性的网络微教育生态系统可以根据个体的响应程度，做出合理规划调整，帮助大学生厘清当前要素，同时也可以实现自我的调节，逐渐完善，形成一套最为合理的教育方案。于教育而言，为了帮助大学生思想道德体系的完善和价值观的形成，使中华民族“正能量”的具体内涵深入人心，必须要实现网络微教育效果的提升，高校网络生态系统可以顺应信息的高速变化，与时俱进，不断完善“正能量”的广度。同时还能够为今后的教育体制提供创新思路。

（二）对现有网络微教育平台进行梳理，搭建师生之间的互助交流平台，从全新角度进行大学生“正能量”教育

高校网络生态系统着力于梳理现有的各种网络微教育平台之间的相互关系，厘清每种建设方案的优势和不足，进行多元化处理，力求在实践中培育和巩固大学生对社会主义核心价值观的正确认识。

整个生态系统模式中，作为实施方与客体的教师与大学生之间的相互沟通尤为重要。高校应该注重通过网络微教育建设将教师与学生之间的联系变得更加有效、有序。以此为出发点进行平台建设，使整个网络生态系统不仅是一个思想教育的平台，更是教师与大学生之间的知识互动平台、思想交流

平台、典型激励平台、文化熏染平台。加强师生之间的联系对师生双方都是有益的。对于大学生而言，多和老师互动，可以拉近彼此距离，产生一种归属感和认同感，便于思想教育的接受。对于教师而言，对于大学生的个性特征加强了解，便于有针对性且点对点地进行思想教育。多关注学生的动态，并且知道学生需要什么是非常重要的，有助于监管并及时纠正大学生萌生的错误思想。通过网络系统，将教师的工作目标与大学生的发展目标相联系、将教师的个人价值实现与大学生的综合素养提升相联系。同时教师可以将网络作为工具，在不同的环境、不同的角度下与大学生进行互动，这种方式比单纯地在教室里上课更能给大学生留下深刻印象。在减少对立与冲突的同时加强师生之间的关联程度，使整个高校网络生态系统的反馈调控渠道变得更加畅通，在这个前提下，能够更好地实现整个网络生态系统的物质循环、能量流动和信息交流三大主体过程。最终达到使不同体系的诸要素能够协同将社会主义核心价值观教育融入大学生网络微教育中这个目标。

（三）通过高校网络生态系统的建设，更全面地了解当前网络微教育状况，找准大学生思想道德的教育和价值体系构建过程中存在的问题，为今后的教育找到清晰的目标

网络微教育是一种新兴的思想教育模式，当前该教育模式并不是十分完善，有相当一部分值得整改，如内容冗杂，盲目性大。运行网络生态系统模式可以通过生态系统的反馈机制获得当前微教育存在的问题。当前存在的问题主要有两大方面。于外而言，就是社会思潮舆论的引导，当今舆论形式呈现多样化，往往会有多种不同的思想观念，彼此之间相互排斥，大学生很容易在不同思潮面前迷失方向，一旦做出错误抉择，后果不堪设想。在网络微教育同样如此，各种教育模式彼此间基本无联系，如果大学生不能明辨利害，选择不出适合自己的教育模式，同样会影响发展。高校网络生态系统通过大学生与网络间的相互调节反馈，可以明确大学生当前阶段需要什么，做出最适宜的方案规划。可以说，大学生与老师、与同学之间的互动方式也在一定程度上决定着对网络微教育的适应程度。家庭教育会影响大学生对网络微教育的认知程度。高校网络生态系统通过加强师生间、学生间彼此的相关性，并从中进行调节，可以在有限的时间内使学生们更适应网络教育的新模式并且增强对网络教育的信赖程度。明确在运用网络微教育手段进行社会主义核

心价值观的“正能量”教育的过程中存在的问题，才能够更好地找准未来网络微教育的侧重点，理论与实践相结合，更好地把握前进方向。

（四）利用高校网络生态系统的自净能力，可以及时发现漏洞并将其清除，保障大学生网络微教育中“正能量”教育走向的正确导向

当今时代，每天新产生的信息量十分庞大，其中有很大一部分的信息属于糟粕，他们藏匿在庞大的信息系统当中，这类信息相比于“正能量”信息往往更具有吸引力，而此时大学生思想尚未成熟，极其容易受到负面信息的错误引导，形成错误的价值观体系。在这里引入生态系统的自净能力进行阐述。

一个自然生态系统，对于其中的某一成分出现病变，会有一种抵抗破坏、自我调节的能力，通过调节来使自身达到平衡。高校网络生态系统同样具有这种自净能力。当这个系统的知识体系中出现不利于大学生正常发展的信息时，系统能够发现问题并通过自身的调节功能将其清楚除，确保信息的正面性。因此，构建一个具有自净能力的高校网络生态系统是确保“正能量”生态系统形成的重要环节。

（五）推动社会大环境中的网络教育资源的整合，提升各类信息的综合利用价值，促进思想教育新领域的开发

现有的教育资源较为分散，集成度较低，网络微教育系统也较为松散，缺乏关联性，在造成了诸多网络资源的浪费的同时，也大大影响了教育信息资源的开发利用。总的来看，就是缺乏一套验证的管理机制。而构建完善的高校网络生态系统，充分发挥其宏观调控的作用，深入地剖析当前形势即可发现网络微教育建设中的一些薄弱环节。这样可以充分地掌握当前网络微教育进程中存在的根本性问题，在今后的调控修正中可以有的放矢。

可以说当今缺乏的不是信息，缺乏的是信息的合理利用，这就无法使教育达到最好效果。那么，构建生态系统，增大信息之间的关联性，更好地实现信息集成化非常重要。实现信息的合理分配与最大化利用有利于进一步探索网络微教育中的教育资源分配与利用新模式，实现网络思想教育中信息资源的更深度开发。

在中共中央于2015年下发的《关于进一步加强和改进新形势下高校宣传思想工作的意见》中做出了对大学生进行思想道德教育应该勇于开拓新途径，结合时代的发展，充分利用好现有网络平台，多角度、全方位地开展工作的

相关指示。可见国家对大学生思想教育的重视和对青年一代的殷切期盼。在现有网络微教育水平和网络信息平台的基础上构建一套高校网络生态系统，对于个体而言，可以充分了解大学生的需求，合理规划不同的学习模式，还可以加强其与外界的沟通关联。对于整体而言，将网络学习系统化，将纷杂的信息集成化，在此基础上通过系统自净和宏观调控使思想教育更加高效，这是网络微教育模式的一种突破，更是教育体制的一种革新，对于教育发展起着重要作用。构建高校网络生态系统，将教育与网络更好地结合，是网络时代的良性产物和必然结果。

第三章　高校思想政治教育网络生态系统的有机构成体系

——多维度大学生网络素养培育机制

当代大学生网络素养培育机制是高校思想政治教育网络生态系统的有机构成体系，是培养大学生具备网络道德观念的基础内容，要求大学生在网络环境中符合基本的网络伦理意识，是有机主体接受教育的根本。提升网络信息辨别能力是培养大学生甄选、辨别网络信息真实性的重要保障，帮助大学生在网络环境中筛选、整合或者分辨大量真伪信息，是有机主体接受教育的关键。微媒体网络舆论价值引导是提升大学生网络综合素养的关键环节，指引大学生正确认识网络舆论并进一步弘扬正能量，是有机主体接受教育的成果展现。

第一节　网络素养概述

一、网络素养的概念

（一）素养

“素养”一词在中国可以说是由来已久，最早出现于《汉书·李寻传》一文中，从字面意思来看，所谓“素养”指的是素质与修养，往往用来形容一个人在日常生活中所表现出来的各种良好的品行，其含义与我们日常所说的“教养”以及“素质”等词类似。在《现代汉语规范词典》中，其对于“素养”一词是这样定义的：经过练习和实践获取的能力或者是技能，例如军事素养。[①] 显然，“素养”并非是一个人与生俱来的东西，而是在后天的学习和生活中所不断教化养成的一种品行，是每个人都可以拥有的一种品质。

（二）网络素养

所有的理论思维都是基于特定的社会背景而形成的历史产物，“网络素养”一词正是随着互联网的兴起应运而生，它也被称为“信息素养”或者“计算机素养”，最初用于形容网络环境下的媒介素养，随着互联网的不断发展，“网络素养”一词的内涵也发生了相应的变化，不仅仅包括人们在使用网络的过程中所表现出来的一种认知与适应能力，同时也包括人们在施展网络行为的过程中形成的思想观念、安全意识和道德品行等。良好的网络素养不仅能够帮助人们充分利用网络获取所需的资源，辩证的认识网络上各种良莠不齐的信息，让网络助力于自身的发展，同时也是网络治理、网络净化的一个重要基础。

（三）网络素养培育

当下，我国的互联网技术正处于飞速发展的阶段，网民数量日益增多，言论自由导致网络上出现了各种各样的思想，面对这种情况，如果不能够辩证地看待这些思想，很容易对一个人的发展产生消极的影响。大学生作为国家建设的重要栋梁，其思维相对活跃，对于新事物有着很强的接受能力，而且普遍喜欢上网，因此必须将网络素养作为其教育培养的一个重要内容，这不仅能够有效提高大学生的综合素质，帮助其正确合理地利用网络，同时能够有效地维护网络环境的安全与健康。大学生网络素养的高低能够反映大学生对网络的利用能力的高低，同时也可以从侧面看出高校对学生的培养质量。但是，从现阶段的情况来看，我国高校对于大学生网络素养培养的重视力度还远远不够，必须对教育方式和教育力度进行相应的调整与加强，建立健全大学生网络素养培养机制，从而使其能够满足当下对大学生网络素养培育的需求。

对于大学生思想政治教育而言，网络素质培育是其在互联网时代的一个新的研究领域，旨在通过对大学生进行有目的、有计划、有组织的教育来帮助大学生掌握扎实的网络知识与技术、树立正确的网络道德观与价值观，提高大学生对于各种信息的辨别能力。在高校的思想政治教育工作中进行大学

① 李行健:《现代汉语规范词典》，外语教学与研究出版社2010年版，第15页。

生网络素养培育是一个全新的课题，对于高校的人才培养质量以及学生自身的发展具有十分重要的意义。

二、网络素养的构成

随着社会信息化的不断发展，我国的网民数量日益增多，其中，大学生更是使用网络的一个庞大群体，但是大学生的思想还不够成熟稳重，在特定环境的刺激下，很可能出现偏激和冲动的行为特征，因此，对于大学生的网络素养培育应当全面而实用，要能够培养大学生正确辨别网络信息的能力，利用网络资源进行学习和工作的能力，解决网络问题的能力以及处理不良网络信息的能力。因此，大学生网络素养的主要内容应当包括：网络认知素养、网络应用素养、网络道德法律素养以及网络安全素养，这些不同的网络素养内容是一个有机整体，共同构成大学生网络素养的内容，各种不同的网络素养内容又是彼此交融、相互依存的。

（一）网络认知素养

网络认知素养指的是大学生通过互联网收集网络信息并对网络信息加以分析和整理后认识和利用网络信息的能力，这是大学生正确、合理使用网络的基础和前提。计算机作为网络信息的载体，要想培养大学生的网络素养首先就必须保证大学生能够对计算机知识有足够的认识，拥有使用网络的基本能力，合理控制自身的网络行为。其次，还要培养大学生对网络信息的分辨能力，提高网络认知水平，能够对网络信息进行客观全面的认识和评价，能够批判性的筛选所需要的信息，从而让网络助力于大学生的学习和生活。总之，通过培养大学生的网络认知素养能够让大学生拥有获取和利用正确网络信息的能力，使其能够适应社会的发展需求。

（二）网络应用素养

网络应用素养指的是在掌握上网和使用计算机的基本操作能力的基础上，利用网络解决学习和生活中遇到的问题以及发布和传播网络信息的能力。这要求大学生能够熟练使用计算机的各种操作系统，能够处理简单的计算机故障，掌握基本的网络设置和应用方式，能够根据自身的需求搜索相应的信息并加以甄别，进而服务自身的成长与发展。良好的网络应用素养能够帮助大学生提高对网络的利用能力与效率，是大学生养成良好网络素养的重要保障之一。

（三）网络道德法律素养

网络道德素养指的是大学生在利用网络的过程中所表现出来的言行举止要符合相应的道理标准和法律规范，这是大学生网络素养的灵魂，也是大学生网络素养的核心。由于网络世界具有虚拟性的特征，故而网民在网络世界上的言论往往都具有一定的匿名性，在这种情况下，就要求大学生能够自觉规范自己的言行，对自己的言行负责，遵守网络道德规范和相应的法律法规，在使用网络的过程中坚决抵制不健康内容，为维护正常的网络秩序和社会主义核心价值观的建设做出自己的贡献，成为国家社会主义法制建设的坚定捍卫者。

（四）网络安全素养

网络安全素养指的是在利用网络的过程中所拥有的网络安全意识水平与风险识别与防范的能力。在大学生网络安全素养的培养过程中，要深入贯彻国家网络安全观，强化大学生的网络安全意识，养成良好的上网习惯，重视对隐私的保护，提高对网络信息的警惕性，确保自身在上网的过程中不受到侵害。这就要求大学生能够在网络的虚拟世界里识别出潜在的风险与陷阱，从而针对性地避开他们，在遭遇网络安全问题的时候，能够正确、及时地加以处理，最大限度地保护自身的安全。

三、大学生网络素养培育的必要性

（一）大学生网络素养是当下高校思想政治教育的重要内容

高校对大学生开展思想政治教育的目的就是为了提高大学生的思想道德素质，促进大学生的全面自由发展，为祖国的社会主义建设培养高质量的人才。对于高校而言，要想对思想政治教育理论体系进行不断地革新与完善就必须坚定不移地以马克思主义作为理论指导，要对马克思主义有着正确而深刻的认识，要清楚地认识到马克思主义并不是永恒不变的古板教条，而是一种不断发展、与时俱进的先进理论。马克思主义之所以能够经得住考验正是因为马克思主义从始至终都在强调批判精神，注重对自身理论的不断发展与革新。互联网在我国的快速发展，不仅给人们的生活带来了巨大的便利，同时也改变了人们的生活习惯与生活方式。在传统教育方式下，大学生接受的知识绝大多数源于教师的讲授，而在信息化的今天，大学生可以借助网络来获取自己想要的知识。由于网络世界的多元化，大学生在上网的过程中可以接触到各种各样的网络信息，其中不乏各种黄色信息、垃圾信息以及反动信息等，加之部分大学生的网络素养并不够高，很容易受到这类网络信息的影响，长此以往，就会对大学生的人生观、价值观和世界观产生较大的冲击，影响了大学生对于国家和民族的认同感，这对于大学生的发展是极为不利的。鉴于这种情况，高校在开展思想政治教育的时候就必须要适应当前社会的发展情况，有针对性地采取新的教育方式，将大学生的网络素养作为一个重要的教育内容，实现与时俱进。在开展大学生思想政治教育的过程中引入大学生网络素养的教育内容，不断探索和丰富大学生的思想政治教育内容，从而促进大学生的全面健康发展，提高高校思想政治教育的实效性。

（二）大学生网络素养培育是大学生素质教育的重要内容

随着网络的不断发展，其对大学生的生活和学习也产生了重要的影响，教师已经不再是学生传道授业解惑的唯一途径了，而网络却恰恰成了学生探索知识的一个重要方式，除了学校、社会以及家庭之外，网络对于大学生的成长与发展同样有着十分重要的影响，必须加以重视。高校肩负着为国家培养建设人才的重要使命，其最基本的培养目标就是提高大学生的综合素质。但是就目前的情况来看，高校对于大学生的网络素养的培育力度还远远不够，这就导致了大学生的综合素质在网络素养方面表现出一定的欠缺，整体的综合素质不够高，不能够满足当前网络发展的基本要求。对于大学生而言，其在大学阶段所接受的教育对于其日后的成长与发展有着持续性的影响，加之网络素养的培育是一个缓慢的渐进过程，因此，有必要对大学生进行科学的网络素养培育，不断调整对大学生素质教育的内容，确保大学生综合素质的发展能够满足当前时代的需要并尽可能地具有一定的超前性，这不仅能够促进大学生的成长成才，提高大学生的综合素质与学校的办学水平，同时也符合国家人才强国战略的基本要求。

（三）大学生网络素养培育是大学生成长成才的客观需要

网络世界具有一定的虚拟性、匿名性和开放性，这也就导致了网络空间呈现出舆论多元化的现象，而在各种舆论中所传递的信息也是良莠不齐，考虑到大学生的思想认知水平还不够高，社会阅历还不够丰富，对于各种信息的甄别和解读能力有限，因而很容易受到网络上不良信息的误导，从而产生错误的网络行为，影响大学生自身的成长与发展。因此，可以说大学生网络素养教育是大学生成长成才的客观需要，高校要发挥思想政治教育的引领作用，开展有效的网络素养培育工作，只有拥有了良好的网络素养，大学生在面对复杂缤纷的网络世界时才能够表现出正确的批判性思维，客观地看待网络世界的言论，选择性地加以接受和利用，形成良好的自我约束能力，从而最大程度地避免网络对大学生所产生的消极影响，让网络成为助力学生成长成才的良师益友。

四、网络素养培育的要求

（一）网络认知与操作能力

网络给我们的生活带来了巨大的便利，成为人们生活、学习和工作的重要工具。网络认知能力和操作能力是高校对大学生网络素养培育的基本要求，旨在让大学生能够拥有正确的网络意识，掌握良好的网络使用技能，从而能够理性地控制自身的网络行为，正确地利用网络来获取和创造信息。首先，大学生应当掌握基本的网络知识，对网络的特点和用途有充分的了解，为网络的使用奠定基础。其次，大学生要树立正确的网络意识，提高对网络媒介及其传播环境的认知能力，客观对待网络言行，树立一定的网络安全理念，从而利用网络来服务自身的成长与发展。最后，大学生还应当掌握必要的网络使用能力，包括最基本的信息搜索、信息创造与信息传播，要能够掌握常用软件的使用，正确、熟练地进行信息的浏览和下载，能够使用网络传输工具与他人顺利地进行交流与讨论，充分利用网络给生活带来的各种便利。

（二）网络信息的甄别和获取能力

网络信息的获取和甄别能力指的是利用网络对海量信息进行搜索，并通过对信息进行相应的分析和筛选后得到目标信息的能力，这是大学生网络素养教育的一个重要环节，能够帮助大学生把握正确的网络信息价值取向，从而对网络世界有一个清晰的认识。首先，要求大学生树立利用网络进行自主学习的意识，根据学习目的来获取针对性的信息，例如，利用网络论坛与他人进行相应的讨论与交流，提高自主学习、信息获取以及网络交往的能力，这既是社会对于人才的基本要求，也是大学生提升自我的必要要求，有利于调动大学生的学习积极性与创造性。其次，要求大学生在面对网络世界的时候能够表现出思辨性反应，能够对网络上良莠不齐的信息保持一双慧眼，从客观的角度进行辩证地看待与分析，对网络信息进行正确地识别与选择，不被各种反动思潮及消极信息所影响，提高信息的获取效率。

（三）自我管理和约束能力

大学生对于新鲜事物拥有很强的好奇心与接受能力，而网络空间上经常出现各种新奇的事物，这就导致大学生很容易沉迷于网络。因此，大学生在使用网络的过程中必须能够进行良好的自我管理与约束，对网络的使用要把握一个正确的尺度，合理分配上网、学习与生活的时间，促进自我的协调发展。在利用网络与人交往的同时还要重视现实生活中交往能力的培养，倘若长期依赖于网络交往，会使得大学生在生活中与人交往的能力下降，甚至不愿意与人交往，更有严重者会产生心理疾病，对于大学生的成长与发展极为不利。此外，大学生要清醒地认识到互联网并非法外之地，所有的网络行为都需要承担相应的法律责任。在使用网络的时候，必须遵守最基本的网络道德与规范，做到文明上网，这不仅仅是作为一名高素质网民的基本要求，同时也是构建良好网络环境的基础。同时，大学生在上网的过程中更要严格遵守国家的法律法规，自觉维护良好的网络秩序。但是，不论是法律的约束还是道德的制约，其都是建立在自我管理与约束的基础上，只有强化自律，倡导他律，才能确保我们的网络环境安全有序。

第二节　网络素养培育机制的理论基础和原则

一、网络素养培育机制的指导理论

（一）人的全面发展理论

从马克思主义的观点来看，人的全面发展指的是每个人都能够全面而自由地发展，其需要通过教育的方式来实现，但是由于个体的差异性，每个人只能够根据自己的需要自由地发展所需的能力，而并非自由发展全部能力。

这与高校思想政治教育的理念是完全一致的，目的就是将学生培养成在某一专业领域有突出能力的人才，促进学生在相对意义下的全面发展，为社会主义建设培养合格的接班人。对于中华民族伟大复兴的中国梦而言，其基本内涵就是国家富强、民族振兴、人民幸福，而最终目标则是以人为本，实现人的全面发展，这不仅仅是对人的个体差异的尊重，同时也是对人的个性的张扬与发展。大学生作为将来我国社会主义建设的中坚力量，其能够得到全面发展对于今后的社会主义建设工作以及中华民族伟大复兴的中国梦有着十分重要的意义。高校的思想政治教育应当将实现大学生的全面发展作为教育的最终目标，让学生成为学习的主体，帮助学生树立正确的人生观、价值观和世界观，成就学生自由而全面的发展，促进大学生的健康成长，实现人生价值。网络环境对于大学生的全面发展产生了重要的影响，良好的网络素养是大学生能够全面、和谐发展的重要保障。因此，高校的思想政治教育必须坚持人的全面发展理论，在确保大学生全面、自由发展的前提下，努力做好大学生网络素养的培育工作，为大学生提供正确的价值取向和坚定的政治立场，让网络能够成为促进学生全面发展的有效工具。

（二）交往实践理论

马克思指出，交往实践是人类所特有的一种存在方式，是人类本质的体现，是区别于其他物种的一项重要特征，更是人类社会生产发展的重要前提。在频繁的交往实践中，人逐渐摆脱了对人和物的依赖，发展成了全面的人，获得了自由。实质上，人的交往实践和全面发展是相辅相成、相互作用的，人的全面发展促进了人类交往实践的发展，而人的交往实践又反作用于人的全面发展并始终贯穿于人的发展过程中。长期以来，高校在培育学生的过程中忽略了交往实践的重要性，将这个过程理解为是主体对客体的改造，即老师对学生的改造，这不仅曲解了学生和老师之间的关系，而且也不符合人的发展规律。网络素养培育的对象是人，思想政治教育的对象也是人，网络素养培育和思想政治教育本身就是一种以促进大学生全面发展为目标的交往实践活动，而网络的不断发展改变了人们交往实践的活动形式与内容，这也对高校的大学生网络素养培育工作提出了新的挑战和要求。从实践交往的角度来审视大学生网络素养的培育工作，能够有效地帮助教育者发现教育过程中存在的问题，有助于提高师生的参与积极性，从而改进和完善教育的过程，促进教育工作的开展，提高教育实践的水平。因此，将马克思主义交往实践理论引入高校的思想政治教育体系中，将其作为大学生网络素养培育的重要指导理论，从大学生的角度出发，能够有效地帮助高校改革教育方式，在与大学生的交往实践中寻求新颖有效的教学方法，充分发挥学生的主观能动性，促进大学生网络素养培育工作的开展。

（三）主体间性理论

主体间性也被称为交互主体性，指的是多元主体在交往过程中以个人主体性为基础所形成的一种内在规定性，其保证了人的主体性能够得到充分的发挥，确保了多元主体之间能够以互相理解、双向互动的方式交往，可以说，主体间性将人的社会属性展现得淋漓尽致。相对于主体性而言，主体间性可以说是一种辩证的超越，主体性理论下的“主体—客体”模式不复存在，取而代之的是“主体—主体”或者是“主体—客体—主体”模式。主客体在传统的教育方式下，教师是教学过程中的主体，学生则是这个过程中的客体，因此，教师对于整个教学过程有着完全的掌控力，学生只能在这个过程中被动地接受知识。在现代教育体制下，这一情况出现了反转，学生成了教学过程中的主体，教师要跟随学生的节奏来调整教学进度与方式，教师反而处于被动的地位。其实，这两种观点都忽略了主体和客体在一定时间和空间关系下的相互转化的事实。而主体间性理论的发展为高校对大学生网络素养的培育工作提供了全新的方法论，它不支持传统教育方式下的教师主体性，也不支持现代教育中所出现的单一学生主体性，而是强调老师和学生之间的主体际关系，重视老师和学生之间的互动和联结，提倡通过平等的对话方式来开展教育工作，充分发挥学生和老师各自的主观能动性，在达成共识的过程中不断发现新的知识，从而实现将学生由“知识人”培养成“智慧人”。把对大学生网络素养的培育工作作为高校思想政治教育的一个重要环节，必须本着“以人为本”的观念，用辩证的关系来看待教育过程中的主客体关系，充分考虑主体间性理论的科学性与正确性，从而做好大学生网络素养的培育工作。

二、网络素养培育机制的原则

所谓原则，本意指的是在说话或者做事的过程中应当遵循的规定或者标准。大学生网络素养的培育是高校思想政治教育工作的一个重要组成部分，对于促进大学生的全面发展、提高大学生的综合素质具有十分重要的影响。在网络迅速发展的今天，高校应当正确把握大学生成长和社会发展的要求，对大学生的网络素养进行有目的、有意识、有针对性的培育，从而帮助大学生正确合理地利用网络，促进自身的健康成长。在这个过程中，大学生网络素养的培育工作应当始终坚持以下几种原则。

（一）坚持方向性和科学性相统一的原则

坚持方向性和科学性相统一的原则，是体现社会主义核心价值体系教育的必然要求，更是大学生网络素养培育的必然要求。互联网的蓬勃发展给人们的生产生活带来了巨大的便利，与此同时，网络背后的各种问题也逐渐暴露出来，各种反动思想和垃圾信息频频在网络上出现，对大学生的思想造成了严重的腐蚀，不仅影响了大学生人生观、价值观和世界观的建立，同时也污染了整个网络空间。网络文化可以居无定所，但是大学生的精神家园必须受到保护，高校的思想政治教育工作者必须重视大学生的网络素养培育，积极迎接挑战，帮助大学生树立正确的网络观，使其能够抵御网络空间上不良思想的侵害。培养大学生的网络素养，必须坚持正确的方向性，也就是坚持正确的政治的方向，其体现了社会主义核心价值体系下教育具有明确的党性和目的性，这就要求高校在大学生的网络素养培育过程中坚持马克思主义思想、坚持社会主义方向、抵制各种错误思想。方向性是大学生网络素养培育的首要原则，没有方向性，就没有正确的政治立场，对大学生网络素养的培育也就失去了意义。此外，培养大学生的网络素养还必须坚持科学性原则，这要求高校在指导思想上和方法论上要具有真理性，要能够体现社会主义核心价值观，要能够通过实践来证明其科学性，做到真正地用科学的方法培育学生，用科学的理论武装学生。党的思想理论教育的实践和经验表明，高校在培养大学生网络素养的过程中，应当坚持方向性和科学性相统一的原则，这是由马克思主义理论体系和社会主义意识形态共同决定的。坚持马克思主义思想在教育过程中的主导地位，将发展中的马克思主义思想与社会主义核心价值体系相结合，用辩证的方法来发现问题、解决问题，保证教育的方向性和科学性，从而提高大学生的网络素养，助力大学生抵制网络上的文化侵害和思想污染，用好网络这把“双刃剑”。

（二）坚持理论与实际相联系的原则

坚持理论与实际相联系是教育的根本原则和方法，是我党在不断的实践过程中总结出来的经验，也是马克思主义理论最基本的原则之一，它要求人们把认识和实践活动有机地统一起来。首先，要通过理论来指导实际，也就是在对实际的认识和改造过程中不能脱离理论的指导，要通过科学的世界观来指导人们对于实际的认知，从而针对性地制定改造实际的路线。其次，理论要与实际结合，用于指导认识和改造实际的理论要能够与实际情况相适应，也就是说，必须使用恰当的方法来指导人们对于实际的认知和改造，而不能出现理论脱离实际的情况。最后，理论要与实际相统一，要通过对理论的不断创新来满足其指导实际的需求，也就是说，当时间、地点或者是条件发生变化导致理论无法满足实际需要时，要敢于创造新的理论来取代旧的理论，从而满足指导实际的需要。从目前的情况来看，高校对于大学生网络素养的培育更侧重于理论方面的教育，相比之下，实践环节的发展就显得较为滞后，这对于大学生网络素养的培育是极为不利的。理论只是解决问题的指导思想，真正地解决问题还是要在实践的过程中完成，脱离了实践的理论教育就好似无源之水，是永远站不住脚的。坚持理论与实际相联系，就是要坚持以实际问题为中心，通过对马克思主义理论体系的不断研究，用发展着的马克思主义理论来指导发展的实践。高校的教育工作者在大学生网络素颜的培育工作中，要重视理论与实际相结合，充分发挥高校理论课堂的主渠道作用，辅以课堂下的实践活动，做到课上课下的联动教育，只有这样才能使理论思想与学生的实践活动发生联系，提高学生的参与积极性，做到理念上的契合和行动上的统一，提高学生对网络的利用能力，改善学生的网络素养，使学生能够在理论与实际结合的过程中对知识进行充分的理解和灵活的运用，从而达到良好的教育效果。

（三）坚持教育与自我教育相联动的原则

对于大学生网络素养的培育而言，学校、家庭以及社会方面的教育均属于外在影响因素，而学生自身则是内在影响因素，从马克思主义理论的角度来看，事物的发展变化是内因和外因共同作用的结果，来自教师的教育活动是大学生网络素养培育的外部条件，为学生的自我教育提供方向、动力以及环境，良好的教育工作不仅能够提高学生自我教育的积极性，同时还能有效改善学生自我教育的效果，而自我教育则是大学生网络素养培育的关键，是决定最终培育效果的主导因素，二者相辅相成、缺一不可。因此，在开展大学生网络素养培育工作的过程中，要坚持教育和自我教育相联动的原则。首先，教师要对自己的责任和使命有一个清晰明确的认识，充分发挥教师的引导作用，以身作则做好示范工作，形成独特的教育个性，这既是对教育者的要求，也是调动学生进行自我教育的前提。其次，充分发挥大学生的主观能动性，使其能够按照外在教育的基本要求来审视自身的具体状况，发现真实自我与理想自我之间的差距，从而通过不断地自我监督和评价来完善自己，进而拥有良好的网络素养，成为一名合格的大学生。同时，在教育的过程中，教师要尊重学生、理解大学生，从大学生发展的身心特点出发，通过有效的引导充分调动大学生的积极性，培养大学生的内在修养与觉悟，鼓励大学生进行自我认知、自我管理以及自我矫正，从而切实提高大学生网络素养培育的实效性。

（四）解决思想问题和实际问题相结合的原则

解决思想问题和实际问题相结合是我党思想政治教育的重要原则之一，更是我党长时间以来的优良传统。对于大学生网络素养培育而言，解决思想问题和实际问题相结合同样是一条重要的原则。首先，解决思想问题的关键就在于解决实际问题，如果实际问题能够得到有效的解决，那么思想问题也就自然能够迎刃而解，而且能够解决得更加彻底。其次，要协调好二者之间的关系，大学生的思想问题和实际问题往往是相互联系的，但同时也具有一定的独立性，并不是所有的实际问题都需要解决，也不是在解决了实际问题之后所有的思想问题都能解决，必须要具体问题具体分析，寻找最佳的结合点，实现解决思想问题和实际问题的协调一致，从而获得最佳的教育效果。最后，要能够善于抓住结合的契机。契机是解决问题的关键，如果能够准确把握解决思想问题和实际问题相结合的契机，就能够有效地帮助大学生提高思想认知水平，进而用科学的思想来指导实际问题的解决。实践证明，大学生的网络素养培育工作具有极强的实践性和群众性，只有把握大学生网络素养培育的特点，结合大学生学习和生活状况，分析大学生在网络方面遇到的问题，从思想上对其进行疏导，进而帮助其切实解决实际问题，这样才能将大学生网络素养的培育工作落到实处。解决思想问题和实际问题相结合，要求教育工作者能够将讲道理和办实事有机结合起来，从大学生网络素养存在的问题出发，寻找解决思想问题的切入点，对学生进行耐心的引导，不断提高大学生的思想觉悟，及时帮助大学生应对所面临的困惑。同时，在帮助大学生解决实际问题的同时，也要重视对学生的思想教育和引导，关注学生的思想动态和心理状态，积极主动地开展思想教育工作，增强大学生网络素养培育的针对性。例如，可以在解决学生实际问题的过程中不进行特别明显的思想教育，而是通过引导的方式让学生能够感受到教育目的，从而获得更好的教育效果。

第三节　网络素养培育机制的多维度构建

一、对当代大学生的能力结构进行针对性地调整

缤纷复杂的网络世界对大学生的生活和学习产生了巨大的影响，而当下高校对于大学生网络素养培育的力度不足导致大学生在上网的过程中缺乏必要的知识与能力，往往出现一些行为不规范的情况，这既会对大学生的成长与发展造成一定的不良影响，同时也不利于良好网络环境的建设。网络素养作为大学生综合素质的重要组成部分决定了大学生能否充分合理地利用网络，体现了大学生对待网络舆论时所表现出来的品行和修养。[①] 随着网络技术的不断进步与发展，对大学生网络素养的要求也在不断提高，高校对大学生网络素养培育的目标和内容也在不断变换，因此，必须结合当前网络生态系统的时代背景，对大学生网络素养的能级结构进行相应的调整，提高教育的实效性与针对性，确保对大学生网络素养培育工作能够取得良好的效果。

（一）强化大学生对网络属性的认知能力

对大学生网络素养的培育建立在大学生对网络属性的认知能力的基础上，因此网络素养培育的首要任务就是强化大学生对网络属性的认知能力，也就是对网络生态系统的认知能力。大学生在网络世界的言行举止并不是凭空而来的，而是以现实生活为依据，通过借助网络这个媒介来加以作用和反映，

① 杨云峰：《论高校网络素养培育》，载《宁夏社会科学》，2007年第3期。

这虽然不是大学生日常生活的真实写照，但却能够在一定程度上反映大学生日常的思想与行为，可以说网络是对现实生活的一种重构和再现。在这个信息大爆炸的时代，网络可以让人们更加便捷地获取想要的信息，但是网络上也不乏各种错误和虚假信息，考虑到网络的开放性和交互性，其受众完全可以利用网络平台对信息进行传播。在这个过程中，如果对网络属性的认识不足，那么在网络信息的鉴别方面就会存在一定的困难，如此一来就有可能对一些不良信息进行传播，不仅影响自己的看法和态度，同时也会影响他人的思想和观念。大学生作为网络活动的重要参与者，必须要能够对网络媒介的属性有明确的认识，对相关信息的制作流程与网络的运作流程有一定的了解，从而更好地辨别网络信息的质量，选择正确的信息加以传播和应用，促进网络世界的和谐发展。

（二）强化大学生对网络信息的思辨能力

对于传统媒体而言，其对信息的质量有着严格的把关，从而保证信息质量的可靠性，但是对于当前的网络生态系统而言，其提供了人们相互交流的平台和机会，给人们的生活带来了更多的趣味和便利，与此同时，网民数量急剧增长且网民素质良莠不齐，网民创造了大量的信息但是网络世界又缺乏相应的信息把关人，这就导致了网络上存在着各种各样的信息，其中不乏大量的垃圾信息，如各种“历史虚无主义”以及“伪正义”的思想，而这些信息又充斥在大学生所处的网络环境中，如果大学生对网络信息的思辨能力不足，就有可能被这些不良信息所误导，做出违反道德和法律要求的行为。因此，面对这种情况，大学生必须拥有对网络信息的思辨能力，能够站在客观的角度上对各种网络信息进行正确合理地批判和解读，要能够理性地进行思考，不盲目转发或者制造引导舆论的信息，避免被信息的表面假象所误导，少一些人云亦云的主观臆断，为净化网络世界做出自己的贡献。

（三）强化大学生对网络的利用能力

网络生态系统的发展对人们的生活和学习产生了重要的影响，通过正确合理地利用网络，不仅能够助力于个人的学习研究，同时还能提高工作的效率和质量。对于大学生而言，在其网络素养的培育过程中，强化大学生对网络的利用能力能够在很大程度上助力于大学生的成长与发展，激发大学生的学习热情，提高大学生的学习效率。借助网络平台，大学生的学习可以变得更加简单和方便，可以随时随地通过网络来获取自己需要的知识，而且丰富的网络资源和庞大的信息量能够有效地弥补课本知识的不足，网络生态系统中各种不同的观点也能和大学生的思想产生碰撞，有利于大学生思维的多元化发展，提高大学生对问题的思考能力。所以，对网络的利用能力是大学生今后走向社会所必须掌握的技能，其能够拓宽人们获取信息的渠道，从而进一步提升自己的能力。此外，通过利用网络的社交功能，大学生能够学会与人交流的方式，及时表达、宣泄自己的情感，不仅能够与他人分享自己的喜悦，还能够让自己的消极情绪得到及时地调整，从而以最好的状态开展自身的学习和工作，促进自身的全面发展。大学生作为网络生态系统的重要参与者，正确合理地利用网络能够传递更多正能量的信息，从而影响更多的网民，促进网络环境向着和谐健康的方向发展。

二、对大学生网络素养培育方法进行改进与创新

方法是人们达到预期目标所需要的一种工具或者是手段，通过采用这一工具或手段，活动中的主体和客体才能够在活动的过程中联系起来并相互作用，从而达到预期的目标。对大学生网络素养的培育也是如此，只有通过正确的方法，才能够使得网络素养培育具有更好的实效性。随着网络技术的不断发展，对大学生网络素养的要求也在随之发生变化，这就要求大学生网络素养培育的方法也要做出相应的改变，不断地进行改进和创新，从而达到良好的培育效果。

（一）善用理论教育法

所谓的理论教育法，指的是在对大学生进行网络素养培育的过程中为学生讲授与网络素养相关的理论知识，提高大学生对网络认知的理论能力，从而让大学生能够有扎实的理论基础来指导日常生活中的网络活动，这也是大学生成为合格的网络使用者的必然要求。大学生的网络素养并非与生俱来的，其主要依靠后天的培育来获得，通过老师在课堂上讲授相关的理论知识，帮助学生进行系统的学习，能够使大学生对网络信息的传播原理有一个明确的认识，提高大学生对于网络信息的辨别和解读能力，进而将所学到的理论知识运用到实践。此外，高校要充分利用各种媒体资源来宣传网络素养的相关

知识，如广播、报纸、宣传栏以及校园网等。同时，高校可以定期举行网络素养的相关活动，如知识竞赛、事件分析、信息解读、讲座交流等，通过引导学生和老师共同参与活动能够帮助学生将所学理论在运用中得以巩固，而且师生之间面对面的现场交流也能够有效解答学生的相关疑问，帮助学生对网络素养的相关理论有全面而系统的认识，切实提高大学生网络素养的整体水平。

（二）强调实践锻炼法

在教育的过程中，实践锻炼法是一个非常有效的方法，它指的是教育者以特定的目的为导向，引导受教育者参加相应的实践活动，使其能够在活动过程中达成教育者的目标，具体到大学生网络素养培育来说，指的就是通过组织大学生参与相关的网络素养实践活动，培养大学生良好的网络素养和网络能力。一名网络素养合格的大学生不仅仅需要拥有扎实的理论基础，更要拥有过硬的实践能力。通过采用实践锻炼法，组织大学生参与各种网络实践活动，能够加深大学生对网络世界的认识，不断提高大学生的网络实践能力，进而培养良好的网络素养。高校可以针对性地设立大学生网络素养实践基地，邀请大学生进行参观、体验、创作等活动，如体验网络节目的制作过程、创作特定主题的网络视频等，让大学生在参与活动的过程中对网络世界有进一步的认识，掌握合理使用网络的能力，从而使得网络能够助力大学生自身的发展。在利用实践锻炼法培养大学生的网络素养时，必须要让大学生对每次参与活动的目的和意义有一个清楚的认识，确保大学生能够积极自愿地参与其中，以防学生因为没有明确的目的而在活动的过程中表现出盲目、消极的行为，导致实践活动达不到预期的效果。此外，在开展网络素养培育实践活动之前，要对活动对象的网络素养情况进行相关的了解与统计，从而能够在活动的过程中针对不同的对象有目的、有计划地安排相应的活动环节，使不同的大学生能够得到针对性的培育和锻炼，这也符合因材施教的教育理念。

（三）鼓励自我教育法

在对大学生进行网络素养教育的过程中，不能仅仅看到高校、社会和家庭的力量，大学生的自我教育也是非常重要的。自我教育法是指大学生自身根据网络素养的目标和要求主动进行自我学习与自我反思，不断提高自身的网络素养。虽然外界的教育对提高大学生的网络素养有着很重要的作用，但是网络素养培育的最终效果却很大程度上取决于大学生自身的因素，如果不能依靠自身的自制力进行有效的自我教育，外界的教育效果也就没有办法落实了。网络技术的飞速发展改变了人们的生活，而网络所提供的大量学习资源也使得大学生网络素养的自我教育变得更加方便快捷，加之大学生对网络普遍拥有浓厚的兴趣，大都十分乐意借助网络工具来进行学习，这也就给高校开展大学生网络素养的自我教育工作提供了良好的契机。大学生网络素养的自我教育往往不具有自发性，而是依靠外界的引导和环境的感染逐渐出现的，因此，高校的教育工作者要充分发挥教育的引导作用，打造良好的大学生网络素养自我教育的环境氛围，调动学生的学习积极性与主动性，将外界教育和大学生的自我教育有机融合，让大学生能够在一系列的自我学习过程中不断地完善与进步，从而帮助学生培育良好的网络素养，为学生的成长发展保驾护航。

三、优化大学生网络素养培育的途径

大学生网络素养作为大学生综合素质的重要组成部分，对于大学生今后的成长与发展具有十分重要的影响，因此必须对大学生的网络素养进行针对性的培育，提高培养质量，这也是我国“网络强国”的应势之举。在培养大学生网络素养的过程中，应当充分发挥大学生的主观能动性，调动高校、家庭、社会的力量，打造明朗的网络空间，合理促进大学生网络素养的提高。

（一）从大学生维度看，树立正确的网络观、注重网络道德的内化和强化网络学习是根本

互联网的不断发展使得个性的张扬达到了最大化，大学生在网络中的深度参与更加彰显了网络的双刃剑作用。互联网在为大学生的生活和学习提供便捷的同时也为大学生提供了一种接受恶劣影响的机会与可能，在这种情况下，大学生就必须要树立正确的网络观，注重网络道德的内化以及加强自我约束。

树立正确的网络观要求大学生能够具有积极的人生观，这样的大学生永远保持着乐观、积极、淡泊等美好的品行，而且不贪婪、不放纵，这样的大学生不会沉迷于网络，而且能够更加客观地看待网络空间上各种良莠不齐的信息。同时，还要提高大学生的自我认同，大学生上网很大程度上是在网络空间内寻求自我认同，在现实生活中无法得到满足的认同感往往在网络世界

内就能轻易得到，如来自网络游戏或者聊天好友的认同，这也是大学生沉迷网络的重要原因，所以，培养大学生的自我认同感对于树立正确的网络观有着十分重要的意义。

网络道德的内化是大学生网络素养培育的重要环节，外在的道德约束只有切实内化为大学生的网络素养才能够更有效地减少网络失范与违规行为。首先，大学生要做到自爱，也就是要珍惜和重视自己的名誉，不能随意捏造或者传播垃圾信息，对于低俗、反动的信息要严格进行抵制，不轻易相信网络，保障自身的健康发展。其次，大学生要做到自省，充分发挥大学生的意识能动性，通过自省的方式来检视自己的思想和行为，对比网络道德规范定期地进行评估，寻找自己的不足之处并加以完善，养成文明良好的上网习惯，不断提高自身的网络素养。最后，大学生要做到自律和自制。自律指的是能够进行一定的自我约束，在没有外界影响的情况下能够自觉遵守国家的相关法律法规；自制就是能够对自己的言行举止进行科学有效地控制，这让大学生能够在网络世界里合理地调控自己的情绪，张弛有度地控制自己的言行，客观独立的评定网络言论的是非对错，从而更好地利用网络来为自己服务。

网络学习已经成为大学生自我发展的一个重要途径，它在很大程度上改变了大学生的学习方式，使得学生的学习不再受制于时间和空间的限制，更加有利于大学生发挥主观能动性，进行深入的思考与学习。同时，网络的互动性决定了网络学习是一个多向的信息交流活动，大学生可以利用网络来获取不同的资料和信息，通过加以对比和筛选来进行自主性的学习，重构自己的知识体系。此外，网络学习能够帮助大学生学会合作与分享，在虚拟网络世界中完成具有社会性质的交互活动，提高大学生对问题的分析和解决能力。因此，可以说网络学习能力是大学生未来走向社会所必须掌握的技能，必须对网络学习的方法有一个系统全面的掌握。

（二）从家庭维度看，家长高度重视、发挥家庭教育优势和突出家庭引导作用是基础

家庭是大学生网络素养培育的又一个重要环境，对大学生的成长起着至关重要的作用，因此必须充分借助家庭的力量来培育大学生的网络素养，帮助大学生理性上网。首先，家长应当重视大学生的网络行为，这就要求家长能够对网络素养培育的重要性有一个清晰的认识，定期与子女进行相应的沟

通与交流，往积极的方面引导大学生的网络行为，多给他们一些关心，以免他们因为内心的空虚而长时间沉溺网络，进而丧失了主体性。其次，要充分发挥家庭在大学生网络素养培育中的优势。虽然家长在网络使用技能方面可能不如孩子，但是家长的社会阅历使得他们能够更容易地辨别网络信息的真伪和价值，如通过与孩子一起评论网络事件，能够很容易地发现孩子的观点与想法，从而引导孩子更加理性地对待网络。家庭教育的另一优势就是父母与子女的关系更加密切，交流和互动相比较于师生之间更加的简单和充分，这就保证了大学生在接受父母的观点时更为容易。此外，要充分发挥家庭教育在大学生网络素养培育中的引导作用。家庭是大学生成长的一个重要环境，父母的言行举止对于大学生的影响可以说是潜移默化的，如果父母能够拥有良好的网络素养，那么孩子的网络素养必然不会差。家长应当对孩子的网络行为有一定的了解，经常提醒孩子要养成良好的网络习惯，教授其必要的网络知识与技能，并对其网络行为进行监督，引导其正确有效地使用网络，培养良好的网络素养。

（三）从高校维度看，突出思想政治教育、完善课程体系和善用校园网络载体是关键

高校是大学生网络素养培育的重要场所，提高大学生的网络素养、帮助大学生正确合理地使用网络以及养成正确的生活学习习惯是当下所有高校的共同期望，也是高校教育应当担负的重要责任。

第一，充分发挥高校思想政治教育的主体功能。随着网络技术的不断发展，大学生思想政治教育也迎来了新的机遇和挑战，其作为大学生网络素养培育的重要组成部分，对大学生网络素养的培育效果有着至关重要的影响。高校应当加强对大学生的思想政治教育，帮助大学生树立坚定的政治方向，让大学生能够对自身肩负的历史使命有一个清晰明确的认识，从而增强大学生的社会责任感。同时，要将马克思主义理论贯穿于大学生思想政治教育的整个过程中，引导他们利用唯物主义的观点和方法来分析各种网络事件，强化大学生对网络信息的批判意识和解读能力，明确最基本的网络行为与道德规范，使其能够有能力抵制网络上各种不良信息的影响和侵蚀，为社会主义事业的建设培养合格的接班人。

第二，完善大学生网络素养培育的课程体系。从发达国家的情况来看，大学生网络素养培育的课程体系相对完善，而且课程的普及率也普遍较高，

不仅开设专门的网络素养培育课程，还将网络素养培育的核心理论充分渗透到其他学科的教学过程中。例如，欧洲的高校会为大学生发放《网络素养手册》并提供相应的学习网站和其他教辅材料，通过多途径培养来提高大学生的网络素养。反观国内情况，高校对大学生网络素养培育起步较晚，培养体系也不够健全，因此必须从网络社会的客观要求出发对大学生网络素养培育的课程体系予以针对性的完善。首先，必须将大学生网络素养培育纳入高校的人才培养体系，从大学生网络素养培育的基本目标和要求入手，开设针对性的网络素养培育课程，如最基本的网络操作课程、网络道德教育课程、网络法律法规课程等，使其能够成为大学生通识教育的一个重要环节。同时，课程体系的建设要具有明确的阶段性、层次性和针对性。对不同年级的学生所设置的课程要能够符合学生知识结构和发展要求；课程难度也要由浅入深，便于学生的理解与接收；对于不同专业的学生，在课程设置方面要考虑到不同专业的特点，使其能够服务于学生的专业发展，培养学生利用网络进行学习的思想和能力。其次，从网络和社会发展的动态要求出发，结合大学生发展的身心特点，编写适合大学生使用的网络素养培育课程教材，可以先将部分高校作为教材使用的试点，进行一定时间的试点教育，并在这个过程中对教材不断进行修改和完善，而后在进行全国范围的推广。

第三，有效利用校园网络环境的载体功能。校园作为大学生生活学习的重要场所，同时又是大学生接触网络最频繁的地方，良好的校园网络环境能够对大学生的网络素养培育产生潜移默化的作用，因此必须有效利用校园网络环境的载体功能。首先，完善校园网络的基础建设。工欲善其事，必先利其器，高校对大学生网络素养的培育必须要有完善的网络基础设施，要加强图书馆、实验室、学生宿舍以及教室等地方的网络硬件设施，确保学生能够在需要的地方正常上网。还要加强校园网络的监管力度，对学生网络接入的状态进行监督，构建网络防火墙，对不良站点进行屏蔽，最大程度上保护学生免受不良信息的侵蚀。其次，加强校园网络文化建设。校园网络文化是大学生网络素养培育的一个重要媒介，积极向上的校园网络文化能够为大学生提供一个健康良好的网络环境，有利于提高大学生的网络素养。高校可以将大学生的日常生活内容作为信息载体，利用校园网对网络知识进行宣传，提高大学生对基本网络知识的了解程度，将网络素养的内涵融入学生日常的网络行为中，提高大学生的网络素养水平。定期举办各种校园网络文化活动也能够提升大学生对于网络素养培育的兴趣，吸引大学生对网络素养培育的关注度。例如，举办网络素养专题讲座、网络热点事件的研讨，既能提高大学生的网络知识面，又能提高大学生对网络的应用能力。这样通过学校的组织与带动，不仅丰富了校园网络文化建设，又能以润物细无声的方式提升大学生的网络素养。

（四）从社会维度看，建设正确网络导向、加强立法执法和行业自律是保障

第一，加强社会对网络的正确引导。网络信息繁多复杂且良莠不齐，是非对错往往比较曲折，社会应当为大学生提供积极正确的网络导向，帮助大学生树立正确的政治立场，从而合理有效地使用网络。社会要坚持中国特色网络文化的发展方向，坚持为人民服务和为社会主义服务的理念，以社会主义核心价值体系为引领，对网络平台的建设予以重视，鼓励正面、主流的意识形态在网络领域的发展，打击低俗、不良信息的生成和传播，坚决抵制错误的、没落的以及腐朽的网络文化，推进网络文化健康快速发展，确保网络文化建设永葆青春和活力。

第二，完善网络行为的立法与执法。规范有序的网络环境对大学生网络素养的培育具有十分重要的推动作用，而网络空间作为一个公共空间，需要一定的道德规范和法律制度来约束人们的行为。政府部门应当充分发挥自身的能动作用，在符合网络发展规律的基础上，构建合理的法律机制，通过立法来维护网络环境的安全与健康，保障网民的基本利益，使大学生在使用网络时能够做到有法可依，能够主动约束自己的行为，在受到网络侵害时能够运用法律的武器来保护自己，从而成为一个合格的网络使用者。同时，政府应培养合格的网络执法者，对网络犯罪进行严厉打击，对凶杀暴力、色情网站严加惩处，这样既能够净化网络环境，又能够对大学生的网络行为起到警示作用，使其能够有意识地检视自己的行为。

第三，加强行业自律，净化网络环境。除了法律法规的外在约束外，行业自律对于网络空间的建设也是极为重要的，这对于提高大学生乃至于全国网民的网络素养都具有一定的积极作用。对于网络运营商而言，必须提高行业的准入门槛，从源头对网络信息进行过滤，保证所发布的信息具有真实性

和积极性，坚决不能因为利益问题而放任虚假、色情、暴力等信息自由传播。同时应当制定互联网行业的自律公约与职业道德规范，对从业人员进行针对性地培训，使其在工作过程中能够有目的、有意识地遵守相关公约与规范，实现行业的自我约束，致力于创建文明和谐的网络环境，为大学生网络素养的培育提供良好的氛围。

第四节　网络素养培育机制的作用

在大学生思想政治教育中融入网络素养教育是全社会顺势、应时、识变地应对网络时代的新课题。探讨网络时代下加强大学生网络素养教育的重要意义，能够起到丰富理论体系、坚定教育信心的积极作用。

一、推进素质教育、完善育人模式

教育强则国家强。为实际提高我们国家的核心竞争力、尽早实现中华民族的伟大复兴，教育和人才即为关键因素。在新时代中大学生网络素养教育是素质教育的重要一环，有利于全社会勠力同心、勇于承担，培养出更多合格的社会主义的建设者，也有利于广大高校顺应网络时代的新要求，努力建设“全员育人、全过程育人、全方位育人”的“三全”教育模式，从各个方面增强其人才培养能力，努力书写我国高等教育事业发展的新篇章。

（一）有利于促进大学生综合素质的全面健康发展

自20世纪80年代中后期开始，国家对于“培养怎么样的人，怎么样培养人”这个问题进行了深入思考，得出了素质教育是符合国情的科学结论。多年以来，素质教育的持续开展的目的在于促进学生基本素质的全面完整发展，为我国的社会主义现代化事业培养优秀的建设者和接班人。

网络素养作为人们在全球信息化社会生存的一种基本素养，它是当代大学生综合素质中的重要方面。因而，当代大学生网络素养教育的根本出发点和落脚点在于促进他们实现自由而全面地发展，这是素质教育的根本内涵，也是素质教育在互联网时代的合理延伸。我国自1994年正式接入互联网至今已有二十余年，随着改革开放各项事业的不断深入，“我国互联网普及率达到53.2%”，网络正革命性地改变着包括大学生在内的广大国民的生活方式和习惯，也极为明显地影响着当代大学生的价值追求、思维方式、心理发展、思想观念甚至是政治倾向。特别是进入自媒体时代后，广大网民的话语空间和自主权增大，人们从传统的信息接收者转变为信息的传播者，可以自由地在个人的“媒体”上发布信息、表达观点。在面对良莠不齐的海量信息和价值多元化的网络舆论时，大学生由于在知识结构、思维方法和个人阅历等方面都存在一定欠缺，因而难以正确地甄别、解读和处理之。动员社会各界力量密切关注并开展网络素养教育，能够帮助当代大学生了解网络的基本知识，增强从网络获取信息的能力，并且提高对信息的辨别和使用能力，培养他们的时代责任感，增强网络道德观念，培养网络法律安全意识，在网络虚拟实践中严格加强行为自律，早日成为网络时代所呼唤的社会主义新人，为把我国从网络大国建设成为网络强国提供充沛的人才储备和坚强的力量支撑。

（二）有助于加速“全员、全过程、全方位”育人模式的建设

德育是一项系统工程，既不能单单寄予某一教学环节，也不能仅仅依赖某一教学主体，它需要进一步构建和完善“全员育人、全过程育人、全方位育人”的大德育模式，而提高当代大学生的网络素养教育有助于“把立德树人作为中心环节，把思想政治工作贯穿教育教学全过程，实现全程育人、全方位育人”①，从而培养出更多掌握先进科学知识、坚持正确价值观念、适应网络时代需要的卓越人才。

其一，在积极鼓励大学生发挥主观能动性的基础上，整合和动员社会各界力量明确自身责任和角色优势来加强大学生的网络素养教育，充分发挥高校的主体作用，有效发挥政府的引导作用，充分发挥媒体的辅助作用，拧成一股绳、劲往一处使，有利于营造“人人为教育之人、处处为教育之地”的“全员育人”氛围。

其二，大学生网络素养教育以大学生成人成才的基本规律为依据，于他们学习和生活的整个过程中进行提升其网络素养的教育，不仅在线下的思想

---

① 习近平：《把思想政治工作贯穿教育教学全过程　开创我国高等教育事业发展新局面》，载《人民日报》，2016年12月9日。

政治理论课和计算机基础课中持之以恒地传播马克思主义，渗透社会主义核心价值观，呼吁大学生关注自身的网络素养，丰富网络知识与技术，明确正确的政治方向和道德原则，自制规范网络行为，并且注重发挥各界力量维护健康和谐的网络生态环境，对大学生的线上活动进行正确引导和严格监督，使网络素养教育有利于更大范围地实现“全程育人”，把德育的内容渗入到人才培养的各个环节中去。

其三，大学生网络素养教育要求政府在制度层面上完善教育制度和网络法规，健全网络监控机制来为进一步规范网络虚拟活动提供制度保障；要求在文化层面上利用高校和社会公共场合的展板、校报、广播和广告栏等物质文化建设平台，广泛宣传网络素养的相关知识，从而创造积极、浓烈的网络素养教育氛围；要求在实践层面上发挥党团组织和社团组织的课堂延伸作用，开展网络素养的相关实践活动以使大学生的网络道德和法律观念外化为网络实践行为。从制度、文化和实践等多方面完善网络素养教育，有利于拓展教育空间，优化“全方位育人”的教育方法和手段。

二、自媒体时代下大学生思想政治教育的新领域

“思想政治工作从根本上说是做人的工作”，而“人的本质不是单个人所固有的抽象物，在其现实性上，它是一切社会关系的总和”[①]。大学生是处于一定社会关系之中具体的人，拥有明显的时代性和历史性。因此，针对当代大学生的思想政治教育也必须要以“围绕学生、关照学生、服务学生”为基础，考察他们在网络时代所表现出的独特崭新的行为特征，不断创新以适应时刻变化的现实条件，网络思想政治教育应运而生。

大学生的网络思想政治教育包含了两个方面的含义：一方面，它是指对大学生进行正面教育和引导，从而使他们在网络世界中正确辨别信息、遵循道德、法律行为规范，即新时代的网络环境下的思想政治教育；而另一方面，是指教育者运用互联网这种大学生喜闻乐见的现代传播载体来开展思想政治教育的活动，即基于网络载体的思想政治教育。可见，积极加强当代大学生

① 《马克思恩格斯选集》第1卷，人民出版社2012年版，第135页。

的网络素养教育在一定程度上有利于完成网络思想政治教育第一个层面含义中所规定的教育目标。

在以微博、微信为典型代表的自媒体平台中，大学生是最活跃的群体之一，与此同时，他们最易受到网络上多元化信息的双面影响，当代大学生的思想认知、行为自律遭遇了前所未有的考验，尽快提高大学生的网络素养也成为眼下大学生思想政治教育的主要内容。从现象上看，大学生的网络素养表现为一种具体的能力和素质，而从更深层次上探究，它却与大学生思想政治教育密切相关。在自媒体时代下，网络素养教育可以有效地把思想政治工作渗透进教育教学中，有助于满足大学生主体需要、及时顺应教育新环境、丰富教育新内容，有利于更好地实现思想政治教育的根本目的和任务，开创大学生思想政治教育创新发展的重要领域。

（一）有利于关注大学生主体需求，提高思想政治教育实效性

马克思说："任何人如果不同时为了自己的某种需要和为了这种需要的器官而做事，他就什么也不能做。"[①]新的时空领域必然导致新的实践，大学生于网络空间中的实践活动也必定是为了满足其自身某种或物质或精神的需要而存在。高校思想政治教育者必须深入调查，学会倾听、换位思考，真正地去了解大学生在网络社会中的主要实践内容，密切关注他们在网络社会中的主体需要。

大学生是自媒体时代下网络传播的主要受众人群之一，绝大多数的大学生都通过自媒体平台获取各类信息并进行社会沟通，以满足其自身的社会交往需要。但是，在面对烦琐复杂的网络信息时，大学生受目前的知识结构、思想观念以及社会阅历的多重限制，加之他们的人生观、世界观、价值观并未完全稳定，于是无法完全有效地对其进行辨别，无法顺利地透过现象究其本质，非常容易受到不良信息的误导和影响，往往造成部分大学生在网络社会中难以明辨道德是非、严格把控自我的网络言论，更有甚者会出现政治立场模糊等问题。因此，思想政治教育者应当采取多种途径、多种方法的教育手段加强对大学生的网络素养教育，尽量使他们的精神需要得到引导与升华。积极开展大学生网络素养教育工作，帮助他们形成科学的网络认知，提高网络道德

① 《马克思恩格斯选集》第1卷，人民出版社2012年版，第286页。

和法律素质，树立正确的网络安全观，有利于增强其应对网络世界挑战和风险的综合能力，正确地处理网络时空中的虚拟实践、虚拟关系，有利于满足大学生运用网络为实现其自我和社会全面发展的需要，并且有利于进一步探索当代大学生的思想道德形成和发展的规律，提高网络环境下教育活动的实效性。

（二）有利于顺应信息时代大学生思想政治教育的新环境

得益于网络特有的虚拟性，人们在网络中所拥有的诸如性别、年龄、身份、职业等社会识别标志都可以虚构，但它的虚拟性也造就了网络的自由性。身处现实生活环境中的大学生，受传统观念、道德规范、法律约束、风俗习惯等社会限制，他们的思想言论、行为习惯往往不能够完全真实自由地阐述和表现，而网络环境中的大学生却可以自由地向他人表达思想、发表观点、抒发情感。可见，网络的虚拟性、自由性、开放性为大学生提供了比现实生存环境更为广阔的日常交往和社会实践空间，也有利于促使他们关注社会、认识自我。

网络为每一个社会成员各抒己见提供了便捷的渠道，也改变了传统思想政治教育中以教师为主、学生为辅的关系，大学生可以利用网络自主获取所需的各种信息，不再被仅有的教材、固有的课堂所限制，思想政治教育者面临的教育环境也因此变得更加复杂。特别是国外敌对势力和国内反对势力故意利用互联网进行渗透破坏活动，造成了不同文化和价值观念在网络世界中的激烈冲突。例如，雇用网络职业写手通过微博、微信、百度贴吧等自媒体平台，采取发布动态、跟帖等方式将西方资本主义意识形态渗透，歪曲、丑化马克思主义，对我国的社会主义制度和价值观进行攻击；借助政治敏感事件和社会热点问题，制造网络谣言，散布虚假信息，煽动不满情绪，扰乱社会生活秩序等。

由此可见，思想政治教育者必须提高大学生的网络道德和法律意识，使他们学会珍惜网络自由、反对网络戾气，更要致力于提高大学生对网络信息的辨别能力、驾驭能力来应对变幻莫测的网络环境，积极开展网络素养教育实践以期适应思想政治教育在价值多元化的信息时代下的新环境，点亮大学生的理想之灯，使他们前行的路充满光明，更要激励大学生勇作走在网络时代前列的奋进者。

（三）有利于更好地实现大学生思想政治教育的根本目的和任务

在新的时代条件下，针对大学生思想政治教育中遇到的新挑战、新问题，结合青年学生的成长规律和教育规律，理论联系实际，在继承的基础上不断创新，大力加强大学生网络素养教育工作，有利于更好地实现思想政治教育“促进人自由而全面发展”的根本目的。立体、细化教育内容，全面培育其网络知识与技能素养、网络信息鉴别素养、网络道德素养以及网络法律与安全素养，有利于满足大学生需要和能力的全面发展；创造更加广阔的发展空间，提供展示自我的平台，有助于提高大学生个性的全面发展；健全网络交往规则、遵守网络行为规范，有助于推动大学生社会关系的健康发展。

不仅如此，与时俱进地提升大学生的网络素养，“要运用新媒体新技术使工作活起来，推动思想政治工作传统优势与信息技术高度融合，增强时代感和吸引力”①，有利于出色地完成思想政治教育的根本使命：培养和锻炼网络时代下“有文化、有理想、有道德、有纪律”的社会主义接班人。

具体而言，培育和提升大学生的网络信息甄别素养，有利于督促他们不断提高自身对网络信息的判断能力、解读能力、选择能力，从而对复杂的网络信息去伪存真、去糟取精，在不同意识、不同观点的交织与对撞中，明确正确的政治立场，建立崇高的理想信念，将共产主义理想内化为个人理想并为之奋斗，成为新时代“有理想”的社会主义新人。

培育和提升大学生的网络道德素养，有利于他们明确网络道德的判断标准，增强他们的道德选择能力和对不良信息的抵抗力，帮助他们在应对当前复杂的网络环境时重视道德自律，以社会主义道德原则和内容来规范自身的网络思想和行为，以共产主义的道德规范作为自身的奋斗目标，主动提升网络道德境界，成为引领社会主义道德新风尚的“有道德”的接班人。

培育和提升大学生的网络知识与技能素养，有利于他们掌握基本的网络科学技术、参与网络信息传播手段，也有利于提高大学生的网络文化意识，发挥大学生的力量优势来丰富各类信息服务、繁荣网络文化，切实发展和壮大我国的网络文化产业，早日实现党的十八届五中全会中正式提出的“网络强国战略”，培养一批批具有较高网络知识与技能素养的“有文化”的建设者。

培育和提升大学生的网络法律与安全素养，有利于向他们普及网络保护意识和明确的法治意识，树立“法律至上”“依法治国”的观点，有利于大学

---

① 习近平：《把思想政治工作贯穿教育教学全过程 开创我国高等教育事业发展新局面》，载《人民日报》，2016年12月9日。

生在网络交流中自觉遵守国家的法律、法规，严格依法办事，坚定不移地执行党和国家的政策，身为“有纪律”的当代大学生，承担起净化我国的网络生态环境、规范网络社会秩序的社会责任。

三、营造风清气正的网络空间的新举措

网络空间是当代大学生社会生活中难以割舍的组成部分，大学生的社会关系也不再仅限于有形的物理世界，而是伴随着他们的网络虚拟实践活动而扩展到网络空间之中。关注当代大学生的网络生活，汇聚各方力量唱响网上主旋律、积极传播网络正能量，提供培育丰富多彩、健康向上的网络文化的土壤；提高大学生批判思辨的精神和规范意识，自觉抵制虚假、有害信息，有利于优化网络生态环境，维护社会稳定，最终为广大网民特别是当代大学生营造一个健康文明的网络环境。

（一）有利于创造丰富多彩、健康向上的网络文化

网络文化是网络时代的文化产物，它是人类传统文化在虚拟空间的延伸和丰富。大学生既是网络文化的接受者、享用者，也是网络文化的创造者、传播者，因此，加强大学生的网络素养教育，既需要为他们提供一个和谐有序的网络文化环境，又能够通过教育调动大学生的积极性保护网络文化产业、参与网络文化创作，有利于创造更加多种多样、和谐文明的网络文化。其一，广大高校、政府、官方媒体、互联网企业等社会力量纷纷加入大学生网络素养教育队伍，有助于增强网上思想文化阵地建设，严厉控制网络空间、提高网络的积极宣传引导，积极宣扬真善美、引导社会舆论，用社会主义核心价值观和人类优秀文化成果引领网络文化建设，整治网络谣言、信息污染等消极落后的网络文化乱象，抵御西方文化霸权主义，努力使正能量更充沛、主旋律更高昂，为大学生提供健康和谐的上网环境和向上向善的网络文化。二是加强大学生网络素养教育，引导他们树立正确的网络价值观，提升其网络道德情操与境界，尊重和保护他人的知识产权，杜绝盗取网络视频、音乐、文学、游戏等有偿资源的不良行为，有利于一定程度上保护我国网络文化产业的健康发展。其三，提升大学生的网络综合素养，有利于增强他们在网络空间的生存和发展能力，遵循网络语言特点和网络传播规律，培养其传递、

创造信息的能力，从而发挥其主观能动性、激发其创作潜能，充分利用微博、微信、秒拍等自媒体平台，积极参与网络文化建设，结合生活学习实际、灵活运用所学知识，创造并分享更多种多样、格调健康的网络文化作品，共筑我们井然有序、生机盎然的精神家园。

（二）有利于优化网络生态环境，维护社会稳定

鱼因水而活，水因鱼而灵。加强大学生网络素养教育是为了帮助他们适应网络社会的生存和发展，而整个网络社会的健康发展也需要他们具备良好的网络素养。大学生作为参与网络活动的主要社会群体，其网络素养的水平将直接影响着我国网络社会的整体发展程度和速度，维护我国网络空间清朗的生态环境是当代大学生的共同责任。互联网时代下，大学生所接触的各种信息越加图像化、具体化，网络信息的传播方式正影响和改变着他们的认知能力和思维习惯，大学生日渐习惯对事物进行简单、直接的形象思维，却忽视了透过事物表面现象对网络信息进行抽象逻辑思维的重要性。因而，当代大学生对网络世界中的信息判断和认识难以做到既深刻又准确，从而导致大学生对理想信念、道德标准和自身行为的选择也趋向简单化、非理性，在面对复杂的社会问题或事件时容易一时冲动地选择立场、发表言论。全面提升大学生的网络素养，使他们能够透过现象看本质，深思熟虑地对网络信息做出科学判断，严守网络道德与法规，树立网络安全观，有利于培养大学生的自律意识和社会责任感，使大学生成为我国在网络时代增强国际竞争力和综合国力的生力军。特别是在网络世界中大学生应当保持清醒、认清自我，发布真实、正确的信息和言论，并以每一个大学生为网络“节点”去影响、感召其他社会成员不断提高自身网络素养，自觉遵守网络法律法规和社会公德，抵制虚假信息、有害信息、网络滥用行为和低俗之风，有利于进一步优化我国的网络生态，打造更加文明、健康的网络环境。另外，开展大学生的网络素养教育，需要借助新媒体与传统媒体的宣传作用，特别是利用主流网站的“品牌效应”及时引导网络舆论走向，坚定人们正确的理想信念和政治立场，这对于维护社会大局稳定，促进社会和谐发展也具有一定的积极作用。

第四章　高校思想政治教育网络生态系统的无机运行体系
——四模块相互支撑的协同服务机制

从生态学的意义上来看，无机环境是有机环境（生物群落）维持运行必不可少的基础物质的聚合体，如阳光、水分等环境因子都是无机环境的组成部分。可以说，无机环境的状态决定了生物群落的生存、发展空间。将这种认识迁移到对高校思想政治教育网络生态系统的理解中去，便不难发现，无论是理论教学、课外实践等“系统动力”机制的供给环节，还是质量评价、效果展示等“系统保障”机制的回馈环节，都与互联网环境下或者说互联网技术手段辅助下抑或是互联网思维涵化下的高校思想政治教育的理念、原则、规律、技术、内容等属于“生物群落”中的知识生产者、分解者和消费者存在着密切的方法关联与思维涵摄关系。单独就无机运行体系的四个模块而言，他们亦相互支撑、协同作业：作为“营养性环境因子”的理论教学模块需要借助“实践养成模块”的中介作用方可与“生物群落”发生关联，“生物群落”同样需要以其为工具完成前者的效果表征步骤；作为“保障性环境因子”的“质量评价模块”往往作为“镜像性环境因子”的“效果展示模块”的“前见”而存在，二者的作用力是双向交互的，后者则可以延伸至“生物群落”中，以其映射能力促动实体场域的更新、迭代。

第一节　营养性的环境因子：理论教学模块

理论教学模块的作业集中在“技术导向”的知识生产场域与传递路径建

构，它在高校网络思想政治教育生态系统的“无机环境”中承担着“营养性环境因子”的功能，或者，我们可以称之为高校思想政治教育网络生态系统无机运行体系中的“知识生产者”。

对于知识生产而言，由于网络信息技术的传播体量巨大、效率极高，知识受众对于知识规模的需求也渐渐呈几何量级增长；再者，由于互联网知识库的可获取性提升、互联网公共领域的知识检视与论辩能力增强①，知识受众辨别知识真伪、判定知识高下的素养也随之拔高，知识提供者、传递者自然被要求掌握有高质量、高质感的知识内容，否则可能面临在网络大众传媒面前“失语”的窘境。对于高校思想政治的网络教育——尤其是大学生核心价值观的宣讲教育——而言，意识形态的高度向心力及思想知识传播者的强大个人魅力②是必不可少的要素，前述所提的“知识领袖”失语困境显然是不被容许的。换言之，技术参与提升了思想政治教育和价值观蕴含的知识品质要求，也对“教—学”双方的媒介素养给予了充分关注。对于知识传递而言，如果我们以马歇尔·麦克卢汉（Marshall MacLuhan）的媒介观③检视网络技术的信息品格，便不难发现，新技术中嵌入了新一代知识受众的身份认同，而这种身份认同恰恰能够带来某种“自我折射”（Self Refraction）或者说符号化的吸引效果。高校学生的主要话语空间便是由网络信息技术搭建的诸多公共领域或虚拟社交空间，他们所依赖的媒介形式便是PC机或手机等移动电子通信设备，在他们的认知图式中，已经将上述网络技术、网络设施视作“自己的地盘”。因此，以其为载体开展高校思想政治教育工作和教学，会在很大程度上降低学生的疏离感、抗拒感，会让学生认为是在“自己的地盘”上做一些“自己能够掌控”的事情，甚至通过累积的教学涵化而生出亲切感。那么，具体来看，我们应当通过何种形式的网络辅助教学手段、平台达成上述两方面的效果呢？这便是本节所要论述的主要内容。

---

① 陆宇峰：《中国网络公共领域：功能、异化与规制》，载《现代法学》，2014年第4期。

② 王敬红：《意见领袖观点在大学生思想政治教育中的应用及启示》，载《国家教育行政学院学报》，2008年第12期。

③ 胡翼青：《理解麦克卢汉：写于麦克卢汉百年诞辰》，载《国际新闻界》，2011年第7期。

一、基于 PC 的网络辅助教学平台

随着互联网的发展，基于计算机的网络辅助教学平台得到迅速发展，并在思想政治理论课教学中得到应用。在众多网络辅助教学平台中，由美国公司开发的 BlackBoard 网络教学辅助平台应用较为广泛，是其典型代表。这一平台以帮助学生构建一个自主、开放的数字化学习环境为核心目标，进而支持学校的网络课程资源建设，传承院系经典教学资源，实现优质教育教学资源的共建共享。[①]众多高校思想政治理论课教师依托这一辅助教学平台，初步实现了“思想政治理论课”及“思想政治教育实践工作理论支撑课”[②]的在线学习、在线互动、在线测试，推动了传统教学模式的变革。还借助丰富的后台数据检查学生学习情况，使对学生学习的过程性评价得以落实。基于 PC 的网络辅助教学平台在思想政治理论课教学实践中也存在一些问题。主要是应用技术门槛比较高，需要进行专门的培训；资源建设难度比较大，花费的时间成本较多；应用时有诸多不便。例如，若要进行在线测试，就需要使用学校机房，这就涉及上机的时间安排、使用数量、使用费用等问题，这对于人数多、课堂大的思想政治理论课来说就是一个很大的矛盾。再如，虽然网络教学平台能够促进自主学习和协作学习，但这只能在课下进行，而不能在课上实现，且课下学习缺乏有效的督促措施，教学平台所记录的学习情况存在不真实情况。因此，在实际推广中教师和学生使用的积极性不高，出现了“老教师不会用，年轻教师不愿用”的尴尬情况。传统的网络辅助教学平台大多没有跟上蓬勃发展的移动互联技术的步伐，仍停留在 PC 端。

二、微博、微信、微视频等具有社交属性的自媒体“微平台”

网络技术的发展使得人人都有了发表看法的机会，QQ、微博、微信、论坛、贴吧、微视频等“自媒体”层出不穷，颠覆了信息单向流动的机制。自媒体的内容突出了一个“微”字，文字内容少、视频时间短，可以统称为“自

---

① 郭凤志：《新媒体环境下利用 Blackboard 平台加强思想政治理论课教学改革》，载《思想教育研究》，2015年第8期。

② 李秀芳、王鑫：《高校思想政治理论课教师与辅导员育人协同机制研究》，载《思想政治课研究》，2016年第4期。

媒体微平台”。自媒体微平台对大学生影响巨大。一方面，增加了大学生的信息来源、拓宽了其信息渠道，能够促使他们关注时事政治、增强社会责任感，同时满足了其个性发展、情感心理的需要；另一方面，也使大学生的判断能力、道德观念、政治信仰受到冲击。部分大学生沉溺网络，自控力减弱，虚拟世界影响现实生活。鉴于此，自媒体微平台自然也进入到思想政治理论课教师和思想政治辅导员的视野。综合来看，微博、微信、微视频以及QQ、论坛、贴吧等自媒体微平台都具有社交、阅读、分享和交流功能，用这些平台进行思想政治理论课教学的优势体现在：第一，使用门槛低，不用进行专门的学习培训就可以快速上手；第二，更“接地气”，便于贴近大学生，沟通感情、活跃课堂，拉近师生之间的距离，从而提升学生参与课堂教学的积极性；第三，能够打破课堂和学期的时空限制，便于进行持续的思想政治教育；第四，丰富教学资源，如利用微信公众号、朋友圈可以分享更多的教学资源；第五，图文并茂，学生乐于阅读。

但这一平台在信息组织和呈现方面对教学的支持并不充分，应用中还存在很多问题。例如，学生对于利用微信进行师生交流并不是很热心。调查显示，“大学生微信交际圈的‘差序格局’以同辈群体为核心向外扩散，老师处于外围圈层，95.2%的学生几乎不与老师在微信上进行交流”。[①] 这是因为微信具有私密性特征，学生不愿意教师过多地介入他们的生活圈子。再如，自媒体微平台也不适合于课堂管理。微信恰恰是使学习碎片化的“罪魁”之一。利用这一平台时，由于缺乏有效的监督机制，学生往往容易被微信其他内容所吸引，难以专注于学习。

三、MOOC和SPOC在线学习形式

慕课教学一般包括教学视频、延伸阅读、测试和在线交流等环节。近两年慕课得到突飞猛进的发展。SPOC（Small Private Online Courses）即“小规模限制性在线课程”，是在慕课基础上发展起来并融合传统教学优点的混合式教学。相对于慕课而言，SPOC对课程规模进行了限制，学生数量减少，教师对

① 张志坚、卢春天:《大学生微信使用情况调查》，载《当代青年研究》，2015年第3期。

学生的关注更多，还加入了课堂教学环节进行重点解析和课堂讨论。思想政治教育理论课与思想政治教育实践工作理论支撑课的慕课（包括 SPOC）建设在很多高校展开，尤其是名校名师的参与建设，使得慕课得到了广泛关注。相对于传统课堂而言，慕课覆盖面大、受众多，其影响力甚至超出了高校的范围，而具有社会影响力。慕课可以使学生学习更加具有自主性和灵活性，可以在更广范围内整合优质教学资源、提升课程质量。由于思想政治教育理论课与思想政治教育实践工作理论支撑课的特殊性，慕课应用于思想政治教育教学还存在着一些值得探讨的问题。例如，在当前大家对思想政治理论课重要性认识不足情况下，让学生通过慕课学习相关课程，学生很难进入情境。实践中也经常出现学生“挂课”这种“出工不出力”的情况，甚至还出现某些学生“分工协作”“团队作战”以共同应付慕课学习与考核的情况。这必然会导致学习数据的失实与考核结果的失效，最终影响教学效果。再如，慕课非常适用于知识类课程学习，但对于以价值观的培育为根本目标、以立德树人为根本任务的思想政治理论课来说，慕课能否很好地完成这一使命呢？显然还有存疑。实践中，学生对慕课的认同度也没有想象中那么高。这也表明，虽然慕课教学理念先进，对传统教学方法是根本性的变革，但对于思想政治理论课而言，其应用仍然有一定的局限，不能完全取代思想政治理论课课堂教学。

四、基于移动互联技术的思想政治课专用教学平台

即专门针对思想政治理论课大课堂的教学特点，应用移动互联技术与云计算技术搭建的教学互动平台。以“中成智慧课堂”教学互动平台为例，它能够实现学生手机端、教师手机端和课堂大屏幕的“多屏同步互动”。从教学的角度看，其特点是：第一，能够使师生迅速进入教学情境。该平台具有强大的“弹幕”功能，学生可用弹幕功能点赞、献花、发言，大屏幕同步呈现这些内容，从而起到活跃课堂气氛，拉近师生距离的作用。第二，全员参与，全员互动。教师提出问题后，学生可以通过手机把答案写出来，大屏幕随即同步呈现答题情况。同时，大屏幕上还有一侧边栏实时显示没有提交答案或参与互动的学生名单。这种设计既激发了学生答题的积极性，又对学生起到

了督促作用。全员互动功能彻底解决了思想政治理论课课堂大、讨论难的问题，完全可以实现“大班授课、大班讨论”“任意分组、全员互动”的效果。第三，强大的统计功能及精确的身份识别技术能够更科学地对学生进行评价。学生的每一次阅读、互动、练习、反馈等操作都会在系统里留下“痕迹”，都和学生的学习成绩息息相关，这样就激励所有的学生更多地参与到教学中来，这不仅加强了教学的过程管理，而且改变了学生对待思想政治理论课的态度。由于这种平台的出现，在教学管理和考核评价方式上也实现了从教考分离到教考、管考合一的转变。对教师而言，有了更多评价学生的“抓手”和量化的依据，从而更加科学地评价学生。第四，这个平台构筑了一个思想政治理论课的通用的大数据平台。它将积累大量宝贵的教学数据资源，日后通过对这些课堂上及时生成的大数据的挖掘分析，为思想政治教育研究提供更多令人信服的数据分析成果和科研成果。开发基于移动互联技术与云计算技术的教学平台既需要对思想政治理论课教育教学规律和特点比较熟悉，又必须掌握移动平台开发的先进技术，属于思想政治理论课教学领域的重大技术创新，研发难度大，开发成本高。

五、四大技术平台的职能分工与作用机制

若要使高校思想政治教育网络生态系统的无机环境具有源源不断的“基础物质”供给，则必须保证知识生产领域的次级力量要素间具有明确分工，且建立起顺畅的协作育人体系。从具体分工来看，应以“基于移动互联技术的思想政治课专用教学平台”为核心，以 MOOC 为主要的平台教学形式，将 SPOC 与微博等自媒体社交平台相结合构建课外延伸与讨论群组，通过“基于 PC 的网络辅助教学平台”完成教学效果验收、反馈等任务，进而过渡到“知识再生产”的环节。

从分工协作体系的作用机理来看，“基于移动互联技术的思想政治课专用教学平台”是知识生产和再生产的主要阵地，它诉诸整合的知识团块、体系化的知识结构，并能够在知识义理等思想和价值层面上持续做功，可以说，它是整个无机环境知识养料的主要供给源和集散地、是知识生产者的“大本营”与“主阵地”。大规模开放式的思想政治课教学平台既可以作为前者的

"外部链接"而存在，更可以成为前者的有机组成部分，或者说，后者对前者的嵌入是最理想的知识生产和书写形式。从技术表现上讲，即是将高校思想政治理论课教师与辅导员的教学影像以 MOOC 形式固定下来，整体植入"专用教学平台"的课程学习位置，也就是以"大平台中的小平台"的形式呈现出来。

功能完备、形式灵活的教学平台被搭建好之后，便要考虑课外延伸拓展及相应实践环节的建构。实践环节对于思想政治教学而言至关重要，本书将在第二节"转换型的环境因子：实践养成模块"中作详细介绍，现仅就课外延伸拓展的相关技术处理方案作阐述。"小规模限制性在线课程"同自媒体社交平台的结合可以用于构建思想政治课的"特别工作坊"（special workshop）式的课外自主性学习互动机制：可以考虑引入"助教"角色，教师将"引题"环节录制成影像固定在 SPOC 中，助教负责阐发引领、引导参与者深入讨论与互动，微博等自媒体平台便是良好的交互关系运作空间；再者，学生可以将成熟的汇报展演以影像形式固定下来回传到 SPOC 中，形成"大圈层"的"教—学"互动。

最后，教学与学习实效的检验便需要诉诸"基于 PC 的网络辅助教学平台"加以实现。通过随堂测验、在线测试、在线读书及报告、上传命题论文等形式，帮助任课教师掌握学生学习动态、检查学生学习效果。更为重要的是，教学辅助平台内置的大数据功能，有助于教师借由可视化的动态窗口了解学习受众的主要知识指标，清楚地知晓薄弱知识点在何处、主要的逻辑或知识偏谬如何生成等，从而使得教学更加"有的放矢"。再者，知识受众可通过教学辅助平台以较为郑重的形式评价教学效果、提出改进教学实效的策略与建议。这种"正式场合"的意见发表同自媒体平台的"非正式话语宣泄"相得益彰，他们可能是同一信息内核的两种不同语形表现，也有可能是完整信息链的两个不同阶段，无论是相互映射、还是有待于被拼接，比照二者做出综合的教学效果判断都是非常重要的。关于四大技术平台的职能分工与作用机制可见图4.1。

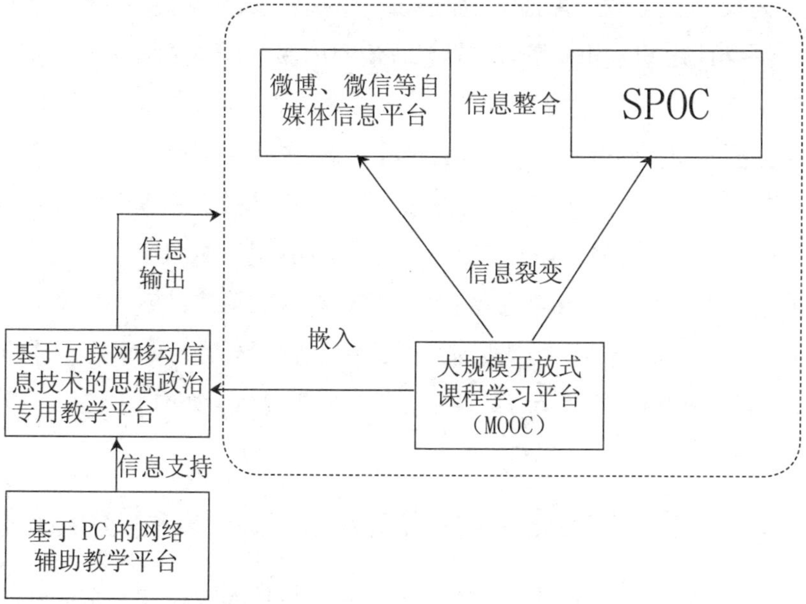

图 4.1 “理论教学模块”项下四大信息平台间的信息关联性

第二节　转换型的环境因子：实践养成模块

思想政治教育过程具有实践性的特征①，这要求我们不仅要从实际出发，帮助学生提高思想政治素质，而且要以促进人的全面发展为根本，充分挖掘个人潜能，促进个人健康成长；不仅要帮助学生实现思想认识上的飞跃，而且要引导学生通过实践活动认识和改造客观世界。通过互联网的信息资源共享和互动，可以充分发挥社会各方面力量在思想政治教育中的作用，促进思想政治教育力量的协调和整合。从一些成功的经验来看，各高校应该紧密结合特色专业打造品牌化的社会实践活动，通过互联网改变以往信息上的闭塞和孤立，让具有专业特点的社会实践活动能够服务地方、服务社会，形成以创新创业为导向、以互联网为平台的社会实践活动模式。如哈尔滨工程大学便是以“三海一核”见长的、具有特色学科优势的央地共建的“双一流”建

① 蒋德勤、侯保龙:《高校思想政治教育实践育人创新路径》，载《思想理论教育导刊》，2016年第2期。

设序列高校，以具有特色学科的船舶工程学院、核科学与技术学院为例，相关的基层党团组织、相关系部的思想政治理论课教师和支撑课任课辅导员便会结合学科实质设计实践教学环节。比较常见的形式是挖掘我国核潜艇、原子弹、氢弹等研发、制造过程中能够展现社会主义核心价值观的人物事迹与思想资源，并以此为引、为纲，安排“致敬先贤”的实践育人活动，要求学生在身体力行中感受先贤气质、亲近先贤心灵并感受社会主义建设事业的伟大贡献者们的精神力量，从而达成思想政治教育实践育人的既定目标。而在这些过程中，互联网所能起到的作用就是通畅信息、分析指征等，如践行先贤精神活动的纪实影片拍摄、服务对象的社会评价的搜集分析（如网上问卷等）等。

一、高校思想政治教育网络生态系统实践养成模块的组建原则

在“互联网 +”的催化下，高校思想政治教育的实践育人体系内生地展现出模块化、项目化、全员化、全程化和社会化的转型需求。所谓“模块化”，便是诉诸互联网信息技术的“场域资源”整合，包括思想资源、知识资源、技术资源、身份资源与社会实践资源等，整合后的资源群组能够匹配各种各样的实践需求，共同帮助学生完成思想进阶与知识优化的任务。所谓“项目化”，是一种问题导向的资源配置与运使方略，互联网在其中的机能具体表现为两个方面：一是项目运作的“可视化”安排，使高校思想政治教育实践育人环节的参与者们能够在“全息”的环境下完成项目的“自我治理”；二是项目效果的数据化报告，既然是问题导向的，那么实践育人的先决问题有没有得到切实解决、解决的程度和效果如何、是否还有有待于解决的其他问题存在等，都是可以被量化的评价指标。所谓“全员化”“全程化”与“社会化”，都是对实践育人“全时态”与“全模态”的要求。它意味着要有效地整合一切实践资源、发挥被整合资源的一切力量，并以互联网信息技术及其搭建的信息平台为载体、为枢纽、为工具，建构起全方位、立体化、宽领域、多层次的思想政治实践育人体系。

（一）模块化原则

长期以来，大学生实践活动多是“主题式”活动，即确定主题后开展专项实践活动。而新时期实践育人的有效运行需要强化“模块化”原则，由单

纯“主题式”转变为“主题式+模块化”。所谓“模块化”实践活动，是从大学生品德培养、能力提高、素质拓展、社会认同的实际需要出发，依托现有的校内外各种社会实践资源，在某一特定实践机制的统领下，以互联网信息技术为载体或手段，设计一系列主题之间既相互联系又各自独立、形式新颖、内容丰富、特色鲜明、吸引力强的实践活动“模块群”。实践活动“模块群”的内容、形式和特点既符合大学生发展的共性要求，又为不同成长背景、不同年级、不同专业、不同特点大学生的个性化成长提供选择空间。“模块化”实践活动因其富有弹性和选择性而具有显著的优势，实现了共性与个性的统一。同时，“模块化”实践活动又具有开放性和发展性的特点。在实践过程中，各高校可以根据具体情况和实际需要定期对“模块群”中的各个模块进行修改和优化，使其在具体操作过程中不断趋于合理和完善。

（二）项目化原则

大学生实践活动按照项目化原则进行科学性和规范性的实施和管理，即实践活动的申报方式、组织实施、监督管理、考核评价实行项目化运作，建立健全管理制度，使学校能够在宏观层面对实践活动进行引导、管理和考核，遵循“项目为主线，教师为主导，学生为主体”的思路，实践活动由从事大学生思想政治教育的教师和有相关科研项目的专业教师共同进行指导，组建项目团队，将有共同兴趣爱好和相似个性特征的大学生组建成团队，发挥合作优势，合理配置资源，精心准备拟申报项目，从收集资料、设计方案、实施项目、监督管理到考核评价，都要求大学生运用所学专业知识和综合协调能力，创造性地完成实践任务。项目结束后学校要及时点评，树立品牌，注重推广。这样既能够确保实践活动的思想性和教育性，提高他们的实践能力、创新能力和发展能力，又能够实现实践活动的服务性和效益性。

（三）全员化原则

一直以来，在教育理念上存在一种将思想政治教育孤立化的认识偏向。古希腊著名思想家、教育家苏格拉底很早就确立了“美德即知识”的教育理念，即思想教育与知识教育融为一体、不可分离，这种教育理念对人类的教育实践产生了深刻的影响。然而在现实的教育实践中，却存在将专业知识教育与思想政治教育隔离开来的问题。这种认识偏向直接导致了实践方面的偏差。在高等学校里，大学生的思想政治教育被认为主要是公共政治理论课教师的责任，是学生辅导员的责任，而其他教师仅承担知识教育或业务教育的责任和功能。[①] 这种认识偏颇直接给学生带来一些误解，认为专业课教师只是传授“知识”而不教育“品德”，辅导员和思想政治理论课教师就是“说教”和“灌输”，专业性不强，学问不专业不系统，这是导致大学生思想政治教育效果不尽如人意的重要原因。

因此，确立全员化实践育人原则具有重要的现实意义。高等学校是知识的殿堂，同时更是社会的思想道德高地，大学阶段是青年人形成高尚的道德意识、系统的知识体系和良好的行为习惯的重要时期，育人工作更是高校所有工作的重中之重。所以，需要我们明确，高等学校所有教学、管理和服务环节均具有思想政治教育的功能，所有的教师都应该义不容辞地承担大学生思想政治教育的责任，在授课中将思想政治教育融于知识教育体系中，寓思想政治教育于学校的管理服务之中。

（四）全程化原则

突破陈旧机制的限制，将大学生实践环节纳入高校教学体系和学分管理体系，加大专业实践课程课时，改进实践教学课程体系，突破时间的限制，变形式单一的假期实践为与日常实践相结合，变阶段性的各种实践活动为贯穿学年全过程的实践，在全程实践中加强思想政治教育。从学生一进校门到毕业，从每个学期开学到结束，从双休日到寒暑假，都要精心安排思想政治教育工作，贯穿始终，并讲究方式方法，提高实效。[②] 例如，开展校企合作时，为强化专业实习，大学生每周的课时可做弹性安排，采取“3+2”或“4+1”的授课方式，每周利用3—4天在校学习理论课，抽出1—2天时间去企业实习，将短期集中实习转化为长期分散实习，发挥实践育人持续和长效优势。同时，建立客观科学的考核方式，实行实践内容、考核结果学分制，每学期或每学年设定固定的实践学分，加大实习实训单位对大学生的考核权重系数，及时反馈实践教学效果。

（五）社会化原则

高校应广泛吸纳社会各方面优势资源，积极与当地政府、企事业单位和

---

① 桑玉成、黄芳：《树立全员育人、环境育人、实践育人的新理念》，载《复旦教育论坛》，2005年第3期。

② 冯刚：《高校思想政治教育创新发展研究》，中国人民大学出版社2009年版，第167页。

社会团体寻求合作，争取把社会资源更多吸引到高校实践育人活动中来。高校在专业设置、培养方案、就业指导等方面应充分调研，针对人才市场和用人单位需求，注重发挥“订单式”创新型人才培养模式的作用。可与用人单位共同制定教育培养方案，签订学生实践协议，并在师资、技术、设备等实践条件方面洽谈合作，积极建立校外实习实训基地，通过学校、企事业、社会团体等机构有效地组织实践教学，学生毕业后直接到用人单位就业，为大学生提供便利的专业实习和实践的条件，进而提高育人工作的质量。

二、技术手段：VR 技术应用下思想政治理论课实践教学平台

一般认为，VR 是“Virtual Reality”的缩写，即“虚拟现实”，主要指借助计算机系统及传感器技术生成一个三维环境，创造一种崭新的人机交互状态，通过调动用户所有的感官，带来更加真实的、身临其境般的体验。VR 技术广泛应用于游戏、新闻媒体、社交、体育比赛、电影、演唱会、教育等。这一技术在思想政治教育中的运用形式主要是通过创设具有思想政治理论教育内容和意义的虚拟仿真场景，对学生开展具有一定教育目的的实训活动。相较于其他类型的实践教学，VR 平台更具现代性和便捷性。VR 实践教学“是顺应信息时代下的新媒体环境发展需求及学生的接受方式、生活方式发生重要变化而创设的实践教学形态，它符合思想政治教育时代发展规律及新生代学生思想品德发展规律。较之其他实践教学方式，它具有无可比拟的实践优势”[①]。当前基于思想政治理论课实践教学的VR技术研发尚处于探索实验阶段。大批量高质量的符合实践教学需求的三维虚拟仿真多场景 VR 资源还需要投入更多的人力、物力、财力进行设计研发。目前，思想政治理论课 VR 技术应用在使用效率上还不是很理想，还不能同时满足多人在同一时空条件下进行体验，这在很大程度上影响了其在实践教学中的推广应用。

当然，除了开辟能够真实反映实践者行动面貌的信息平台、建立属于教学效果监控者与学习者间的信息纽带以外，互联网信息技术还能够在信息共享与实践资源互通、互补方面发挥重要作用。例如，常态化的“高校—用人单

---

① 张毅翔、李林英:《思想政治理论课虚拟仿真实践教学的内涵及其建设》，载《学校党建与思想教育》，2016年第11期。

位”合作通道便可以借助互联网信息平台实现人才共享。一方面，高校可以借助该信息平台掌握学生的思想动态和意识形态状况，监测并评价其在思想实践环节的行为表现；另一方面，用人单位可借助该信息通路及时向高校反馈学生的思想实践表现，并以此为依据遴选思想素质过硬、理想信念坚定的人才。

三、高校思想政治教育实践养成效果的优化路径

本节的叙事思路为，“陈述建构规则—阐述建构（技术）方案—论述保障即优化路径”。学界关于高校思想政治教育实践育人体系的论述可谓卷帙浩繁，也基本就它的构成要素、运作规则等框架性、原理性规则和教学场景、教学目标、教学手段、教学检验方略等技术性要素达成了共识性的认知。因此，对于本书而言，最为重要的任务是回答在互联网思维下，高校思想政治教育的实践养成环节应该被设计成什么样子，或者说，互联网信息技术能够为高校思想政治实践育人的展开贡献何种力量。无疑，这种贡献主要集中在两个方面：一是技术上的，这是最为基础和直观的；二是理念和思维上的，这是深层次的，是作用于实践育人观念体系的转型升级。另需要特别说明的有两点：一是关于例证与叙事普遍性问题。考虑到例示的代表性和通识性，本条中大多数的课程例证都是“思想政治理论课”，但这并不意味着如下的诸多路径建言不适用于“高校思想政治教育实践工作理论支撑课”，本章意图构建的正是一个具有普适性的方案体系；二是关于 MOOC 重复论述与 VR 未被论述的问题。VR 技术作为互联网信息技术对高校思想政治实践育人环节的最大贡献和最纯粹的表现，是“建构方案”的核心内容，也即高校思想政治实践教育网络生态的无机环境中，VR 技术是最为可靠、最为关键的技术。而 MOOC 平台之于实践养成环节而言，所扮演的角色更多集中在保障或优化路径之上。也就是说，MOOC 平台同 VR 的技术整合与协作是提升实践养成环节操作效能的必由之路。对于他们同知识生产环节的区别而言，MOOC 的实践指向得益于其大规模和开放性，这种内生有广阔空间的开放平台自然能够为广大学子提供互动式实践的良好场景。当然，微博、微信等自媒体平台或即时通信工具也具有类似功能，但由于这些平台的话题集中度不强（碎片信息的干扰度较高）、负面信息与无效信息的混杂度较高，不利于实践养成环节

"转化型"目标的实现。故而在本条中仅以MOOC为论述对象展开写作。

（一）利用互联网的开放性和透明性，增强实践教学的主动性

在主渠道课堂教学中，课堂的理论教学是推动大学生的实践活动从被动走向主动的重要前提。通过课堂教学引导学生树立正确的人生观、世界观和价值观，为大学生实践活动形成强大而持久的精神动力。实践教学是帮助广大学生广泛参与并深入了解社会的一个重要途径。大学生通过实践教学，把理论与实际结合起来，更加主动地认识社会。在这个过程中，大学生把在课堂中学到的科学理论拿来指导社会实践显得特别重要。例如，在《毛泽东思想和中国特色社会主义理论体系概论》课堂教学中讲到"实现中华民族伟大复兴的中国梦"的内容时，将"中国梦"的提出背景、思想内涵和实现途径等相关知识给学生讲清楚后，要注意引导学生把自己的青春梦与中国梦结合起来，并用中国梦来引领自己的青春梦的实现。一方面，可以利用节假日开展"青春共筑中国梦"为主题的社会实践活动，把相关的实践活动通过互联网适时地呈现出来，引导大学生进行"怎样才能够实现自己的青春梦想"的讨论，使大学生从内心深处感知和认同中国梦。另一方面，可以利用网络让大学生参与"中国大学生年度人物评选活动"，评选出优秀青年大学生的榜样，特别是一些德才兼备、青春活泼、拥有梦想的大学生的先进事迹将激励无数大学生成长成材。利用互联网的开放性和透明性，为大学生健康成长营造良好环境。

（二）利用互联网的互动性和参与性，增强实践教学的自觉性

互联网的互动性和参与性实现了教师由单向式传授知识为主向交互式为主方式的转变。借助互联网平台实现的MOOC，使教师更容易实现与学生的互动。教师要求学生在课堂外先上网"听课"，然后在课堂上侧重解决问题，更有助于传授相关知识。教师与学生之间不是简单的传递知识，而是知识的处理和转换，从而实现了真正意义上的相互交流。例如，在《思想道德修养与法律基础》的课堂教学中讲到"公共生活中的道德规范"的内容时，让学生通过MOOC了解"公共生活中的道德规范有哪些主要内容"，然后利用互联网让学生去调查公共生活中有哪些道德失衡、不文明的行为，在课堂教学中侧重探讨如何维护公共生活秩序，联系自身实际谈谈大学生应当如何增强自身的公德意识。大学生将课程中的内容和课程外的内容相互融合学习，在网络和课堂参与讨论，将自己的心得进行分享，促进大学生积极主动地培养

优良的社会公德品质。

由复旦大学马克思主义学院领衔、上海九所学校参加打造的全国首个依托中国式 MOOC 平台建设的思想政治类共享课程《思想道德修养与法律基础》，推出全新教学模式的共享课，首轮开课就吸引了来自全国各高校的五千余名学生选课。通过在线进阶式学习（36学时）、见面课（12学时）和考核三大块，完成了学生的学习，深得学生喜爱。[①] 依托中国式 MOOC 平台，“思修共享课”采用在教师指导下，网络视频课程线上学习和线下小组研讨学习的混合式教学模式，学生根据自身情况可反复播放学习，教师从过去大量重复性教学工作中解放出来，而把更多的精力放在为学生解疑释惑上。依托互联网，MOOC 教学模式也实现了实践教学的变革。

“翻转课堂”模式给了学生更多的学习自主性，学生在课堂外选择适合自己的方式接受知识，在课堂内则是更多地与老师、同学交流和沟通，使知识在课堂内完成内化；同时，学生还可以将自己的学习心得、意见等借助网络实现分享。[②] 这就使传统教学中的课内实践过程在网络中完成了。

（三）利用互联网的共享性和共赢性，增强实践教学的创造性

中共中央办公厅、国务院办公厅印发的《关于进一步加强和改进新形势下高校宣传思想工作的意见》强调，应加强网络平台品牌建设，建设一批示范性思想理论教育资源网站、学生主题教育网站和网络互动社区。利用互联网的共享性和共赢性，使网络教学成为思想政治理论课实践教学的辅助手段。在校所有学生不可能全部参与社会实践，从而影响了实践教育的效果。由于“网络社会”具有共享性和共赢性的特征[③]，可以将传统思想政治理论课实践教学的载体在“网络社会”里实现，而且不受时间和空间限制。在思想政治理论课教学中引入 MOOC 课程模式，利用移动学习开辟思想政治教育的新领域已经成为当前关注的课题。新兴社交媒体微博、微信为人际互动和信息分享提供了更为便捷的渠道。特别是微信“朋友圈”的分享功能为思想政治理论课的教学提供了更方便的人际传播途径，创新了实践教学的平台。因为网络时代的学习不仅仅是接受，更多地需要互动、参与和分享，分享得越多、参

---

① 曹继军、颜维琦、张宇航:《当思修课遇上慕课》，载《光明日报》，2014年3月6日。

② 艾四林:《MOOC 与高校思想政治理论课教育教学创新》，北京大学出版社2014年版，第53页。

③ 王照华:《试论网络社会中大学生自律精神的培养》，载《山东省青年管理干部学院学报》，2003年第6期。

与得越多，就会带来更多的互动与回馈，收获也就越大，所以互联网思维在“重塑大教育”。[①]

第三节　保障性环境因子：质量评价模块

高校思想政治教育网络生态系统无机环境的质量评价模块是一个“以器为用”的环节，通俗地讲，便是利用互联网信息技术评价互联网信息技术环境中的思想政治教育效果，本书将此命名为“互联网＋考评”，或者称为“互联网＋互联网思想政治教育考评”更为全面和妥帖。在本节中，将分别就其内涵、特性、价值、方法和主要内容展开论述。

一、“互联网＋考评”模式的内涵

所谓“互联网＋考评”模式，广义上是指借助互联网，建立互联网条件下的教学及其管理、师生教学研究、成绩评定等一整套的完整的思想政治课教学过程，增强考评的实效性和广泛性。狭义上是指可以通过在网络上建立相应网站，学生进行注册，然后进行考评内容设定，选择、答题、提交，学生自主选择考试内容、时间、方式、等级等相关项目，不拘一格，学生通过互联网不仅要得到教师的评价，同时还要随时进行网上自评、学生互评、师生互评，达到互相监督，互相考核的目的。从高等教育发展长远来看期望建立由社会民众监督的考评体系。[②]

二、“互联网＋评价”模式的主要特征

第一，评价的过程虚拟化。“网络虚拟性是指人的实践活动转移到以网络

① 王立竹：《碎片与重构：互联网思维重塑大教育》，电子工业出版社2015年版。

② 盛淑英、王子鸣、梁广东：《高校思想政治课‘互联网＋考评’模式的建构》，载《牡丹江师范学院学报（哲社版）》，2017年第1期。

为基础的虚拟的电子空间。网络信息传播技术把真实世界和虚拟世界变得界限模糊了，它把实体的现实和创造的现实连接起来，这就从根本上改变了人的认识方式。”①网络运用到大学生思想政治教育评价体系中就是将实体的评价体系运用到虚拟空间中，使得评价者可以足不出户，进行对受评者的资料搜集、分析评价，再将评价结果通过计算机的评价程序反馈到管理部门。

第二，评价信息的获取门槛低、保存方便。传统的大学生思想政治教育评价信息一般都是通过传统的纸张形式体现，当人们需要对其进行评价时，便通过这些工作人员搜集到的档案进行分析、研究，这种形式不仅需要很多人力、物力，而且对于工作的效率也有很大的影响。随着电子技术的应用和发展，人们可以通过多种途径获得评价信息，例如，可以通过网络进行搜集，并通过多种方式进行无纸化存储。评价人员可以通过网络获取各种数据，从信息库中方便快捷地获得所需信息，并能通过各种数据库进行客观的汇总，得到所需要的评价结果。与传统的信息形式比较，数字化的评价信息具有很多优点：不仅体积小，容量大，而且搜集信息的形象多样，声、文、图并茂，而且成本低，并且容易保存、携带方便，能够提高工作效率。但是也有不足，如一旦信息数据丢失，便很难修复。

第三，评价技术更为先进，能够在很大程度上节省人力、物力。大学生思想政治教育网络评价技术主要是指为了达到评价的目的和效果所采用的评价技术、方法和工具。互联网、数字化信息处理技术、多媒体终端以及光盘、硬盘、思想政治教育信息数据库等先进评价工具的广泛应用逐渐取代了人工统计、手工计算等。评价智能工具和数字化信息技术的广泛运用使得传统的评价方法居于其下。

第四，评价维度更为全面，评价主体更加多元。选择评价的主体是大学生思想政治教育评价中一件十分重要和非常困难的事。我国目前的大学生思想政治教育评价对象包括教育者、受教育者、教育环境等。这种评价更多地表现出评价的主观性，缺少客观性。然而在网络信息时代，评价的主体信息的获得拥有广阔的途径。网络资源的方便快捷，且网络的资源共享性为评价主体的多元化提供了可能。在这种情况下评价的对象本身、教育者、用人单

---

① 刘璐、史建军:《网络环境下大学生思想政治教育评价体系构建》，载《才智》，2014年第9期。

位等都可以成为评价的主体。网络为评价的多元化、多样化、去中心化与集成化奠定了坚实的技术基础。

第五，评价过程操作人员的队伍更加专业化。网络技术在评价体系中的深入使得评价材料丰富多彩，评价主体多种多样，评价内容纷繁复杂，这就要求评价人员具备很高的专业素质；这也给评价人员的队伍建设提出了更高的挑战，不仅需要认真负责的评价人员，而且需要具有多种工作技能以及文化修养的综合性工作人员。网络技术的应用使得在评价人员的选择方面更加严格，对大学生思想政治教育评价人员的队伍培训方面提出了更高的挑战。

三、建构“互联网＋评价”模式的必要性与重要性

（一）建构“互联网＋评价”模式的必要性

第一，保证教学体系的完整性。在实际教学中“教”的过程较强，偏重于教学过程的形式与实际效果，“考”的过程较弱，忽略了考评在思想政治课的教学全过程中的重要地位。将互联网和考评相融合，在保证课程体系完整性的同时，也可提高教学质量。

第二，保证教学效果的有效性。构建“互联网＋考评”模式使学生上升为考评主体，变被动为主动，同时满足学生对互联网技术的信赖与把握，才能保证“思想政治课”教学效果的真实有效。

第三，保证教学手段的多样性。构建“互联网＋考评”模式，可以结合学生的时代特点与现实所需，真正触及到学生的兴奋点，充分激发教师的积极性和创新能力，更重要的是加深学生对思想政治课的真正认同。通过建立“互联网＋考评”，可以发挥师生智力潜能，从而由“让我学”向“我要学”转变。

（二）建构“互联网＋评价”模式的重要性

第一，互联网的超时空性特性有助于拓展高校思想政治课的考评场域，有助于拓展思想政治课的教育教学场域。教学内容更加丰富，案例更加鲜活，理论摄取更加迅捷；教学方法从现有的教育环境中脱离，教室已不再是唯一的教学环境，“微课”“慕课”等更具参与性和受众性。学生们更愿意用“互联网”式的考试去评价自我、评价老师，可以实现思想政治课的“课内教学”

与“课外教学”有机叠加，拓展思想政治课的考评模式。[①]

第二，互联网的交互性特性有助于更新思想政治课的考评理念。一方面，互联网时代的交互性有助于思想政治课考评过程中遵循以人为本理念。互联网时代个体在进行沟通互动的过程中，每个个体都呈现出人的“独特意识”和“自由个性”，在这样的时代背景下，思想政治课只有坚持“以人为本”的教学与考评理念，积极关注学生的现实需要和思想特点，建构人本化的考评方法，才能激发师生交流互动的积极性，才能构建良好的教学生态。另一方面，互联网时代的交互性有助于思想政治课考评平等互动理念的确立。互联网的交互性可以扭转教师面对学生传统的说教形象，教师的单一评价已不能完全展示学生学习的实际效果和教师教学水平的真实体现。所以说，基于互联网的考评方式，学生的“被动听从型”人格认知得以修正，打破现有的权威式考评模式，营造平等互动的教学与考评氛围。

第三，互联网时代的衍生性特性有助于深化思想政治课考评的教学内容。一是互联网时代的信息传递往往表现出裂变爆发式的特点，受关注的焦点热点讯息的数量可以通过层级式增长；二是互联网时代的信息传递具有一定的衍生性。信息在传递过程中，人们可以轻松、简便的推送文字、图片、视频等相关内容，表达自己的情感。基于互联网时代的这种衍生性，为学生对思想政治课的考评内容的理解提供机遇。思想政治课课堂教学内容丰富了，可是考评也应该跟上教学的步伐，考评的内容也应该进一步丰富，与教学内容应该是彼此匹配、相得益彰。在互联网时代，对于思想政治课中的教学内容，学生通过在各种新媒体上以图文并茂的方式发表意见、看法、评论甚至辩论，这其实就是一种隐性的课程考评。通过构建这种“微衍生”机制，思想政治课的教学内容考评内容更加生动化、具体化、简便化，由宏观转为微观、由单向化为互动、由静态转为动态、由枯燥变成趣味，从而提高教学的实效性，加深学生对知识的理解。

第四，互联网时代的渗透性特性有助于丰富思想政治课考评的载体。现有思想政治教育理论课教学全过程的运用载体较单一，教学载体仅仅局限于课堂和教材、书本、分数。进入互联网时代，种类繁多的互联网产品凝聚成一种无形而强大的力量，不断嵌入学生日常生活的各个方面，释放出潜移默

① 阮博:《微时代高校思想政治课教学创新研究》，载《思想理论教育导刊》，2016年第11期。

化的渗透作用。可以创新利用互联网产品，推动“微媒体”的“微应用”，从而丰富传统的考评渠道和方式，使高校思想政治课在全程教学环节都体现互联网的渗透性，从而增强思想政治教育理论课的大众化与生活化，最大限度地发挥思想政治课载体的感染力和吸引力。

第五，互联网参与特性有助于增强思想政治课考评的主体性、参与性，能够更好地推进双主体考评模式的构建。不仅关注学生在课堂和实践上的参与性，更关照教学过程的终端体现，在很大程度上调动学生们参与考评的积极性，从而增强考评结果的科学性、精准性。能够更好地推进启发式考评，有助于塑造学生的主体性思维，从而为思想政治课教师开展融入互联网式的考评奠定基础。能更好推进小组式教学考评的开展。学生形成学习共同体和研究团体，利用互联网对教学内容进行讨论、完成作业，个体间、团体间、师生间进行多维评价，能够更好地推进互动式探究教学考评。

四、“互联网+评价”体系的建构原则与建构方法

2012年2月，中宣部、教育部印发了《全国大学生思想政治教育工作测评体系（试行）》（以下简称《体系》），作为各高校加强和改进大学生思想政治教育，开展自评自测自建的参照和依据。《体系》的高校版分别从组织领导、队伍建设、思想政治理论课、课堂外思想政治教育、育人环境、条件保障等6个一级指标、20个二级指标对高校思想政治教育工作进行评估。不过，《体系》侧重对高校加强和改进大学生思想政治教育工作的进展及成效的考评，对于全面考量高校大学生思想政治教育实效性方面却没有直接涉及，这不能不说是一大缺憾。开展大学生思想政治教育离不开对其质量状况的考核评估。在大数据时代，包括人的思想、情感等在内的一切事物都可以量化，高校思想政治教育需借助大数据，采取定性分析和定量分析相结合的方法，从思想政治教育工作取得的成效，即大学生思想政治教育是否促进学生全面发展和满足社会需要的角度来建立科学的质量评价体系，全面衡量思想政治教育质量，有针对性地开展质量评估工作，进而确保思想政治教育质量的提升。

（一）评价体系建立的原则

第一，科学性与操作性相结合。网络思想政治教育质量评价体系的建立

要明确揭示和反映大学生网络思想政治教育工作的基本内涵和工作规律，紧紧围绕促进学生全面发展和满足社会需要、促进大学生网络思想政治教育实施这一目标来设计。网络思想政治教育是由一系列相互联系、相互制约的指标所构成的一个有机整体。评价体系结构的拟定、指标的取舍都要有科学的依据，指标的设计应尽量使所有的指标形成一个有内在联系的有机整体，全面反映大学生网络思想政治教育各个方面的指标系统。同时，指标的设计要求概念明确、定义清晰，便于采集数据与收集情况，便于高校的执行和适用，方便对大学生网络思想政治教育实效性的测定。

第二，单项评价与综合评价相结合。“单项评价”是指对大学生网络思想政治教育的某一个方面、某一个指标或某一个环节进行的评价，它往往用于重点了解或剖析某件事；[①] 综合评价是指对大学生网络思想政治教育的各个方面所进行的全面评价，它常常用于全面了解大学生网络思想政治教育的整体情况。[②] 网络思想政治教育既要注重每一项评价指标的分析考量，也要注意从总体上综合分析各项指标的情况。单项评价是综合评价的基础，综合评价是单项评价的集中，二者要结合起来运用。

第三，宏观与微观相结合。宏观评价是以整个学校或者某一院系为对象，对大学生接受网络思想政治教育的整体效果做出测评。微观评价是以某一个学生、某一班级或某一特定范围的学生为对象，评估其接受教育的程度及其所产生的影响。只有做到二者的有效结合，才能更好地把握大学生网络思想政治教育的具体成效。

（二）评价体系建立的方法

为顺应大数据时代量化研究的崛起，大学生网络思想政治教育要积极推进教育研究范式的创新，充分发挥定量研究的作用，确立定性与定量相结合的质量评价方法，实现评价体系的实效性和可操作性。

一方面是定性评价方法。定性评价是运用分析和综合、比较与分类、归纳和演绎等逻辑分析的方法，根据评价者对评价对象平时的表现、现实和状态或文献资料的观察和分析，直接对评价对象做出定性结论的价值判断。定

---

① 吴雷:《大数据助力高校网络思想政治教育创新的长效机制构建》，载《淮海工学院学报（人文社会科学版）》，2015年第3期。

② 牛秀敏、郑少智:《几种常规综合评价方法的比较》，载《统计与决策》，2006年第5期。

性评价能较形象地描述大学生思想、行为的主要特征。大学生网络思想政治教育的实效性评价，根据评价主体的不同，具体采用的定性评价方法也有所不同。当评价主体是大学生本人时，应采取自我评估法即大学生在接受网络思想政治教育一段时间以后，从政治、思想、品德、心理、审美等方面进行自我评估，考察自己是否真正受到了教育，找出自身存在的不足并加以改进，从而将网络思想政治教育真正落到实处，将理论内化为自身的素质。当评价主体是教育者时，应采取群体评估法和比较评估法。群体评估法即采取民意测验、集体舆论评议、群体表决等方式，发动大学生参与评价活动，了解大学生对网络思想政治教育的看法和态度。比较评估法又可以分为纵向比较评估法和横向比较评估法。[①] 纵向比较评估是对大学生在接受网络思想政治教育前后的表现进行比较；横向比较评估即选取若干对象作为参照，然后将所有大学生与所选的参照体进行对比，通过比较来对大学生接受网络思想政治教育的效果做出判断。总之，定性评价更加关注学生在“质”方面的发展并且侧重定性描述，强调对学生的优缺点进行系统的调查，并对个体独特性做出“质”的分析与解释。当然，定性评价有时使评价结果模糊笼统，弹性较大，难以精确把握。[②]

另一方面是定量评价方法。大学生网络思想政治教育实效性评价工作过程中通常会出现一些不易进行主观性评价的因素，因此，对其评价还需采用定量评价的方法，以克服定性评价中易受主观因素影响的缺点。定量评价是采用数学的方法收集和处理数据资料，对评价对象做出定量结果的价值判断。定量评价强调数量计算，以教育测量为基础。具体来说，可按照大学生网络思想政治教育质量评价的一级指标体系、二级指标体系等多个子指标项，根据评价侧重点和目标指向赋分，运用数学运算的方式确定指标值，科学判定大学生思想行为的数量关系，从而帮助我们更全面、更精确、更深刻地把握大学生思想行为。定量评价具有客观化、标准化、精确化、量化、简便化等鲜明特征，它在一定程度上满足了以选拔、甄别为主要目的的教育需求。但定量评价往往只关注可测性的品质与行为，处处、事事都要求量化，强调共

---

① 宫齐、王茂林:《优选论的比较评估法及应用》，载《暨南学报（哲学社会科学版）》,2009年第4期。

② 吴雷:《大数据助力高校网络思想政治教育创新的长效机制构建》，载《淮海工学院学报（人文社会科学版）》，2015年第3期。

性、稳定性和统一性，过分依赖纸笔测验形式，有些内容勉强量化后只会流于形式，并不能恰如其分地反映评价结果。它将丰富的个性心理发展和行为表现简单化为抽象的分数表征与数量计算，忽略了那些难以量化的重要品质与行为，忽视了个性发展与多元标准。因此，定量评价与定性评价二者需要结合起来，以使网络思想政治教育针对性更强，方法更得当，效果更明显。

五、“互联网 + 评价”体系的结构

第一，对思想政治教育管理绩效的评价。在网络技术空前强大的今天，大学生思想政治教育的网络阵地不容忽视，这就需要学校高度重视网络大学生思想政治教育的管理，并且及时对网络大学生思想政治教育进行客观、有效的评价。无论是网络思想政治教育，还是高校思想政治教育的网络教法创新，学校都应当，也应该具备相当的能力去控制其走向与态势。但是作为虚拟空间的互联网是没有地域限制的，学生完全可以通过任何可进入的站点获取任何信息资源（当然可能包括某些非主流文化甚至是文化糟粕），这就需要教育者积极主动地引导学生树立正确的世界观、人生观，取其精华、去其糟粕地利用网络进行思想政治的学习和参考。

第二，对思想政治教育队伍的评价。学生思想政治教育的效果直接受到教育队伍的影响。网络时代，学生获取信息的途径增多，获取的信息多种多样，这就要求网络思想政治教育的队伍更加专业化，需要对网络思想政治教育者队伍的培训、选拔更加严格。网络教育队伍既需要有全面系统的思想政治教育理论，又需要对大学生思想政治情况时刻保持警觉，并且通过网络的途径对学生的思想政治情况及时做出引导和教育。对网络教育者队伍的评价可以从这几方面人手：队伍的构成、专职队伍的专业水平和层次、开展的具体工作、网络工作事例、培训经历等。

第三，对思想政治教育过程的评价。网络的发展瞬息万变，几秒钟便可能发生网络内容的改变，这就给网络教育过程的评价带来了困难。但是通过网络思想政治教育过程的评价可以随时随地掌握大学生思想政治变化的过程，从源头上进行教育引导，为长期思想政治教育的效果打下了基础。网络思想政治教育过程的评价内容可以从大学生心理、大学生思想动态预测、大学生

经常访问的网站等方面着手。

第四，思想政治教育技术手段的评价。对思想政治教育技术手段的评价主要着眼于目标技术的施用过程和施用效果两个方面。对于前者而言，主要考察教育者与教育管理者是否能够在恰当的场景中施用恰当的技术，其评价依据多为现代教育技术学界所普遍接受的教学技术通则，既包括理念性的，也包括器物维度的。就后者而言，主要考察在相应教育技术手段施用后，目标思想政治教育效果的提升程度是否符合预期。需要注意的是，一般而言，我们不将前者纳入后者的评价范畴，原因在于，如果发现在某些情境中，受技术通则支配的技术手段施用未达到预期效果，则必反溯技术通则以检验其信度。由于针对思想政治教育技术手段的评价本身便涉及多媒体、互联网信息技术平台辅助器物的施用，故应成为高校思想政治教育网络生态系统无机环境下质量评价模块的中心环节。表4.1是以“多媒体辅助高校思想政治课教学质量的评价体系”为例展示的评价。

表4.1　多媒体辅助高校思想政治课教学质量的评价体系

指标层	观测层	描述层
多媒体课件	课件内容	是否符合主流的世界观、人生观、价值观（社会主义核心价值观）
	课件效果	是否有利于激发学生的学习兴趣 是否有利于引导学生积极参与思想政治教学和实践活动
课堂教学实践	教学能力	运用多媒体教学的能力
	关系建构能力	教师的主导作用是否得到切实发挥 学生的主体地位是否得到明确彰显 师生在网络虚拟空间内的信息互动是否顺畅、和谐
网络教学平台	信息递导能力	是否有利于加强师生的教学交流 是否有利于加强师生的教研交流
	工作拓展与保障能力	是否能够保障各级思想政治教育主管部门的制度设计的灵敏度 是否能够保障各级思想政治教育主管部门的工作考核的可靠性 是否能够为其他思想政治教育实践工作、辅助工作提供可靠保障

网络思想政治教育实效性是指在网络环境下大学生通过互联网所获得思想品德教育的结果。对这一结果进行评价既有利于前一阶段教育方法的研究，又有利于后一阶段网络教育的开展。评价的方法有很多，如通过思想政治教育网站发布正面信息的数量、讨论的积极程度、网站及栏目的点击率和参与人数、影响程度、学生反映等。

第四节　环境因子镜像：效果展示模块

效果展示模块与质量评价模块是一个问题的两个方面。效果展示模块的“信息外推”功能也会造就一个外部的监督场域，而思想政治教育质量评价则是嵌入在思想政治教育体系内部的，二者内外有别却又相得益彰。更为重要的是，思想政治教学及其实践效果的展示有助于优化其网络生态环境的整体载荷，属“开源式”扩容，即通过提升课程及其他培养环节的向心力，吸引更多的知识受众参与其中。这样会持续不断地激活知识生产者、转化者的工作热情，甚至对其有机环境产生辐射。

一、镜像的一个形态：教育效果的展示

互联网信息技术、互联网信息平台对思想政治教育效果的展示是全态、全息、全时、全事化的，我们很难以某种系统化的语言将他们归纳、总结出来。原因在于，从本质上讲，思想政治教育就是思想教育，行为是思想的联结与外化，且其充斥在生活的方方面面。加之思维创意与信息裂变的无限可能，我们既无法窥见行为指征的全部表象，又无法预测行为演迁的基本可能，自然无法对其进行有效概括。我们只能说，思想政治教育效果的展示最为核心的路径展现在以下三个方面：

第一，教学环节的成果展示。这一点正是“效果展示模块”同“理论教学”模块相交叉的部分。在前文中已然提到，通过 MOOC 等平台，知识受众可以以图片、音像、影像的方式展现自身对于某一或某些教学内容的理解，

这便是一种教学效果的展示与回馈，也是最为常见的一种效果展示模块。

第二，实践环节的成果展示。在实践养成环节，高校可以要求学生以视频、音频、图像或综合方式展示自身在社会实践中践行社会主义核心价值观的成果，甚至可以以更灵活或更加制度化、规模化的方式（如公开事迹汇报讲演会、微电影展演会、摄影展、演讲比赛等）固定这些成果。或者高校与用人单位、社会实践中的服务对象共享践行者行动信息，以全态记录、重点截取的方式完成展示任务。

第三，社会生活中的自觉展示。这是思想政治教育效果网络化、信息化展示的最高层次。一方面，信息技术嵌入日常生活。这意味着学生们会以一种“集体无意识”的状态选择借由互联网信息技术展现自身或者自身所处社群的价值面貌。另一方面，由“知识受众”向“知识（价值观）践行者”的身份转换，或者说是社会主义核心价值观及其背后的思想力量对知识受众的“社会人格体”改造。这正是高校思想政治教育的终极目标，也是其质量评价的重要指标，也正因此，这一点揭示了“理论教学模块”“实践养成模块”“质量评价模块”“效果展示模块”间的密切联系。例如，2013年年初，鞍钢郭明义的微博访问量高居不下，转载度也很高。这个微博每天都发布团队为社会献爱心的事迹，非常感人。哈尔滨工程大学人文社会科学学院的官方微博开始转载一些内容，受到学院师生的广泛关注，很多学生在微博上留言表示希望能够参与其中。人文学院就通过微博反复与郭明义爱心办公室沟通，申请成立人文学院的爱心团队。2013年4月，人文学院学生赶到鞍山“郭明义爱心办公室”，并在其见证下成立了人文学院郭明义爱心团队。上述一系列社会主义核心价值观践行活动都为人文学院微信、微博所记录，恰是利用互联网信息平台展示思想政治教育效果的明证。

二、镜像的另一个形态：将“展示”转化为“宣讲”

我们可以以国内各大高校通过“网络展示宣教模式”[①]开展“中国梦”主题宣传活动的情况为例，来说明“效果展示”活动的“宣讲”与昭示机能。“网

① 丁凯、杨子川：《高校运用自媒体开展中国梦主题宣传教育活动的创新》，载《思想教育研究》，2014年第5期。

络展示宣教模式”是指在“中国梦”主题宣教过程中，通过使用网络自媒体或官方平台在宣教过程中或在宣教结束之后展示宣教内容的宣教模式。具体表现为通过新闻通讯的文体形式配合活动照片，在学校官方网站和自媒体平台上进行展示。例如，四川大学的“用中国梦引领思想政治教育，四川大学辅导员工作创新论坛举行”的活动通讯，正面展示了四川大学在用“中国梦”教育引领思想政治教育工作所做出的突破与创新。教育部网站发布了题为“北京科技大学：着力提高大学生思想政治教育工作实效性”的消息，总结了北京科技大学在开展“中国梦”主题教育工作中所取得的突出成绩并回顾了教育过程，使学生进一步了解宣教的目的与意义。中国人民大学商学院网上展示了“传递正能量，梦想共起航”主题公益微电影大赛的活动成果，法学院则在网上记录了“大力弘扬法治精神，共筑伟大中国梦”普法活动开展情况。北京大学外国语学院、新闻与传播学院等多个学院分别介绍了各自主题活动的开展情况。复旦大学在网上展示了青年马克思主义研究会“中国梦的法治之翼”主题学术沙龙、“同筑中国梦・共话民族情”西藏大学・复旦大学主题团日活动、学习习近平总书记“五四”重要讲话精神座谈会、“青春中国行”暑期社会实践活动和研究生党支部书记培训班“中国梦”模拟组织生活会等教育活动的内容。北京师范大学利用官方网站展示了“国防心・中国梦”新学期升旗仪式、“追寻中国梦・共筑师大梦”研究生主题论坛、“弘扬五四精神・共铸中国梦想”主题座谈会、“中国梦・我们的梦”主题论坛、“共筑师大梦・实现中国梦”本科生党支部书记工作沙龙等活动的部分内容和宣教效果。网络展示宣教模式能够将主题宣教的精髓部分有选择地呈现，进而达到二次宣教的效果，延续主题宣教的影响与作用，并辅助开展后续宣教活动。

第五节　高校思想政治教育网络生态系统的无机运行体系构建

高校思想政治教育网络生态系统的无机运行体系是一个可以被协同解释

的模型，它是一个无规律涨落的、开放式的、大型的耗散结构。之所以如此评价，原因在于，基于互联网大规模信息流的作用和影响，高校思想政治教育的网络生态也无法以信息稳态的方式存在和发展。我们无法预知学生们将在下一秒面临怎样的信息冲击，更无法及时、准确地了解学生们面临这样的信息冲击会产生何种程度的思想波动，同样无法测算这种思想波动会在多大范围内削弱思想政治课的教学效果、减损他们践行社会主义核心价值观的心理预期与自我认同感。

基于此，我们必须要尝试建构一个要素齐全、内部稳定的“耗散结构”以应对甚至是对抗外部嘈杂信息环境的“离心力”。这样一个结构大致由四个模块组成，分别是理论教学模块、实践养成模块、质量评价模块与效果展示模块。他们可被类比为自然生态系统的诸环境因子加以勾勒和理解。作为“营养性环境因子”的“理论教学模块”执行类似“生物群落”中“知识生产者（producer）”的功能，它司职思想政治教育理论知识的生产、再生产及同类的增殖、裂变作业；作为“转化型环境因子”的“实践养成模块”则是沟通“知识生产者”与思想政治教育系统“外环境”的桥梁，更是思想政治教育从“知识累积”到“知识评价”再到“知识表现”这一链条上所必不可少的一环；后两个环境因子分别是保障性和镜像性的，他们的主要职责在于反馈、检测、支撑与延续，同样以各自的方式参与到这种有机联系的无机体系中。

那么，“网络生态”在无机体系中如何被表征呢？我们需要考察作为工具和路径的互联网信息技术与作为理念的互联网思维在上述四个模块中的作业方式。显然，“理论教学模块”项下所介绍的四大信息技术平台可被推展至其他三个模块所使用，VR 成像技术对于“实践养成模块”则具有独特作用。实际上更为重要的是“互联网思维”，其作用角度、作用深度、作用方式、作用时态、作用场域都是“全态化”的，甚至可以说，把握了互联网思维的精髓，便能够掌握创新高校思想政治教育——尤其是社会主义核心价值观宣教、涵化——之创新的法门。

第五章　高校思想政治教育网络生态系统的良性调整体系

——双螺旋师生共生共长正向提升机制

在高校思想政治教育网络生态系统中，促使系统中各要素之间进行能量交换的介质应当是可以有效联络有机主体和无机客体，且帮助系统良性运转的。在高校思想政治教育的网络生态系统环境中，教师和学生之间在线上与线下相互作用、相互交流、相互学习，形成了师生互学互长的共生机制。教师在教学活动中起着主导作用，是教学活动的组织者和实施者，高校开展网络素养培育的关键是建立一支高素质的网络素养师资队伍。师生关系是教育过程中最基本、最主要的人际关系，它构成了学校教育丰富的内容。要追求教育的成功，就要协调好教育主体和各客体之间的关系。能否处理好师生关系，关系到教育的成败，极大地影响着教育全过程。只有在民主、平等、和谐的环境中，学生才能愉快地学习，在和谐的兴趣乐园中陶冶情操、发展个性，在和谐的人际关系中接受教育、健康成长，成为与自然、与社会、与自身发展相和谐的人才。教师利用网络生态系统教育环境中的技术和平台，提高了教育传播的效率、拓宽了教育培育的渠道、提升了自身的微权威，同时，促进了学生对于所学知识点从深度、广度加强理解，并将观点、意见进行网络系统的反馈，教师根据反馈内容进行教育方向、重点及形式的调整，另外，学生在与教师进行网络系统交流的过程中，通过感悟教师的道德修为，提高了辨别信息真伪的能力，从而形成了师生共生机制。

第一节　高校网络生态系统良性调整体系的关键要素提炼

一、高校网络生态系统良性调整体系主体特征

第一，民主、平等的师生关系。在师生共同成长阶段，教师在学生面前的绝对权威已不复存在，教师不再是知识的垄断者，其地位由权威者向平等者、由传授者向求知的参与者转变；学生学习也不再是简单的知识积累，而是一种创新、是思考能力的磨炼与飞跃。在这种教育思想中，从某种意义上说，老师和学生之间已没有严格的界限，这时候就需要一种相互平等的关系，相互促进，相互学习。教师成了与学生平等的对话者，只有在真正平等的基础上，教师才能去真实地体会学生作为独特个体的需要、情感、态度和发展的意向，并且信任学生、关心学生，而不是把学生看作年幼无知而强迫学生接受自己的意志。也只有在真正平等的基础上，学生才能去理解、信任和关心教师，而不是把教师视为异己的统治力量，只有服从或者反抗，而没有从教师那里获得内化成果。教师不会成为专横和武断的，把自己的观点、意见或思想强加给学生，也不会失去自己的独立性，不会对学生放任自流，而是引导学生从自己的生活中发现自己的生活道路，反思自己的生活，展示自己的未来。民主、平等的师生关系，意味着对个性的尊重，对个体权利的尊重。要创造良好的教育环境和教育氛围，使他们能“自由地享有生存与发展的权利、选择与判断的权利、理解与表达的权利、创造的权利，在教育中获得快乐与幸福的权利。”[①] 真正的教育是以师生双方作为平等的人格价值尊严主体得以进行的，教育中的交往乃是人与人之间的交往，师生之间不是简单的控制一被控制、支配一被支配、领导一被领导、授一受、主动一被动的关系，而是同等价值的不同意识的主体间的对话性关系。师生之间互相尊重，互相包容，互相接纳，真诚对话，教育的过程成为师生之间人格相互激励、感染、沟通、升华的过程，是师生人格相互创造、相互生成的过程。无论是“主一客体”型师生关系模式还是“主导一主体引导”型师生关系模式，师生人格都存在一定程度的不平等性，身份意识就像一条鸿沟一样一直存在于二者之

---

① 金生宏:《教育与人的尊严》，载《西北师大学报（社会科学版）》，2000年第5期。

间，大大弱化了教育过程中师生的人格、精神互染。而真正实现师生人格互染，就必须超越传统的“主—客体”二元预设，淡化师生彼此的身份意识，在现实的教育过程中，师生双方均以真实的，活生生的人的身份投入教育活动中，以自身的思想、情感、态度完全地参与到对问题的讨论、对话中来。但强调师生人格平等并不意味着不尊师重教，相反，由于教师在教育过程中人格魅力的充分展示与融入，而更将受到学生的理解与尊重。

第二，“教学相长”既是知识的获得亦有智慧的生成。教师为了帮助学生获得充分的发展，不再把学生视为一系列的属性或需要的单纯集合，而是把学生看作是完整的人来肯定、接纳和帮助他，使他实现精神和谐完整的发展。通过为学生真实地揭示人类历史的生活经验和生活方式，帮助学生在现实中做出有价值的生活。教师教的还不只是知识，而是包括知识在内的以自己真实的、完整的人格面对学生，真诚地与学生交往，指导学生理解世界、理解生活，也理解学生的情感、态度和意向。在这种关系中，学生也把教师视为一个整体的精神人格加以肯定和接纳，并且理解教师的情感、态度和意向。“真正的教育乃是心灵的教育，心灵的美善、和谐是教育的旨归；真正的教育是个体人格的养成，是人格的独立性、丰富性和整体人格精神的确立；真正的教育乃是人类文化精神的薪火相传，是文化精神对个体心灵的涵化；真正的教育是对个体人生的意义引导，是全面生活经验的获得与人生价值的孕育；真正的教育是基于对个体人性充分信任之上的对个体人生的激励、阐扬、引导，是人性丰富性的全面化教育与养成。”①

第三，“教学相长”的方式主要是对话互动。教师与学生的教育交往最根本的是二者作为完整的人之间的理解与沟通，在此基础上，“教”与“学”才能构成对人的发展有意义的关系，他们的关系才能通达和融洽，教学才真正是属于人与人之间的活动。没有对话，教师和学生之间便没有交互性，没有相互性，便没有相互承认，也就没有相互理解，更谈不上交往关系，相互性在于相互承认，这是整个人类交往的基础。“人类之所以以社会方式存在，取决于相互承认，教育之所以能够进行，就在于师生二者的相互作用、相互承认和对话。”②师生之间的这种交互性对话，说明二者是一种互主体性关系，师

① 刘铁芳:《教育开放的阐释》，载《河北师范大学学报（教育科学版）》，2002年第1期。
② 金生鈜:《理解与教育——走向哲学解释学的教育哲学导论》，教育科学出版社1997年版，第102页。

生之间相对于对方，谁也不是主体，谁也不是对象，谁也不操作谁控制谁，或者强行把意志意见加给对方。“互主体性关系说明双方共同享有某种和谐、某种一致，双方共同达到理解和沟通，双方之间不是‘主体—客体’关系，也不是‘人—物’关系，而是人与人之间的相互承认与理解的社会性关系”。在对话的交互关系中，教师不把自己作为知识的占有者和给予者，而是通过对话启导学生的精神，并且学生在对话中发现知识和获得智慧。孔子和苏格拉底进行的就是这样的对话教育。苏格拉底式的对话是“一种在灵魂深处的激动、不安和压抑的对话”。①“苏格拉底主张教育不是知者随便带动无知者，而是使师生共同寻求真理。这样师生可以互相帮助，互相促进。师生在似是而非的理解中寻找难题，在错综复杂的困惑中被迫去自我思考，教师指出寻求答案的方法，提出一连串的问题，而且不回避答疑”。因此，对话不仅形成了师生间的交互性关系，而且也使知识转变成学生个人的认识，使学生的精神受到对话的启迪和引导。在对话的交互关系中，双方在教育中的地位是平等的，双方都具有完整的个性。教师不以自我为中心，而是理解、鼓励、宽容学生，平等真诚地与学生交往。无论是教学还是开展思想教育都要采用“心理返回”和“心理换置”的办法，也就是在了解学生年龄特征的基础上，使自己返回到学生时代，用学生的思想方法去观察思考，用学生的情感去理解体验，把自己换到学生的位置上，去感受认识处理教育教学中出现的问题，从而采取恰当的教育方法。不然，教师就只是被抽象为一个传授知识的属性，而学生也被抽象为知识的学习者。二者作为人的因素如情感态度、直觉等都被排除掉了，教师和学生都不是作为完整的人，而只是作为一种属性存在。而“教育过程首先是一个精神生长的过程，然后才成为科学认知过程的一部分”。

第四，“教学相长”是师生共生共长。教学尤其是“课堂教学应被看作是师生人生中一段重要的生命经历，是他们生命的有意义的构成部分。对于学生而言，课堂教学是学生学校生活的最基本的部分，它的质量，直接影响当前及今后的多方面发展和成长；对于教师而言，课堂教学是其职业生活的最基本的构成部分，它的质量，直接影响教师对职业的感受、态度和专业水

① ［德］雅斯贝尔斯：《什么是教育》，邹进译，生活·读书·新知三联书店1991年版，第27页。

平的发展、生命价值的体现。总之，课堂教学对于参与者都具有个体生命价值”。[①] 然而，这一重要价值以前被人们普遍忽视，包括被一些强调教育与生活关系的教育家所忽视。如提出“教育即生活”的美国教育家杜威，他反对把教育仅仅看作是为未来的生活做准备，主张要从学生的生活出发来改造以教材作为出发点的传统教育，但是，他并未提及教育、教学活动对于教师的生命意义。另外一位著名的教育家是苏联的赞科夫，他在《和教师的谈话》这本著作中专门谈到了课堂上的生活。他认为课堂教学不仅要反映生活，更要注意儿童在课堂上的生活，应当从儿童精神生活的意义上来理解生活。但他同样把视线只停留在学生的身上。我们必须看到教学质量对教师生命质量的意义。作为一个教师，他或她生命中的大部分时间和精力都是在课堂中付出的，课堂教学不只是学生的成长，同时也是教师生命价值和自身发展的体现。教师不再是“蜡烛”、是“阶梯”，而是一个不断成长的个体。因此，教学相长不只是纯粹的教与学，也不只是学生单方面的成长，而是师生在全身心投入的过程中，共同感受生命的涌动与成长，共同体验智慧的闪现和精神的丰盈。

二、高校网络生态系统良性调整体系的关键要素选取

（一）生活化教育“体贴入微”

通过梳理网络生态系统教育中的网络媒体运用情况，构建信息畅通的微平台网络，探索有主次、有交错、覆盖广的信息来往渠道。在提高教育者的教育传播效率的同时，实现接受者的即时效果反馈，从而使生活化教育“体贴入微”。

学生在教师的引导下学习知识和技能、提高能力、形成思想品德的过程中，每一天都在成长和进步，每天都站在一个新的增长点上。然而随着社会的进步发展，知识发展速度迅猛，对人才的需求发生了量与质的变化。在各种变化中，学生在完成教师规定的相应任务的前提下，还需寻找新的知识切入点、技能训练点、能力培养点和品德形成点，一旦找到生长点，学生便可

---

① 叶澜:《让课堂焕发出生命的活力——论中小学教学改革的深化》，载《教育研究》，1997年第9期。

以在原有的基础上迅速提高其综合素质。只有师生共生才能使其教育教学充满生机，始终处于一种蓬勃向上的发展态势，才能萌生出更多优秀的教师和学生。而这种教师与学生的成长变化均需要在除教学课堂主体外的各个方面充分、合理地进行配合、融合，即渗透到学生的日常生活点滴中，才可能深入地激发学生的学习兴趣、提高学习能力，从而达到向学生传递正向、积极人生观、价值观的要求。

（二）碎片化教育“细致入微”

通过掌握网络生态系统教育中的网络行为产生情况，构建多元化的网络课程体系，探索出有特色、有受众、有效果的行为转化路径。在拓宽教育者的教育培育渠道的同时，丰富了接受者的认知结构体系，从而使碎片化教育“细致入微”。

教学是教与学的交往、互动，教师与学生互相交流、沟通、启发、补充，在这个相互过程中教师与学生分享彼此的思考、经验和知识，交流彼此的情感、体验与观念，丰富教学内容，求得新的发现，从而达成共识、共享、共进，彼此形成“合作关系”，实现教学相长和共同发展。师生关系发生了质的变化，学生不再只是听众、被动接受者，他们是有思想、富有个性的新生一代。教师想要达到多方面了解学生需求的目的，不再只是面对面的谈心谈话、你问我答，而是可以和他们有相同话语体系、能蹲下来倾听他们的心声。师生关系的融洽不仅仅在课堂，还要延伸到更广阔的范围。教育是生活内容之一，教育的本质在于爱，没有爱就没有真正的教育。早在春秋时期，管仲就在《管子•兵法》一文中对“和谐”做了精辟的论述:“畜之以道则民和，养之以德则民合。和合故而能谐，谐故能辑。谐辑以悉，莫之能伤。”意思是说，用“道”和“德”来育民，全民才能和睦相处，家才能强盛不衰。因此，构建新型师生之间的双边互动关系能够促进师生之间关系朝着良好的方向发展，而良好的师生关系反过来可以提高教育教学效果，二者相互促进、相互提高、相互作用，这样不仅有助于开展教学活动，同时也起到提高教学质量的作用。

（三）“正能量”生态系统的自净化功能

通过观测网络生态系统教育中的网络评论表现效果，了解动态的网络语言变化情况，探索贴近学生心理转变、符合学生发展趋势的交流方式。在促进教育者提升自身微权威的同时，提高接受者的是非辨别能力，从而保持“正能量”生态系统的自净化功能。

师生共同成长，实现职业价值和生命价值的和谐统一，让生命与使命同行，应是我们人生幸福感的源泉。孔子的教学相长原则向我们诠释了师生关系的深刻内涵。“学然后知不足”使学生经过反思、内省懂得了知识的浩瀚，明确了人生是一个不断将社会经验、人类文化遗产内化的过程，个体是由不成熟到成熟、知之少到知之多、由浅入深、循序渐进的成长过程。“教然后知困”使教师明白了“给学生一杯水，自己要有一桶常流水”的道理，教师会暗下决心汲取更广泛的知识养分，不断地充实和完善自己，做到教学的举一反三，旁征博引。师生在网络的氛围中互长互进，交流、质疑、探究、沟通、对话，在探求的旅程中共同成长。教育的最高艺术是教师与学生的心灵的相通，教育技巧的顶峰是师生之间心灵交往的和谐的境界。

三、高校网络生态系统良性调整体系的关键要素确定

（一）环境互动系统

高校网络生态系统作为一个系统，具备系统构建的相应特征：开放性、动态性、涨落性。即系统内外部的物质、信息进行交换，且内外部要素质量都是在不断变化着的，变化即产生了不稳定，但是最终系统会在内外部物质、信息的调整下趋于新的稳定状态。高校网络生态系统处于更大的系统环境中，受到本体系统之外的因素影响，内部与外部系统要素之间进行物质、信息、能量的相互交换，而且随着内外部交互的相互作用，最终趋于平衡，新的要素引入，产生变化，又会达到新的平衡，趋于新的稳定状态。首先，从教育理念上讲，师生关系是主体与主体之间平等的生命共同存在，是一种“共在”状态。从教师角度来讲，教师在教学中首先要意识到自己的生命主体的存在，意识到自己的生命需求和情感体验，把自己的情感和价值追求融入教学过程中。另外，教师也要把学生视为是与自己平等的生命主体存在，是有思想、能动的、创造性的人。要尊重学生的独立人格和权利，关心学生的生命需求和情感体验。从学生角度看，学生在学习中也要首先意识到自己生命主体的存在，意识到自己的生命需求和情感体验；同时也要将老师和其他同学视为是与自己平等的生命主体存在，尊重老师，关心爱护其他同学，把学习的过程视

为与老师和其他同学共同分享情感体验的过程。其次，从教学方式来看，师生关系要求课堂教学的方式应该是教师和学生在教学过程中通过平等的、主体与主体之间的对话交流来达到相互理解、共同创造，即“共创”。从教师角度看，教师要少而精地讲，设计好教学内容和话题，启发、鼓励学生共同商讨问题、沟通心灵，达到理解和共识；从学生角度讲，学生在听课的同时，也要主动思考、多提问题，促使教师在教学的深度和广度上不断拓展。最后，从教育目标来看，师生关系要求教育的最终目标是关注教师和学生，即主体与主体的共同心灵成长和共同生命情感体验，即教师与学生的“共长”和“共享”。传统教育的目标是培养学生。

（二）角色互动系统

中共中央国务院《关于进一步加强和改进大学生思想政治教育的意见》明确指出:“大学生思想政治教育工作队伍主体是学校党政干部和共青团干部，思想政治理论课和哲学社会科学课教师，辅导员和班主任”，“广大教职员工都负有对大学生进行思想政治教育的重要任务”。由此可以看出，当前大学生思想政治教育者主要是由四支队伍构成：学校党政干部和共青团干部、思想政治理论课和哲学社会科学课教师、辅导员和班主任以及专任教师、工勤人员等广大教职员工。《普通高等学校辅导员队伍管理规定》（教育部24号令）进一步指出:“辅导员是高等学校教师队伍和管理队伍的重要组成部分”，因此辅导员在职业角色上具有教师和管理者的双重属性。辅导员和班主任是大学生思想政治教育的骨干力量，主要负责在课下对学生进行思想引导、学习指导、生活辅导、心理疏导、就业指导等工作；学校党政干部和共青团干部属于管理队伍，主要具有领导、组织、协调、实施学校思想政治教育的功能；思想政治教育理论课教师主要承担着主渠道育人的职能，通过课上直接的马克思主义理论知识传授，帮助学生树立正确的世界观、人生观、价值观；哲学社会科学课教师主要承担着提高学生思想道德修养和精神境界的职能，主要通过哲学社会科学课程中蕴含的意识形态内容，帮助学生坚定正确的政治方向；而专任教师、工勤人员等广大教职员工同样也都承担着思想政治教育的职能，但更多是通过个人的人格魅力和榜样示范作用，潜移默化地对学生进行间接的、渗透式的教育和引导。所以，辅导员和学生互动的载体系统也必须要同时具备思想政治教育载体的四种功能，即思想政治教育信息的承载、传导功能，促进主客体相互作用的中介功能，渗透教育内容的蕴含功能，导向与养成的功能。传统载体是指在辅导员与学生互动过程中早就产生并继续发挥作用的载体形式，主要包括谈话、开会、理论教育等；现代载体则是指随着现代社会发展而产生的具有特定时代特征的“辅导员—学生”的互动载体，如文化载体（校园文化、社区文化、村镇文化、军营文化等）、活动载体（文化活动、社会服务活动、社会调查活动、参观访问活动等）、传媒载体（广播载体、电视载体、网络载体等）、管理载体等。探索辅导员队伍与思想政治理论课教学队伍的融合机制，发挥两支思想政治教育队伍的合力。思想政治理论课教学要加强社会主义核心价值观教育，增强大学生的中国特色社会主义政治制度认同。思想政治理论课教学要引导大学生关注思想政治理论信息，增强教学内容的吸引力、解释力。

（三）对象互动系统

高校网络生态系统从认同的过程上入手，需要设置主体内容、传播载体以及传承手段，即内容系统、载体系统和组织系统。内容系统：高校与学生互动的内容系统应该着眼学生全面发展，兼顾专业教育和思想政治教育的核心内容。载体系统：“主客体之间的相互作用”在本质上就是高校和学生之间的主体互动，而“一种活动形式和物质实体”则是指在互动中所体现的载体系统。所以，高校和学生互动的载体系统，也必须要同时具备教育载体的四种功能。组织系统在实践过程中，往往是一种高校教育者与学生之间一对一互动的组织形式，一般可以划分为两类：一是集体组织，是指多个学生参与，并具备多个学生特质及需要的组织形式，如学院、年级、班级、党支部、寝室等；二是个体组织，是指只有一个或少数几个学生参与，且准确反映一个或少数几个学生特质及需要的组织形式，如家庭、单个学生所属的社交圈、学生个体等。由于学生组织从属关系的不确定性和多维性，因此上述各组织系统不是孤立的，而是彼此交叉且互为补充的。高校辅导员与学生互动的组织系统是指在辅导员和学生互动过程中，双方所处其中的组织形式。具体来说，高校辅导员与学生互动的组织系统是思想政治教育的微观环境，它控制着与思想政治教育活动直接相关的局部环境因素。

第二节 高校网络生态系统良性调整体系的机制运行

一、高校网络生态系统良性调整体系的现状分析

（一）高校网络生态系统环境中师生共长面临的问题

1. 高校网络生态系统教育的舆论负效应

在高校网络生态系统教育环境中，每时每刻都在涌入纷杂的资讯，内容亦真亦假，评论观点各异，这是由高校网络生态系统教育环境的开放性和高校网络生态系统教育信息的复杂性导致的，接受这些资讯信息的网络使用者由于知识水平、个性特点、道德修养、目的意图等的差异，对于信息点的理解、引申和修饰千差万别，他们又进一步在网络上将资讯内容和相关评论进行不同的解读。其中不乏别有用心的角色为了舆论造势，通过雇佣网络水军对某一观点进行铺天盖地的渲染，于是不明真相的广大网络使用者便信以为真，甚至盲目跟风，形成了破坏大学生正向价值观形成的舆论负效应，使得学生认为自己在网络上获得的信息和观点才是真相，从而加大了教师进行理想信念引导的阻力和难度。

2. 师生共长的离散性冲击

当师生共同处于高校网络生态系统环境中时，要保持师生共长关系的稳定性则需要克服高校网络生态系统教育主体的隐匿性和高校网络生态系统教育平台的多样化的问题。大学生利用网络上的许多平台获取信息，各个平台由于开发和运行的目的不同而各具特色，不同特色的平台吸引了不同的受众关注，教师很难在各个平台上都跟踪观测，也很难掌握不具名学生在平台上发布的观点评论。因此，高校网络生态系统平台的多样化在冲击着师生共长关系的稳定性，同时，高校网络生态系统教育的主要接受者身份的隐匿性使得教师与学生的关系更加离散。

由此可见，将师生共长关系重新解构、整合，研究师生共长机制运行模式，是在高校网络生态系统环境中进行正向价值引导的关键步骤和重要环节。

（二）高校网络生态系统环境中师生共长面对的机遇

在高校网络生态系统环境中，师生共长机制的运行是师生在“共存”“共

享”“共创”“共乐”互相促进共生基础上形成的“共长”“共赢”。运用“主体间性教育”理论来理解“师生共同体”，将更容易解释“师生共长”机制。“主体间性教育”是指在共存、共荣的前提下，在两个或两个以上的教育主体之间的交往、对话与理解中，生成具有主体间性品格的人的过程。这个界定揭示出主体间性教育是一种和谐教育，是多个教育主体所共有的教育，主体间性教育的世界是教育主体共有的意义世界，而不是一方对另一方的占有、胜利，主体间性教育是一个双向互动的过程，它是师生本真的生存方式。师生共长是相互作用、相互影响、相互促进的螺旋式上升过程，它作为一个整体在高校网络生态系统教育环境中生存、发展，实现提升大学生网络素养的目标，完成教师正向引导思想政治教育工作的任务。

青年教师作为与大学生年龄相仿的群体，是大学生学习效仿的对象，无论在知识容量上，还是人格魅力上，一旦得到学生的认可和认同，将会形成教师与学生之间良好的互动关系，学生将会更快更好地成长，同时也促进青年教师师德师风的进一步提升。鉴于《国家中长期教育改革和发展规划纲要（2010–2020年）》对于师生关系定位有明确要求，即“教师要关爱学生，严谨笃学，淡泊名利，自尊自律，以人格魅力和学识魅力感染学生，做学生健康成长的指导者和引路人”。因此，若想要更好地对学生进行思想政治方面、道德素养方面、专业学识方面和综合能力方面的教育培养，首先要对青年教师进行系统化、全面化、细致化地培训。根据《关于加强和改进高校青年教师思想政治工作的若干意见》的文件中所指出的“各地各高校党组织要通过政治上主动引导、专业上着力培养、生活上热情关心，促进广大青年教师坚定理想信念、练就过硬本领、勇于创新创造、矢志艰苦奋斗、锤炼高尚品格，全面提高思想政治素质和业务能力”这一项具体的要求，高校要通过对青年教师提升思想教育引导、强化师德师风建设、解决实际基本问题等方面的培训帮助青年教师成长为“有理想信念、有道德情操、有扎实学识、有仁爱之心”的“四有好教师”，从而培养出“有理想、有道德、有文化、有纪律”的“四有好学生”。

二、高校网络生态系统良性调整体系的机理分析

（一）青年教师与大学生共同成长的契合点

1. 内涵上的共同要求

《关于加强和改进高校青年教师思想政治工作的若干意见》中对于青年教师的要求以及《关于进一步加强和改进大学生思想政治教育的意见》中对于大学生的要求具有内在一致性，且“四有好教师”和“四有好学生”的结构体系中体现出师生成长具有内在相关性。这些内在一致性和相关性为青年教师和大学生的互促共长提供了基础理论架构。

2. 思想上的节奏同频

青年教师和大学生的年龄差距较小，都处于人生的成长期，尤其对于刚刚参加工作的青年教师来说，本身正在经历从大学生到教师身份的转换，他们在思想上都存在着积极向上的主流特点，同时由于社会经历相对较少，会出现情绪冲动、易受干扰等状况，价值观尚在初步形成和趋于稳定的阶段，偶尔会出现意志薄弱的问题，这些思想上的共性问题为青年教师和大学生的互促共长提供了内在发展需求。

3. 知识编码的方式相同

青年教师与大学生基本处于相同的时代，接受的教育模式基本相同，因此具有相似的思维体系和思考习惯，这对于他们接受和理解知识具有共性特点，因此对于新知识的解构方式相似。基于这一契合点，青年教师更易于将知识传播给大学生，也更易于从大学生中获取新的思路，以及接受大学生的新想法，这为青年教师和学生的互促共长提供了外部牵引驱动。

4. 话语体系的结构相似

青年教师与大学生年龄相仿，出生和成长的时代背景相似，成长环境和个人经历有相似性，因此出现了思维模式和话语体系相仿的情况。这些相似性使得青年教师与学生更易于沟通和理解，在交流中更少隔阂。二者在话语体系上的契合提高了教育的效率、提升了教育的效果，为青年教师和学生的互促共长提供了外部成长条件。

（二）青年教师与大学生共同成长的耦合机制

在高校教育体系结构中，青年教师与大学生的结构内涵、思想认识以及

二者天然具有的知识编码方式和话语交流体系具有契合性，基于以上的契合点，应致力于建立青年教师与大学生互促共长的耦合机制，通过分析青年教师与大学生之间的供需关系链条，从青年教师能够提供的知识能量与大学生所需要的知识架构、青年教师教学过程中体现的教学素养与大学生所汲取的从业导向、青年教师处事过程中散发的人格魅力与大学生所向往的成长方向等供需关系中找到青年教师与大学生共长机制运行的着力点。

1. 青年教师能够提供的知识能量与大学生所需要的知识架构相耦合

青年教师一般具备深厚专业前沿知识背景，他们将自己的内化于内心和脑海中的知识通过课堂传授、课下答疑、实践操作等环节传达给学生，将自身的知识能量输送出来，帮助大学生建立专业理论的知识架构，解决大学生通过自学难以解决或者突破的问题。青年教师的教学经验较少，且对于大学生的整体情况了解不够深入，就会产生知识能量难以完全输送给大学生的问题，即大学生获取知识的效率和效果会受到影响，进而影响大学生的学习兴趣、打击大学生的学习信心、阻碍大学生的专业发展。因此，青年教师在将最基本的知识传输给大学生的过程中，要提高教学水平、了解学生群体、创新教学模式、探索教学方法，从而帮助大学生在进行基础知识的理解和消化时中更为顺畅、全面。

2. 青年教师教学过程中体现的教学素养与大学生所汲取的从业导向相耦合

《关于加强和改进高校青年教师思想政治工作的若干意见》中指出“青年教师是高校教师队伍的重要组成部分，是推动高等教育事业科学发展、办好人民满意高等教育的重要力量”，“青年教师与学生年龄接近，与学生接触较多，对学生的思想行为影响更直接，他们的思想政治素质和道德情操对学生的健康成长具有重要的示范引导作用”。青年教师通过课堂授课、课下答疑将知识传播给学生，在进行知识的显性扩散的同时，将隐性的教学素养也传导给学生，展现给大学生良好的师德师风，便于青年教师与大学生之间建立和谐的交往关系，以便大学生倾向于更深入地与青年教师进行交流，进一步提升自己的专业知识、提高自己的专业技能，从而为今后的求职逐渐探索出明确方向。

3. 青年教师处事过程中散发的人格魅力与大学生所向往的成长方向相耦合

青年教师与大学生的接触不仅限于课堂或者课间有限的几小时之中，在其他环境诸如竞赛指导、创新实践、运动娱乐、生活交往中也会存在互动，而且这种互动形式将较之于课堂更为频繁和长久。在频繁和长久的互动过程中，青年教师与大学生更多的时候以师生兼朋友的关系交往，青年教师的处事方式和处事过程体现出其一定的人格魅力，这个过程显示出青年教师在课堂教学机械化模式之外的为人常态，因此更生动化、真实化，散发出来的人格魅力对于大学生的影响更为深刻和持久。大学生对于人格魅力强的青年教师产生崇拜、欣赏，进而追随、效仿，这帮助了大学生明确人生发展方向和深入探寻自我发展之路。

（1）首先，是立足于网络教育环境的开放性，挖掘网络微教育的知识切入点，实现对多样化平台的整合分享。大学生网络微教育环境作为一个系统本身具有开放性，它既受到诸如教育环境中教育理念等因素的引导，同时也受到类似网络环境的大量热点信息和评论的冲击，如何在纷繁复杂的微平台当中找到合适的阵地开展思想政治教育活动，是教育工作者进行社会主义核心价值观引导工作的关键点。在理论知识的传播中，利用“微教育”的内容短、时间少等特点，教育者应当挖掘出传统知识点之中的精髓内容或者主要知识点之间的相关点，将这些知识进行重新整合、编排，以符合“微教育”的形式向受教育者进行推送；另外，还要了解学生在平时学习、生活中经常利用到的网络微平台，以及微平台的利用程度和效用，以便将多种微平台进行整合，通过较为一致的“微路径”进行输出。例如，教师利用“微课”将短小的知识点向学生群体进行推广，以学生喜爱的形式充实他们的课余时间；利用“微信”利用率广、交流方便的特点，将其他微平台的热点内容进行整合，在微信的相关应用中统一进行点击、阅读、分享、评论、交流，维持师生共长的系统稳定性。

（2）其次，是立足于网络微教育平台的交互性，探索网络微教育的技能训练点，实现对师生网络素养的共促共长。大学生网络微教育环境中，网络使用者在线下可能是教师、学生、家长、各行各业的从业者，他们在线上进行各种互动，思想上也进行着各种碰撞，如何在复杂的信息交流过程中提炼出“微实践”项目，帮助学生在实践中将传统理论知识进行转化、将理想信念理论教育成果进行升华，是教育工作者进行社会主义核心价值观养成的着力点。教师需要在了解大学生的心理特点和调研大学生的兴趣特征的基础上，设计出能够强化学生理论认识的“微项目”，“微项目”可以是实践活动、公益活动、调研活动，或者是观点分享的互动。通过这些“微项目”进行大学生对于理论学习的效果反馈，形成线上的认识升华，助力线下的行为转化。例如，教师借助某个重要历史日期进行“微情怀”的收集，提醒学生铭记历史、感恩前行；通过对某热点事件进行“微评论”的调研，了解学生思考的全面性、系统性、公正性，以便帮助他们修正思考方向、完善思考架构，同时也促进教师自身思维向广度和深度延伸。

（3）再次，是立足于网络微教育生态系统的主体性，找寻网络微教育的能力培养点，实现对舆论负效应的理性批判。在网络微教育环境中，时刻涌入纷杂的资讯，内容亦真亦假，评论观点各异，这是由网络微教育环境的开放性和网络微教育信息的复杂性导致的，接受这些资讯信息的网络使用者由于知识水平、个性特点、道德修养、目的意图等的差异，对于信息点的理解、引申和修饰千差万别，形成了网络微教育的负效应。大学生网络微教育环境中存在着各种参与主体，环境的完全开放性决定了参与主体的门槛准入低、参与成本低，因此知识结构、个性特征、网络素养都有较大的区别，这种主体的异质性为大学生提供强大的信息源，也为网络微教育提供了大量的素材，如何帮助大学生客观认识、理性分析这些不可逃避的信息，是教育工作者实现社会主义核心价值观教育的提升点。教师在面对大量信息和评论充斥微教育环境和舆论负效应冲击时，要临危不乱。首先调试自己的心理状态、坚守自己的道德信念，其次要对这些信息进行筛选和分析，最终利用这些信息开展入脑、入心的教学活动。比如，教师搜集“微案例”进行归类、比对、编排，帮助学生梳理、分析、认识这些案例的背景来源和主旨意图，从而促进学生提高主动思考、客观分析和理性辨别的能力。

（4）最后，是立足于网络微教育生态系统介体成长的渐进性，掌握网络微教育的品德形成点，实现对核心价值观的正向强化。无论是教师还是学生，成长都不是一蹴而就的，在网络微教育这个视域下，教育工作者要对学生进行持续的理想信念教育，不仅要优化理论教学环节、搭建实践教学项目、进行网络教学效果评估，也应当注重网络文化氛围的营造，从而在充斥了大学生目前学习、生活方方面面的网络领域中，时刻感染大学生进行道德修养的自省和道德行为的修正，这是教育工作者引领社会主义核心价值观践行的持续点。教师要挖掘学生当中涌现出的优秀典型和身边榜样，以学生认可的方式将之转化为“微典型”“微榜样”进行宣传，以学生喜爱的方式、推崇的风格将身边的典型榜样成长的“微故事”进行介绍，一方面以贴近学生内心的方式为学生指引了努力的方向，另一方面有助于学生践行社会主义核心价值观良好氛围的营造。另外，还可以将学生个体或者团体的成长经历录制成“微电影”、编纂成“微小说”，由学生自编、自导、自演，在提升学生策划、组织能力的同时，让学生更乐于将“正能量”的价值导向进行传播。

第三节　高校网络生态系统良性调整体系的功能评价

师生共长在行为体现上类似“教学相长”，“教学相长”源于《礼记·学记》中的一段论述:“虽有佳肴，弗食不知其旨也，虽有至道，弗学不知其善也。是故学然后知不足，教然后知困。知不足，然后能自反也；知困，然后能自强也。故曰：教学相长也。”这段话说明作为教授知识者首先要通过学习了解知识，其次在教授的过程中发现困惑，在学习的过程中发现不足，从而在教与学的过程中不断解答困惑和弥补不足，实现“教”与“学”的循环。“教学相长”的主体看似是教师，但是在高校网络生态系统教育环境中，面对大量的新技术、新信息、新知识，传统意义上被认为的学生在掌握前沿技术和获取信息的能力上更胜于教师，因此他们也变为了“教学相长”的主体。教师与学生这两个主体互相教、互相学，共同促进、共同提高、共同成长，形成了“师生共长”的局面。面对当前网络在大学生群体中极高的利用率这一现实情况，对于教育入手点的研究逐渐转化到如何利用网络对大学生进行“正能量”的思想引领，从而促进其社会主义核心价值观的养成。2004年中共中央国务院《关于进一步加强和改进大学生思想政治教育的意见》中要求“努力拓展新形势下大学生思想政治教育的有效途径……主动占领网络思想政治教育新阵地……”；2006年教育部令第24号《普通高等学校辅导员队伍建设规定》中要求辅导员“注重运用各种新的工作载体，特别是网络等现代科学技术和手段，努力拓展工作途径，贴近实际、贴近生活、贴近学生，提高工作的针对性和实效性，增强工作的吸引力和感染力”；2015年《关于进一步加强和改进新形势下高校宣传思想工作的意见》中要求“要根据教育环境和教育对象的变化情况，充分运用网络新手段拓展思想政治教育的视野，积极培育和践行社会主义核心价值观”。一系列的重要文件都在提醒教育者要深入了解占据大学生大量学习、生活空间的网络环境，通过研究网络教育特点、探索网络教育方法、创新网络教育手段，占领引领了大学生思潮变化的网络教育阵地。而网络环境的新颖度、网络信息的更新度和网络平台的多样化决定了教师在这个环境中也是初学者，因此只有与学生形成“师生共长”的关系才能跟上网络变化的节奏，并且保持教育输出和效果反馈正向流动，使“教”与“学”的过程充满活力。

一、更新教育理念，构建师生“共在”的情感体验

主体间视域下的师生关系是主体与主体之间平等的生命共同存在，是一种“共在”状态。作为教育者，教师在加强专业知识和专业技能学习的同时，还要更新自己的教育理念，树立正确的教师观和学生观。在教学中，教师要意识到自己的生命主体存在，把自己的情感体验和价值追求融入教育教学中去，热爱自己所教学科，保持较高的学科教学效能感，用自己对学科教学的积极的情感体验感染学生，引发学生的学习热情。同时，教师也要把学生视为与自己平等的生命主体存在，把学生看作发展中的个体，秉持以人为本的育人理念，尊重、热爱每一名学生，平等地看待每一位学生，热情地为每一名需要帮助的学生提供帮助。同时，学生也要学会自我教育，在学习中要意识到自己的生命需求和情感体验，尊重教师，保持高度的学习热情，主动参与到教育教学中来，把学习的过程看作与教师共同分享情感体验的过程。在教学中，通过师生“共在”的情感体验的构建，教师和学生共同成长，共同进步，共同体验生命的意蕴。

二、转变教育目的，构建师生“共长”的教育情境

人是教育教学的出发点和归宿，一切教育教学活动都必须以人为中心，以促进学生的个性全面和谐发展为根本目的。主体间视阈下的师生关系要求教育的最终目标是关注教师和学生，即主体与主体的共同心灵成长和共同生命情感体验，即教师与学生的“共长”。在教育教学中，教师要转变“为考试而教”的教育目的，坚持以生为本，着眼于学生的身心发展，努力构建师生“共生”的教育情境。在这种“共生”的教育情境中，知识是动态发展的，学习是多渠道发生的，故教师不再是知识的唯一拥有者，学生也不只是被动接受知识的容器，师生之间不是为了应试而存在的知识授受关系，而是为了共同发展以对话形式展开的双向互动关系。在这种互动关系中，教师和学生相互影响，共同实现心灵的成长。

三、改进教学方式，构建师生“共创”的对话环境

主体间视阈下的师生关系要求课堂教学的方式应该是教师和学生在教学过程中通过平等的主体之间的对话交流，来达到相互理解、共同创造，即“共创”。德国教育家雅斯贝尔斯说过：“所谓教育，不过是人对人的主体间交流活动（尤其是老一代对年青一代），包括知识内容的传授、生命内涵的领悟、意志行为的规范，并通过文化传递功能，将文化遗产交给年青一代，使他们自由地生成，并启迪自有天性。”[①] 的确，真正的教育是人与人的主体间的灵肉交流活动，而不单是观念、知识的堆砌。如果把教育当作训练，人就成为单纯的客体。教学过程是教育者和学习者双方互动的过程。作为教育者，教师要转变自己的教育理念，改进教学方式，“教学有法，但无定法”，教师在教学中应根据学生的身心特点和学习能力采取特定的教学方式，激发学生的学习兴趣，启发学生的思考。同时，在教学进程中教师也要努力发现自己的不足之处，不断充实和完善自己。作为学习者，学生也要主动参与到教师的教学中来，积极发表自己的观点和看法，主动思考，多提问题，在提出问题、解决问题的过程中掌握更多的知识和技能。通过师生“共创”的对话环境的

---

① ［德］雅斯贝尔斯：《什么是教育》，邹进译，生活·读书·新知三联书店1991年版，第3—4页。

构建以及对话式师生关系的建立，教师和学生会更易进入彼此的心灵深处，达到深度理解，实现共同成长和发展。

四、丰富教学内容，构建师生“共享”的精神世界

“教育是人的灵魂的教育，而非理智知识的堆积。通过教育，使具有天资的人自己决定成为什么样的人以及把握安身立命之根。谁要是把自己单纯地局限于学习和认知上，即便他的学习能力非常强，那他的灵魂也是匮乏而不健全的。”基于此，主体间师生关系要求课堂教学要改变只重视教材而忽视人，只重视认知训练而忽视情感培养的局面，师生之间在情感的交流和共享中感受生命的涌动和成长。因此，在教学活动中，教师不仅要教会学生基本知识和基本技能，更重要的是要关注学生情感的发展和健康人格的养成，引导学生树立正确的世界观、人生观、价值观。在教学日程中，除了日常教育内容的讲授，教师还要经常组织一些师生共同参加的文体活动、竞赛活动，在活动中促进师生双方思想情感的交流，增加师生之间的亲近感，在互动中达到教学成果的共享，最终构建师生“共享”的精神世界。

师生共同成长并没有消除教师在教育中的独特地位，更没有消除教师传授知识的作用，只是把教育置于师生平等理解的相互交往的基础上，使教师在与学生的真诚交往中，对学生进行整体教育，使学生感到教师与现实生活是紧密相连的，与自己的生活是密切相关的。在教学活动中，教师在与学生的平等对话中与学生共同成长，而不一定比学生长得更快，学生随时都有超过教师的可能，一旦教师被超越，就不再能和学生平等地对话，积极参与对话和理解对话对教师的持续成长影响深远。师生共同成长，让学生在真正的教育生活中体验生活，把握和创造自己的人际关系，让学生把握自己所处的生活环境，建立自己与他人的关系，与外界的关系，从而能够积极地面对未来的生活和世界。师生共同成长中教师与学生知识的沟通、意义的理解等都与学生的现实的和将来的生活世界相关联，真正对学生的生活经验的增长，对学生关于世界的理解，构成了有价值的东西。学生从自己独特的教育生活中既把握和领略了教育意义，又理解和承领了生活意义。每个学生在成长的过程中，都将认识自己的独特性，获得从学校背景进入社会背景的独特的生

活经验和完整的精神世界。师生共同成长，导向和谐师生关系的确立。师生共长的建立，亦即意味着师生双方都参加，不仅有言语上的你来我往，而且有知识、思想、经验和情感等多方面、深层次的相互交流。这样，对话也就不只是师生之间产生交往关系的一种方式，更是弥漫于师生之间的一种教育情境。在对话关系中，教师和学生都为教育活动所吸引，他们充分展示自己的才能，发挥各自的潜力，共同参与，真诚合作，全心全意地创造相互的交往活动，营造积极健康的气氛。教育成为引导学生精神发展的基本方式，这是一种共享的方式，当教师和学生作为独立的个体而相遇并理解，并且共同在教育中创造、摄取双方的共同关系中凝聚的知识、经验、意义时，就是共享。教师在这种共享中不仅实施着教育，而且根本地是在生活，学生在这种共享中接受教育，也在生活。教师以自己的整体性的精神，以自己的完整性和创造性影响学生的完整性。教育蕴涵于教师与学生之间的精神与精神的沟通，而不是停留在传授与接受之间，也不是淤积于认知与操作之间。在师生共同成长模式里，教师与学生双方都对教育负起共同的责任，教师通过与学生的对话而教育，学生通过与教师的共处受启迪而成长。教师在学生面前展示了知识及其意义，学生在理解中开启新的精神境遇进入新的生活之中，学生不是接受几条知识而是通过教育获得人生体验和生活智慧。

第四节　高校网络生态系统良性调整体系的优化策略

一、高校网络生态系统良性调整体系的中介提升策略

首先，加强对“双螺旋互学互长的师生共生机制”的中介功能的调节作用，通过构建师生交流顺畅的微平台、拓宽师生教与学互动的微渠道、巩固教师在与学生进行生活学习等内容沟通时的微权威，来加强师生共生机制在无机的四模块相互支撑协同服务机制与有机的多维度大学生网络素养培育机制之间的正向调节作用，促进教师与学生通过无机客体中的四模块（理论教学、实践养成、质量评价、效果展示）构架来提升有机主体的大学生网络素

养培育机制运行效果的转化能力。其中，构建合适的师生交流微平台以及拓展师生教与学的微渠道这两个维度起到了更为重要的中介作用，巩固教师在微平台与微渠道的“线上”微权威中介效用是“线下”教师现实权威的延伸，对于这项已经在学生心中形成的固有印象产生的中介正向促进作用不易明显，而是分解到微平台的设置和微渠道的联系当中，通过教师在微平台与微渠道中的语言亲和力、内容信服度、词汇时代感以及情绪感染力来体现。

其次，梳理对于“四模块相互支撑的协同服务机制”的内部四个模块维度的相互关系，由于相关性显著且相关系数较大，因此需要进一步研究四个模块之间相互作用的关键点，抓住着力点，促进四个模块间功能的相互强化效果体现得更为精准和明显。尤其对于“理论教学”模块的关注度需要进一步提升，由于大学生在传统的理论课程知识点传授过程中处于被动接受的状态，这种形式使得学生的普遍满意度较低，效果也不尽如人意，加之“理论教学”模块与其他模块之间的相关度很大，为了促进学生将理论知识向实践养成、行为质量以及榜样引领等有效转化，改进“理论教学”模块的开展形式、传授方式以及考察模式显得十分重要。

再次，强化对于“多维度大学生网络素养培育机制”的大学生网络思想动态、网络行为习惯以及网络舆论态度的引导，“网络道德教育”是多维度大学生网络素养培育机制中的基础，它能够帮助大学生将自身现有的网络认识形成体系化，促使学生在网络微媒体使用过程中具有内在的理论指导，有助于学生更好地辨别网络信息、正确地看待网络舆论。而调研显示，目前大学生对于“网络道德教育”的效果满意程度不是很高，因此，通过“理论教学”“实践养成”等形成网络道德教育的文化氛围是提升学生对于网络素养的理解、认同和践行的有效途径。

最后，掌握三个机制的各个维度之间的关联度和作用点，由于每个机制中的相应维度之间均呈现出显著的正相关作用，为了使正相关效应的作用效果体现得更为明显，有必要进一步研究每个机制下各个维度之间的关键作用点，以及不同机制下的维度之间的相互着力点。如在无机的四模块相互支撑协同服务机制中的“效果展示”与“实践养成”之间的相关性，可以通过优秀榜样事迹案例集、优秀校友与优秀学长座谈会、优秀学生成长微电影展播等多样化的形式促进广大的普通大学生效仿、学习，从而帮助其进行“实践养成”。在无机的四模块相互支撑协同服务机制与有机的多维度大学生网络素养培育机制中，需要运用“理论教学”维度与“网络道德教育”维度之间的相关性作用，通过教师在微平台、微渠道中的中介正向调节过程，将理论知识通过微小的细节逐步渗透到学生心中，从而内化、固化，进而产生行为转化，最终体现网络素养的整体提升。

二、高校网络生态系统良性调整体系的目标调整策略

通过以双螺旋互生互长的师生共生机制作为大学生网络微教育的介体，促进大学生的网络素养这个主体应用协同服务机制的客体得以提升，促使大学生网络微教育正能量生态系统的正向运行，实现介体的自净化功能，既要借助于生态系统特征、主体客体和介体特征，还要深入研究介体中师生之间的互生互长关系。师生互生互长的共生机制通过彼此尊重的“共存”、有效沟通的“共享”、相互激励的“共创”、促进转化的“共乐”而交互运行，最终实现双螺旋上升式的“共长”。互生互长的师生共生机制是相互作用、相互影响、相互促进的螺旋式上升过程，它作为一个整体在网络微教育环境中生存、发展，借助网络微教育环境中的四模块协同服务机制这个客体，实现提升大学生网络素养的主体目标，完成教师正向引导思想政治教育工作的任务。

（一）保持教学资源“共存”，是师生共长机制运行的基本保障

共存即指在教育、教学过程中教师和学生都处于平等的主体地位，是生命的共同存在状态，具体到网络微教育环境中是指对于教学资源具有共同拥有、共同利用的权限。面对同样的网络微教育资源，教师与学生由于思维结构体系和知识运用能力的不同而产生资源利用的差异。这种差异并不一定体现为“教师优于学生”，也可能体现为“学生优于教师”或者无法简单评价哪一方更为优异，这便形成了师生共长中“教”与“学”互动的基础。师生在“共存”的状态中要保证相互的尊重，才有可能进行下一步的有效沟通，保持师生共长机制的畅通运行。本书所要强调的是教学过程中对于学生的尊重，尊重学生的已有经验才是促进学生与教师之间平等交流和深度对话的基础。

（二）引导教学成果“共享”，是师生共长机制运行的重要环节

共享就是当教师和学生作为独立的个体而相遇并理解，并且共同在教育

中创造、摄取双方的共同关系中凝聚的知识、经验和意义。教师与学生对于网络微教育成果的共享主要依托网络微语言的交流，从技术层面来说，网络微语言有独有的特征，与生活用语和课堂用语大有不同，而且更新速度快，这就要求教师不断更新微语言词库，促进教师与学生密切交往，此时如果没有在“共存”状态中给予的相互尊重，这种交往就难以进行。从精神层面来说，网络微语言的交流有效性主要依托学生对教师知识含量、道德修为、语言风格、个人魅力等方面是否认可和信服，即教师的微教育过程是否具有微权威效应，这个层面重在考察教师综合能力水平，是师生共长机制能否永葆良性运行的关键点。

（三）完成愿景目标“共创”，是师生共长机制的外部推动力

共创强调在教育、教学过程中教师与学生之间通过平等的对话交流达到相互理解、共同创造。在网络微教育环境中，教师与学生在相互尊重和有效交流的同时，还应当相互激励，实现共同的愿景目标，这是作为师生共同体不会解体、保持活力的保证。大学生网络微教育环境中的“共创”也不应当是单一的基础课教师、专业课教师或者学生工作干部这些与学生直接接触的教师单独的责任，更应该将大学体系中的所有为学生服务的教师纳入进来，这样才能确保在实现愿景目标的过程中环环相扣不出现断点、层层相叠不出现断层、面面俱到不出现死角，形成全面育人、全员育人、全方位育人、全过程育人的积极氛围，从而完成对于愿景目标“共创”的任务，形成持续“共创”的动力源泉。

（四）体验教学环节“共乐”，是师生共长机制的内部牵引力

共乐是教师与学生在共同营造的教与学的氛围中，体会到共同进步的快乐。在网络微教育环境中，教师与学生在彼此尊重、有效交流，共同实现愿景目标的过程中，发觉自身在不断地进步，进步使师生共同体共同感受到愉悦，从而更有信心与激情继续体验“共乐”感受，实现网络微教育的正向持续性发展。在发现自身知识结构体系、人际交往能力、明辨是非水平有了提高时，师生共同体的整体网络素养得到提升，有效促进了网络微教育成果的良性输出，实现思想政治教育效果的正向转化，有助于在学习中促进学生由被动学习向主动学习转化、在交往中由压制叛逆向顺应叛逆转化，从而形成学生对社会主义核心价值观的学习体验由学习压力向学习魅力转化。

师生共长机制通过彼此尊重的“共存”、有效沟通的“共享”、相互激励的“共创”、促进转化的“共乐”而交互运行，最终实现双螺旋上升式的“共长”。在网络微教育环境中，教师进行思想政治教育的正向引导，达到学生将社会主义核心价值观内化于心、外化于行的目标，应当将自身和学生作为共同体，打破教师为教育主体或者学生为服务主体的格局，在教与学的过程中，实现师生共长机制的良性运行，帮助网络微教育环境不断进行自净化，同时形成教师与学生“教”与“学”的共赢。

三、高校网络生态系统良性调整体系的平台推进策略

关注教育对象群体差异，有的放矢开展道德教育；加强高校间交流与分享，切磋琢磨改进德育工作；强化学校家庭社会协同，齐心并力推进全员育人；重视全面思想政治素质，相得益彰融合大小德育。加强教育引导，增强大学生对社会主义核心价值观的理性认知；注重文化熏陶，激发大学生对社会主义核心价值观的情感共鸣；突出实践养成，提升大学生对社会主义核心价值观的践行能力；借助媒介载体，创新大学生社会主义核心价值观教育的方式方法。青年教师与大学生在知识水平提升、职业生涯导向和人生长远发展上存在耦合性，因此，高校在进行青年教师队伍的内涵建设和形式建设上要搭建二者获得共赢的实践平台，保证大学生获得知识储备和提升综合素质的同时，也保障青年教师的物质基础、自身发展和个人价值得以实现。从搭建青年教师与大学生教学相长的知识互动平台、搭建青年教师与大学生思维共长的思想交流平台、搭建青年教师与大学生素养同升的典型激励平台、搭建青年教师与大学生供需闭合的文化熏染平台这四个方面来勾画青年教师与大学生互促共长的实现路径。首先，搭建青年教师与大学生教学相长的知识互动平台，通过班主任队伍建设和导师制建设强化青年教师对大学生的学风建设；其次，搭建青年教师与大学生思维共长的思想交流平台，通过师生座谈会、基层组织民主生活会、科技创新团队师生合作项目、创新创业团队师生合作项目等加强青年教师与大学生的思维碰撞；再次，搭建青年教师与大学生素养同升的典型激励平台，通过“我最喜爱的老师”“优秀学生最感谢的老师”等活动的开展鼓励青年教师与大学生利益共赢、价值共现；最后，搭

建青年教师与大学生供需闭合的文化熏染平台，文化氛围的营造需要精神的引导、制度的指引和案例的传承。

（一）青年教师与大学生教学相长的知识互动平台

高校通过基层学术组织建设与班主任队伍建设将教师与学生在课堂之外的时间进行有效、有序的联系。首先，高校基层学术组织的建立为青年教师与大学生互促共长提供了成长的沃土，基层学术组织主要由掌握学科前沿技术的有相当教学育人经验的老教授指导，对于同样专业方向的组织内部青年教师有极好的引导作用。同时，基层学术组织中还包括具有相当创新精神的硕博研究生，为青年教师将从老教授处所学的授业技巧及时进行实践操作，在指导硕博研究生方面承担着一定的工作量，与团队的硕博研究生互促互学互教互长。其次，高校班主任队伍的建设为青年教师与大学生互促共长提供了规范的体系，各个高校以学生自然班为单位配备班主任，并将其任期职责及考核标准与班主任的职称评定和个人评优相联系，即根据班主任的基本工作量完成情况和班级成绩综合情况为青年教师核算工作成效，通过“三好班级”“优秀教师”“我心目中的好老师”等评优活动提升青年教师的工作热情。同时，为了让优秀学生骨干更好地向青年教师学习工作方法，感悟青年教师的人格魅力，还可以班主任搭配高年级的学生干部或者学生党员担任副班主任和新生导航员，也为青年教师指导学生提供了好助手、好抓手。

（二）青年教师与大学生思维共长的思想交流平台

高校通过本科生导师制建设和学生分类指导方案对大学生进行师生间的深入式、渗透式交流。即通过本科生导师制和学生分类指导将具备专业或者个人特色的青年教师与有特殊发展需求的学生进行系统整合、双向选择。如青年教师根据个人爱好和专业特点创建创新团队，他们在指导学生创新创业方面有一定的基础，将自身的创新创业理论知识、创新创业实践经验和创新创业互动平台提供给对创新创业有想法、有激情、有能力的大学生，青年教师在与大学生进行直接沟通的同时，加深情感交流，获得思维体系上的共建。另外，作为直接面对大学生的一线思想政治辅导员和教辅管理人员本身以青年教师为主，平时与学生交往最为密切，掌握着学生的基本学习情况、思想状况和动态，通过建立学生干部队伍能够及时了解到大学生的整体或者个体的思想状态，对大学生的个性特征更为了解，便于有针对性且点对点地进行思想教育，从而搭建出青年教师与大学生沟通、互教、互学、互促、互长的有效平台。

（三）搭建青年教师与大学生素养同升的典型激励平台

由于教师与大学生的交流不仅限于课堂的理论教学过程，更多的还存在于生活交流与其他交往途径中。教师在不同的环境、不同的角度下与大学生进行互动给大学生带来的影响可能相较于课堂上更为让人印象深刻，因此教师体现出的综合素质和人格魅力就显得尤为重要，不仅关乎自身形象在大学生群体中的威信，还关系到其所代表的部门、学院甚至学校在大学生群体当中的整体形象，进而关系到学校的长久发展。从这个角度上说，对于青年教师的培养关乎学校的未来发展，青年教师的成长决定着教育事业的走向，高校基于一定的理论建立了适用于学校自身实际的青年教师培训体系。以学生的全面发展为目的，通过全员育人教育模式实现人才培养的目标，将青年教师的培训体系纳入与学生共同发展的路径上来，从共长的角度入手将青年教师的培训体系合理化，建立敦促青年教师整体素养提升的激励平台，通过评选“三好班级”“优秀创业团队”“优秀班主任”“师德师风先进个人”“我心目中的好老师”等称号鼓励青年教师创先争优，思考如何更好地在对大学生进行知识传播的同时进行思想政治教育。

（四）搭建青年教师与大学生供需闭合的文化熏染平台

青年教师与大学生在教学环节、生活细节中交流互动、互相鼓励，并通过“共同体”建设共同完成学术科研任务、创新创业项目、评奖评优目标，在这个共同努力的过程中更深层次地加深情感交流，形成更为稳固的文化氛围并继续传承下去。具体搭建青年教师与大学生的文化熏染平台需要站在师生供需关系的角度，从精神引导、制度指引和案例传承上下功夫。即精神的引导要依靠学校整体师德师风的氛围渲染，将青年教师的职业理想与大学生的成长追求相联系；制度的指引要依靠学校对于青年教师工作任务的具体要求，将青年教师的工作目标与大学生的发展目标相联系；案例的传承要依靠优秀青年教师成长案例的集中宣传，将青年教师的个人价值实现与大学生的综合素养提升相联系。在网络文化引导方面：一要“开源”，构建覆盖校园网络和公共网络的文化在线教育平台，使大学生受到“硬知识”和“正能量”的教育与熏陶；二要“节流”，加强和改进网络文化管理，做到对网络信息的准确研判和严格把控，从源头上过滤网络中的消极文化因素，净化网络空气，保证网络安全与稳定，营造和谐的网络文化氛围；三要“疏导”，将网络素养教育作为大学生思想政治教育的重要内容，提高大学生对网络信息甄别和取舍的能力，使大学生能够正确看待网络文化现象、文化舆论和文化思潮，提升文化自信、文化责任和文化担当。正确看待当代文化、传统文化与西方文化之间的关系。就中外文化的关系而言，要教育大学生秉持文化自信与文化自谦的理性心态：既要坚持自文化品性，对当代中国文化的未来发展保持自信，又不能夜郎自大、唯我独尊；既要尊重文化的多样性，吸收其他文化的优长为我所用，又不能崇洋媚外、奴颜婢膝。

因此，加强三个体系间各要素的关联程度，减少各要素间的对立与冲突，畅通整个生态系统的反馈调控渠道，实现整个生态系统的物质循环、能量流动和信息交流，使不同体系的诸要素能够协同将社会主义核心价值观教育融入大学生网络生态系统教育中。

第六章 高校网络生态系统中课程化教育要素的作用

在“正能量”生态系统中，促使系统中各要素之间进行能量交换的介质应当是可以有效联络有机主体和无机客体，且帮助系统良性运转的。在网络微教育环境中，教师和学生之间在线上与线下相互作用、相互交流、相互学习，形成了师生互学互长的共生机制。教师在教学活动中起着主导作用，是教学活动的组织者和实施者，高校开展网络素养培育的关键是建立一支高素质的网络素养师资队伍。教师利用网络微教育环境中的技术和平台，提高了教育传播的效率、拓宽了教育培育的渠道、提升了自身的微权威。同时，促进了学生对于所学知识点从深度、广度加强理解，并将观点、意见进行微反馈，教师根据反馈内容进行教育方向、重点及形式的调整。另外，学生在与教师进行微交流的过程中，通过感悟教师的道德修为，提高了辨别信息真伪的能力，从而形成了师生共生机制。习近平总书记指出：“要用好课堂教学这个主渠道，思想政治理论课要坚持在改进中加强，提升思想政治教育亲和力和针对性，满足学生成长发展需求和期待，其他各门课都要守好一段渠、种好责任田，使各类课程与思想政治理论课同向同行，形成协同效应。”[①]本章着重阐述作为教师的执行工具，高校课程教育要素在高校网络生态系统中如何适应网络时代的需求，并将思想政治课程化与课程思想政治化融入高校网络生态系统之中。

---

① 习近平：《全国高校思想政治工作会议讲话》，载《人民日报》，2016年12月9日，第1版。

第一节 高校教师角色网络化

一、高校教师传统角色定位

教师作为人类社会最古老的职业之一，在社会发展中一直起着重要作用，他们在人类文化科学知识发展中起到继承和传播的作用。他们不仅是学生智力的开发者和个性的塑造者，也是学生们身心发展过程的领导者和组织者。在《教师法》中已经详细规定了教师的义务。然而对于如今的高校教学需要，仅仅以法律来要求教师职责是不够的，高校对教师的要求更加严格。

从总体上来看，促进学生发展是大学教学的根本目的。大学教育如果仅仅被认为是获得工作的一种途径，那就是忽略了学习经历对一个人成长过程的影响。大学教育应该是年轻人获得人生力量的一种方式，这种力量不仅包含着丰富的专业知识，也包含着学生独立思考的能力和克服困难的意志力。所以在大学教学过程中，教师能否成为学生发展的引导者和促进者，取决于教师能否带给学生这种能力。作为高校教师应该做到以下几个方面：

（一）教师是知识的传递者

传授知识是大学最基本的教学工作，也是最为首要的任务。传授给学生专业知识和相关技能，需要一批高水平、高素质的教师。这就不仅要求教师要有丰富的科学知识和实践能力，还要有责任心。为提高教学质量，履行好教师职责，高校教师应该完成以下几点；教师应该做好备课，对教材的基本思想、基本结构、难点、重点进行了解，为课堂讲授打下基础；要了解尖端理论发展，做到知识与时俱进，内容科学新颖；关注学生的兴趣爱好、学习习惯和学习方法，能够做到因材施教；课堂上组织好课堂教学，关注全体学生，注意信息的反馈，调动学生学习积极性，提高学生注意力；不可否认学生之间存在着差异，他们有着不同的经历、家庭教育、兴趣爱好、思维方式等，这样的差异正好会在课堂上碰撞出不同的火花，教师不要压制、不要抱怨，换个角度看，这是难能可贵的资源；加强学习交流，向周围优秀教师学习，时刻注意自己的言谈举止，做到言传身教，为人师表。

（二）教师是学生发展的引导者

教师作为学生发展的引导者和促进者，教学课程的一切都要围绕学生的发展开展，其角色行为表现为：根据实际情况帮助学生确定适当的学习目标，并帮助学生找到达到目标的最佳途径；指导学生形成良好的学习习惯，培养学生自主学习能力；设置丰富的教学环节，提高学生学习兴趣，充分调动学生的学习积极性；一切为学生便利出发，提高学生学习效率；建立一个接纳的支持性的宽容的课堂气氛；与学生一同分享他们的学习体验和成功喜悦，和学生一同寻找真理，建立与学生之间的亲密关系；能够承认过失和错误，并及时改正。

（三）教师是教学过程的组织者

教学目标是大学堂课的出发点和最终归宿，同时是课堂教学的灵魂和重点，对整堂课起到导向、评价、激励的作用。因此，教学目标的准确设定就显得尤为重要。

教师教学实践的根本目的不是单纯向学生灌输知识，而是要逐步确立和发展学生在学习过程中的独立思考的能力，塑造敢于创新、勇于探索的精神。真正完成由教到学的转化，建构以学生为主体的教学活动。在教学过程中，应该逐渐培养学生的自我学习的能力。大学教师在教学活动中的工作，不应该是直接负责活动的具体过程，而是为学生创造良好的教学活动条件，设计符合学生自身情况的教学目标和任务，并且能及时对学生给予指导，解决学生遇到的问题，激发学生的主动性和创造性。

（四）教师是教学活动的反思者

教师这个职业是应用性和创造性很强的职业。现在的课堂不是一潭死水，教师仅仅凭借着教案进行下来就可以完成教学任务了。课堂是变化的，思维是动态的。教师在面对不断发展的社会和变化的个体，只有不断研究新问题，并不断对自己的教育和教学行为做出反思，才能提高教育教学工作的高效性。反思教育经验也可以有效地提高教师的教学水平，懂得反思将会成为教师专业化发展的必然要求。而这些不仅需要教师具有专业学科的知识和能力，还应具有深厚的教育修养、广阔的前沿视野、敏感的教育问题意识和过硬的科研能力。

随着社会的发展和科技的进步，我们的生活发生了翻天覆地的变化，但教育的模式却始终停留在三尺讲台，老师在教、学生在学的状态。如今随着时代的发展，传统教育模式的弊端也越来越明显。与新型网络教育相比，在某些方面更显现出传统教育模式的不足：

1. 传统教育受限较大，教育的覆盖面较小

传统的教育模式需要教学楼、图书馆等硬件设施和教师、管理人员等人员配备，并且在一定的条件下传统的学校都只能容纳一定数量的学生，这使得教师讲课的内容只能被少数人听到。由于现有的学校无法提供足够多的教育资源，学生对内容的选择面过窄，不利于学生选择自己喜欢的课程、喜欢的老师，如大学选修课需要抽签，因此很多学生不能学到自己需要或喜欢的课程，不利于学生发展。

2. 教学方式不够新颖，学生积极性差

我们都知道提高学生的学习兴趣有利于培养有创新思维的学生。但现在的学校教育受到硬件的限制，仅仅通过一间教室里的教学，往往会变成老师教、学生学的单一状态，学生也只是为了应付考试而学习，不仅不利于自主学习能力的建立，而且不利于学生问题的反馈，一个教师要给上百名学生上课，也没有办法照顾到每一个学生。所以在这种教育方式下，学生将只会重复前人的知识，而缺少自己独立的思考和判断以及自身创造性的思维。我们的社会需要传统知识的传承，但是更需要面对未来科技的创新。

3. 教学内容单调，信息量少

传统教育模式下，一个老师负责一门课程的教学，有利于教学的系统性和完整性，但是一个老师的知识总是有限的，如果仅按照一个老师的思路来学习一门课，学生所获得的信息单一，思维方式和思考的角度也会受到限制。而且不同的老师讲课方式不同，没有学术水平的高低，只有最适合学生的才是最好的，但是每名学生的学习习惯不同，学习能力不同，在教室内上同一门课难免会有人喜欢，有人不喜欢。这些都不利于学生的学习。

二、新时代全国高校课程教学的新要求

2016年12月7日至8日，全国高校思想政治工作会议在北京召开。中共中央总书记习近平出席会议并发表重要讲话。他强调，要坚持把立德树人作

为中心环节，把思想政治工作贯穿教育教学全过程，实现全程育人、全方位育人，努力开创我国高等教育事业发展新局面。

此次会议是一次极具开创性意义的会议，是高校党建工作历史上的里程碑，更加充分体现了以习近平同志为核心的党中央对高校思想政治工作的高度重视，为做好高校思想政治工作指明了前进的方向，也为高校教育工作者提出了崭新的角色要求。

习近平总书记在全国高校思想政治工作会议上强调，高校思想政治工作关系高校培养什么样的人、如何培养人以及为谁培养人这个根本问题，要求坚持把立德树人作为中心环节，把思想政治工作贯穿教育教学全过程，实现全程育人、全方位育人，这为新形势下高校思想政治工作点明了方向。作为高校基层工作人员，我们必须在教学科研、学生服务与管理等各项工作中全面贯彻落实总书记要求。

高校在学生思想建设中起到关键作用，随着教育的发展，如今已经不单单是思想政治课对学生价值观起到引领作用，更有综合素质课和专业课对学生的思想政治教育有关键作用。

（一）思想政治理论课：重在加强学生核心价值观教育

思想政治课不仅是全国高校的重要必修课，同时也是学生青年时代引领思想发展的课程，能够真正解决学生思想困惑的思想政治课才是成功的思想政治课，能够解答学生困惑的教师才是好的思想政治课教师。但是如今大学学生面对思想政治课的态度却有所不同，很多学生认为思想政治课就是考试前突击几个知识点就能轻松及格的课程，对于这种情况高校应该在深化思想政治课改革中注重发挥思想政治课在大学生社会主义核心价值观教育中的引领作用，从教学内容建设、教学方法改革、教学师资组建乃至互联网载体等方面多途径推进改革，着力增强高校思想政治理论课的针对性和有效性。

在教学方法改革上，注重解决大学生践行社会主义核心价值观过程中的困惑和疑问，一线教师与学生课堂直接进行对话交流，专家多角度解说社会主义核心价值观的重大意义与价值。学校可通过互联网广泛征求学生意见，全面打造以学生为主体，重在实际解决学生问题，把思想政治课带出课堂。在师资团队组建上，提高教师的责任意识，不能是简单的课堂讲授，更多的应该是提高学生个人价值观的培养，思想政治教师应该走进学生当中，了解学生日常生活、思想发展，让学生真正地在生活中践行社会主义核心价值观。注重培养学生思想道德行为的建设。在互联网手段载体运用上，可以利用“线上”“线下”同时教学，使思想教育工作更接地气、更有活力。将知识点通过网络课堂的方式传授给学生，将大班授课划分为小班授课，教室中重在学生之间的交流讨论，老师与学生之间的答疑解惑。充分利用课堂时间，积极发挥教师作用。

实践证明，思想政治理论课是对大学生开展马克思主义理论教育、开展社会主义核心价值观教育的重要路径，是社会主义大学的特有优势，通过深化改革，突破传统教学模式，引导学生对问题独立思考，讲授时层层剥笋，遵循学生认知规律，激发学生学习热情。

（二）综合素养课程：重在通识教育中坚定学生理想信念

高校通识教育要成为践行社会主义核心价值观的重要课堂，其使命就是在潜移默化中加强学生理想信念教育。围绕体制机制改革、课程设置更新以及教学方式变化等方面，修正通识教育体系，强化政治方向和思想引领的环节，突显综合素养课程的价值使命。另一方面，选择符合中国特色的课程，推出一批“中国系列”品牌课程。为提高通识教育对学生的影响，应该注意以下几点：

1. 高校党委要充分重视通识教育。学校为课程开设配备最优质资源保障，同时改变学生对通识教育的认识，提高学生兴趣。

2. 在选题上，深深植根学校的办学优势，提高学生学习动力。各所高校课程和学校优势学科相结合，与人才培养目标相贴近，选择课程主题要紧跟时代脉络，课程既有学术积淀又能够充分激发大学生的求知需求。

3. 在师资上，聚集顶尖师资团队，强调团队组合。充分发挥教师职责，让学生真正在课堂上学到有用的知识。

4. 在方法上，注重开拓创新，规范课堂内容，真正成为学生需要的课程，融合课堂主讲知识、现场解答学生问题、网上增强与学生互动、课堂反馈等多种教学方式，巧妙地将社会主义核心价值观的精髓要义多样化地体现在课堂教学之中，以别具一格的方式实现教育目标。

实践证明，通识教育能否取得好的效果，主要取决于如何引导学生思想。充分发挥通识课作用，通识教育会以“润物无声”的形式将正确的价值追求和理想信念有效传导给学生。

（三）专业课程改革：重在专业知识传授中强调价值观的意义

以专业技能知识为载体加强大学生思想政治教育将会更加具有说服力和感染力，有助于将课堂的作用发挥最大化，扭转专业课程教学重智轻德现象，具有其他教育方式不可替代的优势。

针对哲学社会科学课程，尤其是意识形态属性较强的课程，要牢牢把握马克思主义指导地位，充分挖掘其中蕴含的思想政治教育资源。

针对理工类科学课程，重点开展职业素养和科学精神教育。明确学生学习目的，把“为什么学习”与“怎样学习”相结合，树立学生报效祖国的理想抱负，提高高校教师自身思想政治建设，“师者，所以传道、授业、解惑也”。高校教师不仅不断地学习，不断更新知识结构，而且要认真学习先进的理论，树立自身责任感、使命感，站在中华民族伟大复兴筑梦人的高度上，自觉地把个人生命价值与祖国的教育事业紧密地联系在一起。各高校可以通过专家重点辅导、研讨交流等形式，重点学习全国高校思想政治工作会议上习近平总书记的重要讲话精神，努力提升教师的价值教育能力，增强教师的影响力，促使教师当好学生思想建设指导者和引路人的责任，实现教育与教学的有机统一，从而改变专业教师“只教书不育德”、思想政治教育教师单兵作战的现象，从而使思想政治教育深入学生学习生活。

习近平总书记在全国高校思想政治工作会议上强调，把思想政治工作贯穿教育教学全过程，开创我国高等教育事业发展新局面。要持之以恒推进“课程思想政治”改革，加大教学力度，及时总结经验，完善体制保障，充分发挥思想政治课在价值观引导中的作用，加强综合素养课程、哲学社会科学等各门课程的学科对话和理论引导，凸显所有高校课程教人育人功能，建构全方位、多层次思想政治教育课程体系，使“课程思想政治”理念深入人心。

三、网络时代高校教师必须拓展崭新的教育阵地

2014年11月13日，《辽宁日报》发表了一封致高校哲学社会科学老师的公开信《老师，请不要这样讲中国》，披露了一些高校老师在课堂上随意抹黑现实，甚至丑化历史的现象，引起了网民和教育界的热议。从而揭露了高

等学校存在的课堂主旋律缺失，缺乏应有的思想引领、政治引导、情感认同、家国情怀等应有的文化主流，仅仅专注于传授知识甚至传授错误的知识。这不符合新时代对教育的要求，也对如何迎接网络时代下高效课堂的改革提供了思路。在互联网迅猛发展的今时今日，高校教师仍是高校知识传授与思想引领的主体，这一点毋庸置疑。学生仍旧习惯在施教者的引导下形成自己的人生观、世界观和价值观，然后指导自己的社会实践。广大学生对人情、社情、国情和世情了解不深，高校教育工作者有责任教育和引导学生树立正确的三观。高校既是传播马克思主义文化的阵地，也是各种意识形态较量的前沿，作为社会教育体系的重要组成部分，在把高校思想政治教育注入课堂的过程中必须符合互联网时代的特征与需求。这就要求高校教师把住政治底线。

（一）网络时代改变教师角色的客观因素

1. 大学生的学习特点发生了变化

网络时代改变了传统的“慢学习”“慢阅读”和“慢成长”的特点，“快餐”成为主题。来自互联网的碎片化资讯的获取容易，阅读迅捷、可视化程度高、娱乐性强、更易于与高校教育工作者争夺学生的学习时间与专注力。这种现象对高等教育极富侵略性，能够轻易攻占大学生学习习惯的制高点。“快阅读”“潜接受”“快分享”“多遗忘”成为当今大学生接受知识的弊病。

2. 大学生知识获取方式的多元化

“搜索”已经成为作为“互联网原住民”的当代大学生的习惯性学习“动作”。互联网搜索引擎的迅猛发展让资讯的获取轻而易举，教师在课堂所能传授的知识点在互联网上可以信手拈来，学生已经不满足于知识的简单传授。因此课堂上知识的串联、思想的注入、价值的传输与精神的铸造等能力对于高校教师显得尤为重要。

3. 高等学校教学条件与环境的改变

随着互联网的发展以及高校信息化的进程不断推进，高等学校教学的物理环境，教学设施条件，教学对象人数，教师自身的观念、能力和特点等都呈现出了网络化的特点，也都成为影响高校教师教学角色网络化的重要因素。

（二）网络时代高校教师角色转变的方向

1. 高校教师必须引导学生进行知识分类与筛选

“海量化”“碎片化”“混杂化”的网络资讯使得大学生面临选择上的盲目

与无措，高校教师必须成为广大学生对网络知识分类与筛选的引导者，指导学生正确地获取必要的知识，从而提升学习效率、避免思想误导、增强价值引导，提升专业素养。高校教师必须引导学生学生回归学习的本质，帮助学生重新将学习“慢下来”，培养独立思考的能力。

2. 高校教师必须帮助学生还原知识梳理的情境

“知识碎片化”使得受教育者很容易忽略知识来源的背景与知识产生的情境，但情境还原对知识的掌握尤为重要。高校教师在课堂教学的过程中，应该充分利用互联网技术，为知识设计和还原情境。教师要创设有利于学生学习的环境，促进学生自己主动建构知识的意义，教师要学会运用有效的方法激发学生的学习兴趣、指导学生运用合适的学习方法。①

3. 高校教师必须帮助学生设计学习角色

在不同的课程阶段，学生的知识基础不同，学习经验和专业认知不同，扮演的角色也应有所区别。教师教学角色与学生学习角色是相互影响的，如果教师更多地充当讲授者角色，学生自然就是倾听者角色；如果学生充当演讲者或报告者角色，教师则会更多地充当主持者、提问者和总结者等角色。学生的角色不同，其投入度、好奇心、学习方法、学习收获自然不同。教师结合课程的不同内容，设计好他们的学习和参与方式，激发他们的学习兴趣和投入程度。常见的学生学习角色有聆听者、思考者、被动接受者、主动获取者、学习合作者、知识探究者、意义建构者、媒体享用者、对话者、交往者、主动学习的体验者、课程的创造者等。②

四、高校教师必须帮助学生完成学习过程

高等教育的核心目标是提升大学生的知识质量、社会能力和文化素养。为了实现这一核心目标，高校教师必须弱化自己的知识权威，在教育过程中从更深层次的学习角度来开展教育活动，将自己定位于大学生学习过程的帮助者。

“学习共同体”是课堂教学未来发展的方向之一。新型学习共同体以学生

① 高鸾：《当代西方建构主义教师教育思想简述》，载《比较教育研究》，2016年第9期。
② 杨贵彬：《移动互联网背景下高校教师教学角色的转变》，载《江苏高教》，2018年第3期。

为主体，以教师为主导，具有民主、平等的特征，以知识构建和意义协商为内涵。学习共同体既是实践共同体，又是探究共同体，强调每个人既是学习者，又是潜在的助学者，师生之间是合作、互惠、相互促进的关系。①

五、高校教师必须在教育过程中注入思想政治元素

新时代，高校教师必须顺应时代需求，了解当代大学的教育本质，把握学生的思想核心，强化高效课程教育的思想政治功能，并在网络时代充分利用互联网技术手段开展课程革新，将思想政治元素注入课程教学的全过程，明确培养什么人、为谁培养人的根本职责。

第二节　高校传统课程网络化

一、高校传统教学信息化的发展

教育信息化是一个发展过程。著名学者祝智庭教授指出："教育信息化是指在教育领域全面深入地运用现代化信息技术来促进教育改革和教育发展的过程，其结果必然是形成一种全新的教育形态——信息化教育"。②

2000年后在由于学生规模不断扩大而导致高校软硬件设施短缺日益突出的背景下，信息技术为提升高校的管理效率起到了重要作用：办公自动化系统、学生信息管理系统、校园一卡通、网络选课、课程管理系统及数字化教学、数字图书馆和网络检索等，都在一定程度上缓解了教学和硬件资源不足等问题。③

2010年7月，《国家十二五教育发展规划纲要》正式颁布，为未来中国10

① 张炜、万小朋、张军、牟蕾：《高等教育强国视角下的学习共同体构建》，载《中国高教研究》，2017年第2期。

② 祝智庭：《现代教育技术——走向信息化教育》，教育科学出版2002年版，第257页。

③ 赵国栋、原帅、李志刚等：《校园信息化应用与发展状况分析——中国高校信息化2010年调研报告》，载《远程教育杂志》，2011年第6期。

年的教育改革和发展描绘了宏伟蓝图。为顺利实现未来10年教育改革和发展目标,《国家十二五教育发展规划纲要》提出了包括10个重大项目和10个重大改革试点在内的六项保障措施。其中,“加快教育信息化进程”作为六项保障措施之一单独列为一章,并把“教育信息化建设”列为10个重大项目之一,由此可见教育信息化在实现国家教育改革与发展目标上的重要地位与意义。[①]汪琼指出,网络教学是混合式教学的一部分,并指出这将可能是高校的重要表现形式。[②]信息化与传统课堂两种教学形式是并重和互补的关系,课堂教学起到传授学习方法,引导学生正确的学习途径和督促学生学习的作用,而教学信息化下的自主学习环境是学生进行深入学习的主要场所。[③]

2012年1月13日,为贯彻落实《国家中长期教育改革和发展规划纲要(2010－2020年)》提出的“加快教育信息化进程”要求,教育部发布了《教育部关于开展教育信息化试点工作的通知》(教技函[2012]4号),启动了教育信息化试点工作。

在全国范围内分批启动和部署教育信息化试点工作,用四年左右时间,总体完成100个左右区域试点和1 600所左右学校试点,并及时总结好的试点经验加以推广。“其中本科院校试点100所,试点内容包括以信息化促进人才培养模式创新和提高教育质量为重点,在数字化校园建设、校园网络与信息安全、网络课程建设与应用、教育教学模式改革、科研组织模式创新、管理与社会服务信息化、学生网络文化生活等多方面开展研究和探索。”

2016年,教育部启动了对试点地区和单位的验收工作,委托各省级教育行政部门对属地内试点单位进行验收,并于2017年组织专家组对各地验收情况进行了现场抽查。综合省级验收和专家评议,确定了教育部第一批教育信息化试点验收结果,161个单位被确定为试点优秀单位,其中包含27所本科院校(见表6.1)。

① 国家中长期教育改革和发展规划纲要工作小组办公室:《国家中长期教育改革和发展规划纲要》(2010—2020年),载《中国教育报》,2010年7月30日。

② 汪琼:《网上教学成功四要素》,北京大学出版社2007年版,第3页。

③ 王陆:《信息化教育研究中的新内容互动关系研究》,载《电化教育研究》,2008年第1期。

表 6.1　教育部第一批教育信息化试点优秀单位名单（本科院校）

序号	省市	单位名称	试点工作重点内容	试点类型
1	北京	清华大学	高校信息化系统建设模式探索	本科院校
2	河北	河北大学	基于云计算技术的自主、泛在学习新模式探索	本科院校
3	内蒙古	内蒙古民族大学	民族院校数字化校园建设与应用探索	本科院校
4	辽宁	东北大学	数字化校园建设与应用探索	本科院校
5	吉林	长春师范大学	网络条件下促进大学生全面发展模式探索	本科院校
6	黑龙江	黑龙江大学	信息化条件下人才培养模式创新探索	本科院校
7	上海	复旦大学	基于云计算技术的教育教学模式改革探索	本科院校
8	江苏	南京农业大学	信息技术支撑农科教合作模式创新探索	本科院校
9	浙江	杭州电子科技大学	“智慧校园”与工程人才培养模式创新探索	本科院校
10	浙江	浙江大学	面向人才培养模式创新的信息化支撑体系建设	本科院校
11	安徽	中国科学技术大学	探索信息化条件下的科教结合机制	本科院校
12	福建	福州大学	数字化校园服务模式探索	本科院校
13	山东	山东大学	智慧校园建设与应用探索	本科院校
14	山东	山东理工大学	信息技术与课程教学深度融合模式探索	本科院校
15	湖北	华中师范大学	高校教育信息化标准化建设与教育教学模式创新探索	本科院校
16	湖南	湘潭大学	网络学习空间与自主探究性学习模式探索	本科院校
17	广东	华南师范大学	智慧校园与优质教育资源共建共享机制探索	本科院校
18	广东	中山大学	个性化网络学习空间应用模式探索	本科院校
19	广西	广西大学	数字化校园与学生网络文化建设探索	本科院校
20	海南	海南大学	教育教学网络协作模式探索	本科院校
21	重庆	重庆大学	数字化校园建设与应用模式探索	本科院校
22	四川	西南交通大学	信息化条件下教育教学模式改革探索	本科院校
23	云南	云南大学	数字校园建设与服务模式探索	本科院校
24	云南	云南中医学院	数字校园与文化传承、服务社会机制探索	本科院校
25	西藏	西藏民族学院	民族院校数字化校园建设模式探索	本科院校
26	陕西	西安欧亚学院	信息化条件下教育教学模式改革探索	本科院校
27	新疆	新疆医科大学	基于网络的医学生自主学习模式探索	本科院校

在网络时代，社会变革深刻影响着高校信息化发展趋势，如电子化社会、

电子化政府和电子商务等，同属于信息技术对不同行业或领域之影响，体现出了网络时代信息技术影响之广泛性与深刻性。[①]当前我国的信息技术在教育领域的应用，已经越过了以信息化基础设施建设为主的初级阶段，开始深入到应用信息技术创造的新时空和丰富的学习资源，探索发展学生创造性思维的深层学习行为，并创造出各种研究性学习、团队学习的新形式，推动学习方式变革。这标志着教育信息化新阶段的降临，也开始展现出信息技术在推动教育创新发展中的强大威力和广阔前景。高校教育信息化建设的核心是教与学，是老师和学生。应该为师生提供学习、探究科学真理时需要的资源服务和广泛自由讨论、切磋的平台服务。[②]

二、高校传统课程教学模式在网络时代面临的挑战与机遇

（一）资讯源多元化带来的挑战与机遇

网络时代，资讯多元化带来的资讯广度、深度与更新速度都无限拓展，超越了高校与教师个人所能承载的极限。很多资讯源实现跨地域共享，打破了由空间距离带来的地域差异，同时各类电子产品（如笔记本电脑、平板电脑、电子书、电子词典、学习机等）的普及使得师生们可以更快速、更便捷地获得大量最新资讯，各方面的信息量也迅速增加。而高校资源与教师个人知识储量的局限性正受到前所未有的挑战。高校与教育工作者如果能够充分利用网络资讯，建立起有效的筛选与传播机制，把网络资讯作为丰富教学手段与资源的工具，便能够有效地满足广大学生在网络时代不断拓展的求知欲。

（二）信息技术爆炸带来的挑战与机遇

网络时代信息技术与传播载体不断更新。借助包括以个人计算机、掌上移动设备、新媒体平台、新媒体教学 App（是手机完善其功能，为用户提供更丰富的使用体验的主要手段）等为载体的各类动画、音频、视频技术和信息系统的应用以及网络通话、视像会议、远程教学等手段的运用，可以改善高校教学的基本环境，丰富教师的教学手段，提高知识传授的效率，但同时

---

① 赵国栋、王婷婷、阎妍、李志刚：《校园信息化应用与发展状况分析——2010年高校信息化调研报告》，载《远程教育杂志》，2011年第6期。

② 陈俊良：《高校信息化建设核心在哪里》，载《中国教育信息化》，2011年第13期。

对教师们通过各种信息技术手段得以更好地完成课堂内外教学任务的能力也提出了新的要求。只有充分掌握网络时代信息技术并充分运用于课堂教学，网络时代的高效教学才能变得更为生动活泼、多样、易懂、便捷。

（三）教育管理体系更新带来的挑战与机遇

各类信息化、网络化教育管理体系逐渐应用于全球各大高校。如新加坡许多高校常用的考勤监控系统（Attendance Monitoring System）可以把全校学生从入学到毕业的各项表现、成绩全部记录在内，并可以进行大量的统计、分析和评价，这与国内各高校的教务管理信息系统极为相似。这些管理信息系统大大节省了许多机械、重复的人工劳动，提高了工作的精确程度，同时也方便了各类信息的查阅、检索和统计分析。高校教学的信息化改革使得教师大大节省了编写讲义、整理习题、批改作业、统计和登记分数的时间，同时避免了人工操作的失误。教师可以从烦琐的机械劳动中摆脱出来，将有限的精力花在深入掌握和理解教材、设计吸引学生的课堂教学方案、关注前沿理论的发展、加强理论教学与社会实践的结合等这些更为重要的事情上来。[①]

（四）教育对象知识转化速度提升带来的挑战与机遇

“95后”“00后”成为大学教育对象的主体，他们诞生于网络飞速发展的时代，被称为“网络原住民”，而绝大多数出生于前网络时代的高校教育工作者则只能算是“网络移民”。虽然身为长者，但也不得不承认学生们对信息技术的掌握和领会的优势。虚心地向“网络原住民”学习信息技术的方式不仅可以使“网络移民”们更快更直接地获得有用的知识和技能，更缩短了师生之间的距离，使得教学内容的传递更加快捷、有效。

（五）教育工作者角色转化带来的挑战与机遇

网络环境中，过度依赖网络、技术与设备是教育工作者在教学活动中经常出现的现象，这种过度依赖反映出教育工作者的教学不再是靠展现自己丰富的学术功底和个人魅力来吸引学生，而是简单地运用信息技术手段来完成教学。事实上，技术手段、信息系统最终只是教育工作者在教学中所借助的手段，教学中的核心还应该是人——学生和老师。因此，在教学信息化的过程中，教育工作者们有必要准确定位好自身与网络化和信息化手段在教学中

---

① 李涛:《网络时代高校教学信息化的机遇、挑战与应对——基于新加坡与中国的比较》，载《中国电化教育》，2012年第5期。

应有的相互地位。

三、慕课在新时代高校课程网络化所扮演的角色

1969年，英国建立了开放大学，这是世界上第一所开放大学。英国开放大学的首任校长在就职典礼上指出了开放大学的四项基本特点，即教育观念的开放、教育对象的开放、教学时空的开放、教学方法的开放。这四项“开放”成为后来开放教育理念的核心内容，也是开放教育资源运动的宗旨。2001年，麻省理工学院启动了“开放课件”项目（Open Course Ware Project），宣布将学校的课程教学材料通过互联网向全球免费开放，揭开了“开放教育资源”运动的序幕。第二年，联合国教科文组织正式提出了“开放教育资源”的概念：“开放教育资源，是指基于非商业性目的，通过信息技术向有关对象提供的，可被自由查阅、参考或应用的各种开放性教育类资源。”①“开放教育资源运动”在中国经历了两个发展阶段，并逐渐受到教育界的广泛关注。第一个阶段是2003年至2008年。2003年，由教育部发起的“建设国家精品课程”项目开启了中国高等教育机构的开放教育资源建设进程。在这个阶段，一系列精品课程面向全国高等学校开放。与此同时，国外开放课程也被部分非营利性机构不断引进和翻译。在这一阶段，主要面向范围还是在高等教育机构内部。自2009年开始，一系列优秀课程被“中国大学视频公开课”开发出来。各大主流门户网站也开启了全球公开课项目，将全球范围内知名学府的教学课程视频免费向大众提供，“网络公开课”也逐渐开始成为一种时尚和潮流。②

慕课，英文全称Massive Open Online Courses（MOOCs），中文翻译为“大规模在线开放课程”，简称“慕课”。慕课承诺通过网络连接，为人们提供曾经是遥不可及的教育资源。慕课一词最初由爱德华王子岛大学（University of Prince Edward Island）的Dave Cornier和Bryan Alexander提出，他们开设了一门课程《关联主义与关联性知识》，面向的是25名在校付费学生，以及2200名在线免费参与课程的学生。慕课真正开始于美国斯坦福大学的几位教授在

---

① 赵国栋、黄永中、张捷：《西方大学“开放教育资源运动”研究》，载《比较教育研究》，2007年第9期。

② 穆肃：《远程教育中的开放教育资源建设与应用》，载《现代远距离教育》，2012年第2期。

网络上提供他们的课程。Sebastian Thru 教授提供了一门《人工智能导论》课程，这门课程吸引了来自190多个国家，超过16万名学生进行注册学习。Sebastian Thru 后来离开斯坦福大学，与另两位同事一起创办了 Udacity。Udacity 的使命是“为世界提供便于获得、参与的卓有成效的高等教育。我们相信，高等教育是一项基本人权，我们努力使得学生们有能力去提高自身的教育和事业。”①

在网络时代，慕课以超乎人们想象的速度为高校课程教学模式的信息化与网络化提供了技术支撑，并对以“学”为本的教学价值取向的高校产生了剧烈的冲击。与传统的在线教育不同，在学习过程中实时地反馈成为慕课的最大特点，弥补了传统信息化教学课堂的氛围缺失弊端。以信息与网络技术为基础，慕课实现了课堂教学的精细化，并打破传统课堂教学与第二课堂教学的界限，创造了新的教学生态。随着慕课的不断发展和教育界对慕课的认可度逐渐提高，有关慕课的研究也逐渐引起高校的关注。

慕课能够将多元化的网络学习工具和丰富的数字化资源整合，提供更高质量、更大规模的在线课程，让教育对象无论身处于什么样的地域、出身于什么样的教育背景，都能够通过网络分享优质且高效的网络课程资源。它彻底地改变了传统的教学方式，给高校课程变革带来新特点。慕课给高校课程网络化带来的新契机包括以下几个方面。

（一）微视频和关联性的教学呈现形式

慕课是一种在线教育，但与早期的电视大学、网络公开课等在线教育形态不同的是，慕课课程运用全新的方式，创造性地建构学习流程，将网络商业运营、网络游戏运营、网络社交运营等网络思维融合进信息化教学领域，围绕主题分步式展开，教学信息更加清晰明确。一方面，慕课强调高质量的教学内容，教学视频要求短小精悍（与一个个知识点相结合，并配有针对性练习，一般为10分钟左右的“微视频”）；另一方面，慕课追求积极的在线互动，学习者不仅是看课程视频，还要通过自主学习的方式完成作业和测试，并与同学讨论、参与课程资源建设与分享，从而构建起自己的学习与概念网络，形成关联式课程。

---

① Udacity，https://www.udacity.com/（访问时间：2018年7月12日）。

（二）网络化和个性化的教学组织管理

慕课是一种有组织的教学，它与传统高等教育相同之处是都有一套学习和管理系统，但又不同于传统的高等教育的课堂教育：从入学条件来看，教育对象在注册后才能参与慕课学习（不注册课程平台就看不到视频），但它没有严格的准入制度，学习资格不受年龄段、国籍、职业的限制，只要通过网络客户端完成个人基本信息的注册，都可以取得学习资格；从教育时间来看，虽然每门课程都有相对固定的学习时段（一般规定为1到3个月），但是课程的开放时间段相对宽松，在开放时间段内，学习者可以不按照固定的上下课时间、不受传统班级人数的限制，根据自己的时间安排来实施学习。这样，慕课利用网络平台做到了有序而又灵活的教学组织，实现了教学管理的个性化。

（三）建构主义和以学为本的教学价值取向

慕课与传统的教学模式一样，需要教师的授课和指导，但又与传统的课堂不同。依据建构主义理论，慕课教学认为知识不是教学终点，而是以知识作为起点持续开展活动，以“共享”和“开放”为核心理念，彻底颠覆了教与学的主次关系。充分体现以教育对象为主体、教育工作者和网络共同主导的一种全新的“三主”关系。在慕课平台上，教育对象是全部课程的中心，教育工作者的作用是提供必要的支持。教育对象可以完全按照个人兴趣选课，还可以随时退课“炒掉”不喜欢的课程和老师。

（四）快捷性和商业化推动的教育运作模式

网络技术的飞速发展和网络构架的迅速普及，使得慕课让“任何人在任何地方都能获得免费教育”的理念在技术保障上没有任何障碍。通过慕课，教育对象可以轻易地获得丰富的教学资源，融入世界名校的精品课程。在足不出户的情况下便可以完成教学与授课、传授与吸收过程的飞速融合。而且慕课平台上即便是两三万人同时在线学习也毫无压力。然而，看似免费的慕课却蕴含着多样化的现代商业运作模式。Coursera 的“资格认证”新服务便是一个很好的例子，课程学习是免费的，但是要将课程学习转化为相应的学分或者取得相关的证书，便需要缴纳一定费用。从2013年1月推出到2013年9月，半年多时间里便有超过25 000人次获得认证，收益超过100万美元。“教学变革是技术和社会双重演变的必然结果，是教育对社会发展的主动回应，是教育适应信息社会的必然选择。”慕课的快捷性和商业化推动下的发展，深刻地改变了现有教育的模式，引发高等教育与社会运营的关系发生革命性的改变。①

一种观念认为，慕课与传统的高等教育课堂并没有本质区别，只是借助互联网的发展和信息技术的力量，并运用传统教学方式和途径进行的简单嫁接。因为慕课所能够提供的内容，从本质上讲仍是知识。但值得注意的是在以往的教育实践中，早就有研究将远程教育、网络公开课等加入了互联网技术与思维，将网络作为教育和知识传授的途径之一，但却未产生像如慕课这样深远的社会影响。所以，互联网技术并非慕课产生广泛社会影响的充要条件。开放教育资源已经不仅仅是传统意义的将文字、视频、课件和相关资料在网络开放，而是将整个教育过程面向互联网开放，运用网络科技的力量消除传统教育面临的时空界限、身份资格界限和课程科目界限，将整个社会与高等教育在形式上和内容上都充分融合，超越传统的信息化教育改革。

慕课不同于以往的网络教学视频，它除了传统的教学内容传授外，还涉及考核认证等环节，因此，实践教学的网络化改革也不能停留在完成实践教学内容的环节上，应该进一步完善网络实践教学考核评定环节，综合完整性、系统性、学科性及技能性等因素，建立健全考核评价体系。如何保证网络教学学分获取也是要突破的一个瓶颈，必须要做出一定制度设计和改革，出台相应的政策法规，如高校课程互选、学分互认等措施。虽然我国实践教学网络化发展速度很快，但是实践教学系统大多存在资源不完善、教学层次单一等问题。要注重教学资源的引进和建设，推动不同平台互相融合、互相借鉴，提高网络平台质量，防止出现重复建设、只建不用等现象。高校对学生的培养并不单单是一个教授的过程，还包括学生反馈、综合评定等多个环节，不同高校对学生培养目标也不一样。因此，网络化实践教学也要针对不同教学对象分层次设定，设定不同评价指标，同一平台下实现不同培养目标。慕课还处在发展阶段，如何更好地服务于高校教学，怎样解决不断出现的问题，还需要我们进一步探讨。②

---

① 陈强：《"慕课"影响与高校教师的应对策略》，载《龙岩学院学报》，2014年第6期。

② 邓红涛、查志华、田敏：《"慕课"推动下的实践教学网络化改革》，载《中国电力教育》，2014年第33期。

第三节 高校思想政治教育网络化

一、传统思想政治教育在网络时代面临的新挑战

伴随着互联网、大数据、云计算、量子卫星和人工智能的迅猛发展，以互联网为核心的新一轮科技和产业革命蓄势待发。人工智能、虚拟现实等新技术日新月异，虚拟经济与实体经济的结合，将给人们的生产方式和生活方式带来革命性变化。[①]习总书记曾在全国高校思想政治工作会议上指出："做好高校思想政治工作，要因事而化、因时而进、因势而新。要遵循思想政治工作规律，遵循教书育人规律，遵循学生成长规律，不断提高工作能力和水平。"[②]高校大学生思想政治教育作为一门特殊的教育课程，在新时代的重要性尤为突出。在如此迅猛发展的网络时代，传统的思想政治教育形式正面临着新的严峻挑战。

（一）教育理念和主体能力相对落后，网络素质亟待提高

习近平总书记指出，思想政治工作从根本上说是做人的工作。它的主要方向是知识结构和思想结构的改变，从而树立正确的世界观、人生观和价值观。在现今中国，思想政治教育更加注重树立共产主义理想，践行社会主义信念，树立社会主义核心价值观。高校中始终奉行的传统的"知识万能论"教育价值观已经不再是主要观念，主要原因是其忽略了学生的思想教育的立体结构，只注重智商发展而忽略情商培养，这是一个致命硬伤，这一硬伤使得思想政治教育缺乏生动性和亲和力，无法真正实现随着科技的进步而发展，只能形成"学而优则仕"的教育目的，使得学生素质教育只能停留在表面上，而不是在深度中。同样，少数思想政治教育者也存在知识结构、教育教学能力的欠缺，尤其是教育教学观念和思想、素质不能紧跟时代步伐，不能从学生切身实际、从时代前沿出发进行思想政治教育。不能及时解决知识更新问题，不能解答走在时代前沿的学生的困惑，不能及时掌握学生的思想状态，不能及时解决学生的思想问题，不能适应网络环境带来的实际问题是传统思

① 王冲鹊：《人工智能全球新浪潮》，载《中国信息化》，2017年第8期。
② 习近平：《全国高校思想政治工作会议讲话》，载《人民日报》，2016年12月9日，第1版。

想政治教育在网络时代所面临的重大问题。

如何把网络教育引入传统的思想政治教育，是我们亟待思考的实际问题，也是我们在新网络时代面临的机遇和挑战。

1. 转变教育观念是首要任务

网络时代我们的生活变得更加快节奏、更加多样化、更加实时化，思想政治教育在网络时代仅仅依靠个人力量也变得不现实。如何改变教育者的教育思路，使之认清新时代特性，以及如何引导新时代下学生成长目标的树立，如何转变教育思维，加强责任意识，将网络时代的各种便利性，如快捷性、时效性、自由性、隐蔽性等转变为教育的武器，变单一灌输为启发引导，变单纯的知识性教授为心灵交流，引领学生思想进步，能力提高，不断创新，树立社会主义核心价值观，是转变传统思想政治教育的新挑战所在。

2. 掌握教育新技能是根本任务所在

在网络时代下，高校教师要学会驾驭好网络这个工具对学生进行教育的技能。我们所处的网络时代，信息量越来越大，也越来越杂，人们的交流越来越频繁，因此思想政治教育者的主动性和服务意识也应逐步增强，充分利用网络的民主性、自由性、隐蔽性等特点，采用网上答题、网上咨询、网络预测等新方法对学生进行全方位、多层面的思想政治教育，变传授为启发，变讲授为渗透同样是挑战所在。[①]

（二）教育方法相对传统，网络教育方式亟需丰富

网络时代下，知识容量越发巨大，更新周期越来越短，新知识不断出现，这就要求高校对知识吸取向着更深、更广、更精发展，不断地更新学校的教学内容、教学方法。思想政治教育的教育理念、主体能力的相对落后导致教育方法不能紧跟时代潮流。在当今网络时代，学习是贯穿人的一生的活动，学习者并不仅限于学生，还有形形色色想要吸取知识的人群，教育也不仅限于教师，每个人都可能成为某个领域的教育者，学习是一个终生的过程，俗话说“活到老学到老”，这句至理名言在信息化时代更能体现出其真理性。顺应新时代的要求，使得教育形式不再单一化已经成为网络时代思想政治教育的机遇和挑战。但学生被动接受，教育者主动教授的地位，不管是在思想政

① 蔡笃瑜:《对网络时代下传统思想政治教育的思考》，载《教育与职业》，2012年第8期。

治教育的宣讲工作，还是在正面交流的思想工作中，都没有很好地改变，这种教育方法在我们建设网络强国的道路上所表现出的弊端越发明显，因此丰富网络思想政治教育方式就成了急需解决的问题。习总书记曾在全国高校思想政治工作会议上指出要运用新媒体新技术使工作活起来，推动思想政治工作传统优势同信息技术高度融合，增强时代感和吸引力。新的教育方法随着网络时代的发展，随着国家对于网络的重视需要成为现实，将网络大众化和便捷性以及信息的丰富性都应用于新的教育方式是大势所趋。如何充分运用现代科技带给我们在学习、工作和生活中的便利是关键所在，将网络给人们的视觉冲击力转变成知识的获取，让网络为我们服务，既是传统思想政治教育顺应时代发展的机遇也是挑战。

（三）教育内容相对单一，充实网络教育内容成为大势

习总书记曾在全国高校思想政治工作会议上指出，做好高校思想政治工作，要因事而化、因时而进、因势而新。思想政治理论课的教授是我国思想政治教育工作的重要组成部分。坚持以马克思主义为指导，坚持不懈传播马克思主义科学理论，抓好马克思主义理论教育，是我国高校思想政治教育的主要方向，也是为学生一生成长奠定科学的思想基础。[①] 虽然各高校的思想政治课程包含很多内容，但总体来讲理论性比较强，如果没有其他的辅助教学手段，学生对思想政治理论课程的接受度就显得牵强和被动。网络时代下，高校学生的学习方式应不断进步，从被动接受变为在感官与心灵双重作用下接受知识，从而将高校传统的思想政治教育方法未拓展的教育内容，通过网络呈现出应有的丰富色彩。那么如何用网络手段使思想理论教育真正进入学生的头脑，又将是高校所面临的挑战。

因势而新很好地解释了破解传统思想政治教育的思路，网络信息的丰富性、直观性对传统思想政治理论课内容的理论性和抽象性做了很好的扩充，高校要让网络渗透到思想政治教育的方方面面，对学生加强引导，做社会主义核心价值观的坚定信仰者、积极传播者和模范践行者。不仅要让学生了解网络知识，还要掌握网络基本技能，同时进行网络伦理教育，让学生在当今信息庞杂的网络时代做到不迷失自我是又一项重大挑战。

---

① 董奇:《把社会主义核心价值观融入人才培养全过程》，载《中国高等教育》，2017年第1期。

网络是当今时代应运而生的产物，传统的思想政治教育已经在教育者素质、教育方法、教育内容等方面表现出了不足。而网络生活所显现出的广度、深度以及自由、平等等特征吸引着新时代下的青年学生。思想政治教育应该在新时代下取长补短，抓住事物发展的规律，把握网络时代机遇，勇于迎接挑战，通过新的教育手段和内容，与时俱进，将思想政治教育与网络时代这个主题相融合，使网络化贯穿思想政治教育的始终。

二、高校思想政治教育网络化的实施途径

科教兴国是我国实现伟大复兴中国梦的关键所在，网络强国是我国伟大复兴中国梦实现的重要途径。青年兴则国家兴，青年强则国家强。青年是国家的未来和希望，让青年学生的思想水平、政治觉悟、道德品质和文化素养不断提高，让学生顺应时代潮流，成为德才兼备、全面发展的人才，始终是我国高校思想政治教育的重点所在。高校思想政治教育网络化弥补了传统思想政治教育人员素质、教育方式和教育内容的不足，为大学生的学习提供了丰富的资源环境，也提高了学生的学习效力。[①] 高校思想政治教育网络化有以下几个实施途径：

（一）提高高校思想政治教育网络化职业者从业素质

高校思想政治教育工作者对于传统的思想政治教育思维要在当今网络时代学会改变，不断提升自我，由过去的单一的传授者转变为学生参与教学活动的组织者、引导者与督促者，树立网络化和数据化思想。主要措施为：

1. 树立大数据观念

高校在传统思想政治教育的基础上，可以将网络和日常工作数据相结合，对学生日常行为进行预测，通过学生经常使用的通信软件、学生对国内外大事的态度、对课堂教学情绪反馈等数据进行统计分析，使高校能够更加清晰地了解学生日常思想活动，同时能够及时对个例学生给予关注。

2. 线上办公化

高校可以通过社会思想政治教育力量，如教育部门、党建部门、团建部门，实现信息的广泛交流与传播，增强学生的认知能力，并开放网络反馈平

① 姚绮：《高校思想政治教育网络化问题及优化路径研究》，载《广东蚕业》，2016年第11期。

台，随时在线解答学生的疑问，充分调动学生的积极性、主动性与创造性。

3. 实现线上双向互动反馈

高校可以通过 QQ 群、微信群、微信公众号等线上手段，与学生家长建立交流平台，形成双向交流与反馈机制，使家庭和高校、家长与教师相结合，共同关心学生内心世界，通过双向机制改善学生思想认识问题。

从传统的面对面课本教学到网络化思想政治教育教学，教授者除了熟悉网络化的知识，还要提高专业职业素养，把好网络信息传播质量关。高校思想政治教育者要学会在网络上参差不齐的信息中选择高质量的、正确的信息传播给学生，并在信息发布过程中剔除色情淫秽、暴力文化等不健康网络信息，为学生的网络化自主学习提供洁净的环境。

（二）拓展高校思想政治教育网络化教育方式

大学生思想政治教育涉及马克思主义理论、毛泽东思想理论、“三个代表”思想理论、习近平新时代中国特色社会主义理论等具有中国特色社会主义理论体系，理论知识较多、较复杂，导致学生感受不到课程学习的乐趣。教育者在网络思想政治教育中转变教学形式，不再进行枯燥的理论知识学习将是网络化思想政治教育的又一创新方式。

1. 拓展高校思想政治教育网络化教育方式要做到整合人力资源

思想政治教育网络化为高校思想政治教育工作提供了新的载体、新平台，作为一个全新的领域，开展实施的准备工作必不可少。首先是对教学相关的信息、人力、资金等资源进行汇聚分配。通过教师与学生跨班级、跨课程参与，使不同年级、专业或班级的师生之间实现相互协作与资源共享，提升思想政治教学的效率，打破旧式教育的课堂限制。学生可以参与讨论相关思想政治事件，教育者可以把教学内容转换为 PPT、影像、短动漫的形式，提高学生的参与度。同时网络平台可以迅速协调思想政治课程的教师、辅导员、学生、校外名师的关系，同时对原先分散无规划的教学途径进行整合，从而建立起高效、全面、便捷的思想政治网络教学新格局。

2. 拓展高校思想政治教育网络化教育方式要做到网络教学系统的创新

网络教学系统一般是以个人空间为基础、基于教学网站平台而创建的，具有较强的开放性。针对学生排斥面对面尴尬的情况，可以在网络上设置匿名问答环节，以及采取同年龄陌生人交流形式，让学生能够接受思想政治工作，并将学生放在主体位置，以学生的感受及想法为基础进行合理的引导，考虑学生的情绪以及学生的接受程度，实现拉近学生与教育者之间的关系，不限定学生咨询的方式以及学生咨询的内容，激发学生的参与积极性。[①]通过教学系统中各种信息交流工具（如微博、QQ、微信以及各类聊天群等常用的即时聊天交流工具）实现师生之间对教学活动中各项问题的探讨、教学经验与心得的交流，通过火爆综艺、热门电影、小说等形式，结合学生的实际生活，让学生能够更为直观地接受思想政治教育，降低学生对于思想政治教育的抵触情绪，增强感情联络，实现真正的教学互动。

在思想政治教育网络化的创新求变道路上，已有了很多成功的案例。微课《五分信仰课堂》就是其中之一，它是哈尔滨工程大学和“U＋辅导员工作室”经过近两年的探索与实践，推出的“营养快餐”式大学生网络思想政治教育课程。该团队充分利用网络技术的包装能力和微媒体高速的传播能力，丰富大学生思想政治教育外延、拓展了大学生思想政治教育形式，以当代大学生更乐于接受、易于吸收的方式开展社会主义核心价值观教育，推动思想政治工作传统优势与信息技术的高度融合，引导大学生坚定理想信念，同时，还能更好地守护互联网这块思想政治教育的前沿阵地。

网络教学应符合信息化时代微媒体的信息推广规律，也要秉承严格的质量要求，具有较强的互动性和实效性，确定理想信念为核心教育内容，不同主题、内容、形式的网络课程均要以坚定大学生的信仰为内核，抵制不良网络舆论、树立高校网络“正能量”旗帜，推动社会主义核心价值观教育的网络化升级。网络教学大大改变和丰富了传统的教学模式，教师的教授与学生的学习思考都拥有了更大的拓展空间与灵活性。教育者教学方式的改变，在增加了教学的趣味性的同时也大大增加了学生的兴趣和积极性，无论是对教育者还是学生来说都是双赢。

（三）丰富高校思想政治教育网络化教育内容

在飞速发展的网络时代，人人都可以成为自己的“媒体”，都可以代言自我，导致传统思想政治教育内容没有了吸引力，教育实效性、满意度持续下降，文化强国这一当今热点话题为单一的传统思想政治教学融入了活的血液，

---

① 文斌:《网络时代大学生思想政治教育工作方法与路径探索》，载《重庆城市职业学院学报》，2012年第2期。

创新方法将优秀传统文化和学生发展指导融入网络思想政治教育也成为主流趋势。

1. 加强中华优秀传统文化教育

中华优秀传统文化教育是深化中国特色社会主义教育和“中国梦”宣传教育的重要组成部分，是构建中华优秀传统文化传承体系，推动文化传承创新的重要途径，是培育和践行社会主义核心价值观，落实立德树人根本任务的重要基础。[①]传统文化融入思想政治教育关键之一是“两栖型”工作者，他们不仅需要懂思想政治工作，还需要灵活运用新型网络技术，以此来建设成新型专业化思想政治教育团队，来不断适应快速发展的网络新时代。优秀传统文化教育融入高校思想政治教育要随着时代的发展和形势的变化，不断与新的时代需要相结合，及时更新内容。传统文化融入思想政治教育关键之二是内涵的加深，这就要求教育工作者不但应将传统文化的表层展现出来，更应挖掘出更深层次的内容。如“萨德事件”中在讲述萨德的作用、危害后还要着重强调在此事件中我们应该体现出爱国主义精神，发掘直击学生内心的细腻之处，让学生明白这些都是与我们息息相关的事情。贴近学生生活，将传统文化变得更容易接受，引发学生的共鸣，从而进一步深化理论教学中的传统文化内容。传统文化融入思想政治教育关键之三是实践。“实践是检验真理的唯一标准”，这是马克思主义的基本原则，也是亘古不变的真理。与单纯的课堂教学相比，实践可以加深学生对传统文化的印象，而且通过实践学习，将课堂上生涩的知识变得更直观，易于学生接受。以校风培养为例，哈尔滨工程大学通过大学第一节课军训，在锻炼学生意志的同时融入哈军工灵魂精神，从校规校训解读，到校歌铭记，再到“解密哈军工”纪录片、参观军工纪念馆，学生们沿着前辈们的足迹，重走军工路，重铸军工魂。激起学生的爱校、爱国热情，从而将热情真正地转化为实践，唱起振奋人心的校歌，不忘艰苦奋斗的拼搏意志。

优秀的传统文化将有助于大学生树立正确的价值观，能够使大学生对社会主义核心价值观有更好的理解与应用，对自身思想道德观念有进一步地提升，从而形成健全的人格与健康的心理。

---

① 蒙秋妍、贾宝莹：《浅谈中华优秀传统文化在大学生思想政治教育中的意义与应用》，载《科教文汇》（中旬刊），2017年第11期。

2. 加强学生发展指导教育

思想政治教育也应注重对于学生发展的指导。以大学生职业生涯规划、就业指导、学业规划指导、创新创业教育、文明礼仪教育、心理健康教育等主要内容，为大学生提供发展指导服务、帮助大学生克服发展困境，并在做好大学生发展技术性指导的同时，将社会主义核心价值观教育融入其中，引导大学生们把自身的发展规划和成长成才与国家进步、民族振兴紧密结合起来。单纯的说教式理想信念教育缺乏现实根基，实际教育效果和吸引力受到限制；孤立的发展指导服务缺少思想指导，难以激发学生的持久奋斗动力。而通过思想和能力两个教育环节的搭配，既保证了社会主义核心价值观教育目标的充分实现，又增加了教育的吸引力和实效性，形成了“闭环”教育系统。

三、高校思想政治教育网络化中存在的问题

（一）网络思想政治教育环境易受冲击

在当今网络化和数据化的时代背景下高校学生主流思想易受影响。互联网时代，信息量爆炸是社会主流趋势，而在这种网络环境下，出现了一些非主流思潮。这对马克思列宁主义、毛泽东思想、邓小平理论、“三个代表”重要思想、科学发展观以及新时代中国特色社会主义思想等意识形态均产生了巨大冲击与挑战。在网络环境下，公民言论具有开放性、自由性和共享性。高校学生由于在校园相对安全的环境下生活，社会经验少，很难认识社会的本质，很难去分辨网络上不良言论信息的真假对错。面对各种多元化信息的冲击，如果不能加以引导，学生的世界观、人生观、价值观必然会受到影响。

（二）网络思想政治教育内容有待创新

新时代网络时代背景下，互联网应用大量普及，新媒体技术加速发展，大学生更加频繁地运用网络进行交流和学习，网络已经成为大学生生活中的必备品，这成为高校教育占领网络思想政治教育新阵地的机遇，但同时也提出了新要求。[①] 首先，高校网络思想政治教育内容未能与时俱进，与学生日益成熟运用网络新媒体技术形成鲜明对比，高校多通过学校官网和微信平台等

---

① 万泱、彭映梅、田川等：《高校网络思想政治教育的困境与提升路径》，载《江西中医药大学学报》，2018年第3期。

以文字加图片的形式呈现一些重大会议文件和报告，一些网络思想政治栏目基本照搬原文，以新闻和简单链接为主，缺乏系统的网络思想政治教育资源平台。其次，网络思想政治教育应当体现互联网的特点，便捷高效地吸引大学生学习，但实际情况则是网络思想政治教育内容没有经过合理整合，使得学生看过之后也是一头雾水，忽视了网络思想政治教育内容的吸引力和凝聚力要求。再次，网络思想政治教育内容不应理解为简单的政治理论学习，它还包含了法治法律、道德教育、时事热点、人性品格等各个方面，应当加大对教育内容的深层次挖掘。

（三）网络思想政治教育方式方法简单

网络思想政治教育的方式方法能否起到预期的作用，关键看学生是否能主动接受熏陶，但就目前来看，多数网络思想政治教育方式方法过于简单。首先，多数网络思想政治教育主要以政治理论学习为主，缺乏鲜活事例，不能契合大学生实际学习和生活，难以引起学生的共鸣，导致感染力不强。其次，一些网站设立的信箱、留言板没有发挥作用，只有读者的留言，几乎只是单向传播，基本没有交流和回复，使原本应当充满思想交流的氛围变得沉寂，降低了学生参与的欲望。网络思想政治教育需要保证信息交换的及时性，如果学生被动地接收信息，不能与周围人群共同分享和讨论，那么这种形式就并非学生主动探索，学生就会对获取此类信息的兴趣逐渐减淡。再次，网络思想政治教育方式方法的定位不够清晰，部分高校在实际工作开展中，只是偶尔在校园微信平台上发布一些有关思想政治教育方面的内容，忽略了思想政治教育的系统性和全面性。甚至个别内容存在过度娱乐化嫌疑，与开展网络思想政治教育的初衷渐行渐远。

（四）网络监管不力

随着各种直播 App 的上线，抖音、斗鱼、熊猫等直播网站，“LOL”“吃鸡”“王者荣耀”等游戏软件在学生中的影响力越来越大，但由于网络监管不力，这些平台以及游戏网站上也会出现色情淫秽、暴力文化、拜金主义等一系列肤浅且不符合时代特点的价值观，这必然会对高校网络环境产生不良影响。

第七章 高校网络生态系统中宣传要素的作用

互联网时代为高校思想政治育人工作带来前所未有的挑战和机遇。当前及未来，互联网是意识形态斗争的主战场、主阵地、最前沿，也是思想政治教育面临的“最大变量”之一。网络新闻宣传工作的迅速发展为思想政治教育提供了新的更大的平台，开辟了新的发展路径。网络新闻宣传工作是对青年学生进行思想政治教育的重要阵地，它始终肩负思想政治育人的使命担当。本章通过归纳高校网络新闻宣传的时代特点，阐述网络宣传对高校思想政治教育的作用，探索并拓展运用网络新闻宣传助力思想政治育人工作的路径，以进一步增强思想政治育人功能。在大思想政治格局、大宣传格局的时代要求下，高校思想政治教育工作者要顺应时代潮流，牢牢掌握网络宣传的话语权，做新思想的传播者、新时代的推动者、新征程的奋进者，既要建好用好管好媒体平台，又要把握网络宣传引导的时、度、效，建设具有充沛正能量的舆论阵地，使网络新闻宣传更好地肩负起思想政治育人的使命担当。

第一节 高校网络新闻宣传的时代特点

一、高校新闻宣传的功能

（一）新闻宣传的功能

宣传是有目的地影响他人意识和行为的社会传播活动。新闻宣传是宣传的特有形式，既可满足读者对信息的需求，又具有“意识形态”的特性，是一定阶级、政党和社会组织实现自身利益的手段。

新闻宣传是党的意识形态工作的重要方面，是最前沿、最直接、最有影响力的意识形态工作，是党的工作的重要组成部分，直接服务于党的工作全局。[①]

早在1948年4月，毛泽东同志在与《晋绥日报》编辑人员座谈时就明确指出：新闻宣传工作“就是教育群众，让群众知道自己的利益、自己的任务和党的方针政策”。他还进一步强调，“报纸的作用和力量，就在于它能使党的纲领路线、方针政策、工作任务和工作方法，最迅速最广泛地同群众见面”。[②]

随着时代的发展，党的新闻思想发展到了新的历史阶段，对党的新闻宣传工作性质、地位等做出了新定位。习近平总书记在党的十九大报告中指出，“要牢牢掌握意识形态工作领导权”，强调要“高度重视传播手段建设和创新，提高新闻舆论传播力、引导力、影响力、公信力。加强互联网内容建设，建立网络综合治理体系，营造清朗的网络空间”。

2016年2月，习近平总书记在党的新闻舆论工作座谈会上指出，党的新闻舆论工作是党的一项重要工作，是治国理政、安国定邦的大事。做好党的新闻舆论工作，事关旗帜和道路，事关贯彻落实党的理论和路线方针政策，事关顺利推进党和国家各项事业，事关全党全国各族人民凝聚力和向心力，事关党和国家前途命运。

这里的“一项重要工作”、一件“大事”和五个“事关”，准确表述出新闻宣传工作在新时代的重要地位和作用。新闻宣传工作之所以重要，根本原因在于它是党的意识形态工作的重要方面，是最前沿、最直接、最有影响力的意识形态工作。

新闻媒体始终是各种势力争夺的重要阵地，新闻宣传工作始终处于意识形态的最前沿。巩固马克思主义在意识形态领域的指导地位，巩固全党全国人民团结奋斗的共同思想基础，是新闻舆论工作的总目标和总要求。习近平总书记多次强调：“党的新闻舆论工作坚持党性原则，最根本的是坚持党对新闻舆论工作的领导。党和政府主办的媒体是党和政府的宣传阵地，必须姓

① 《习近平新闻思想讲义》，人民出版社、学习出版社2018年版，第34页。
② 《毛泽东选集》第4卷，人民出版社1991年版，第1319页。

党。”[①]这一系列重要思想、论断和概念是对马克思主义新闻观的新贡献，是广大新闻舆论工作者的行动指南和基本遵循。

在新的时代条件下，党的新闻宣传工作的职责和使命是：“高举旗帜、引领导向，围绕中心、服务大局，团结人民、鼓舞士气，成风化人、凝心聚力，澄清谬误、明辨是非，连接中外、沟通世界”。这48个字对新闻宣传的职责使命做出了最集中、最鲜明的概括，体现了时代和形势发展对新闻宣传提出的新要求，为新闻宣传工作的发展指明了方向。

对于高校的新闻宣传而言，这48个字为高校思想政治工作者提出了更加具体的特殊要求——高举旗帜、引领导向，是新闻宣传工作政治性和导向性的集中体现，关系到旗帜、道路、方向这些关乎党和国家前途命运的根本性问题。高校思想政治工作者要牢固树立政治意识，增强道路自信、理论自信、制度自信、文化自信四个自信，对青年学生深入开展中国特色社会主义宣传教育，全面、准确、生动地为师生解读中国特色社会主义道路、理论、制度、文化。

围绕中心、服务大局，是新闻宣传工作服务性和促进作用的集中体现，关系到贯彻落实党的理论、路线、方针和政策，关系到顺利推进党和国家各项事业。在高校中，新闻宣传要始终紧密围绕“立德树人”这一中心，服务涉及人才培养、科学研究等学校建设的中心工作，推动学校各项事业的蓬勃发展，这是高校新闻宣传工作的职责使命和主攻方向。

团结人民、鼓舞士气，是新闻宣传工作人民性和鼓动作用的集中体现，关系到全心全意为人民服务的宗旨。在高校中，新闻宣传就是党联系广大青年学生的重要纽带，是党的群众工作的重要渠道。要坚持以师生为中心的工作导向，把服务、教育与引导青年学生相结合，把满足学生需求和提高他们的素养相结合，弘扬主旋律、传播正能量，激发全校凝心聚力、攻坚克难，调动各方面力量的积极性、主动性和创造性，推动学校在“双一流”建设新征程上昂首阔步。

成风化人、凝心聚力，是新闻宣传文化性和教育作用的集中体现，关系到引导青年学生树立社会主义核心价值观，关系到形成良好的校风、学风和

① 《习近平新闻思想讲义》，人民出版社、学习出版社2018年版，第55页。

个人精神风貌。作为更直接、更具影响力的文化工作，新闻宣传要在高校中以循循善诱、潜移默化的方式影响青年的价值观念和精神面貌，在青年中进一步提倡文明、弘扬正气，引领校园风尚，引导教化学生，通过大力宣传社会主义核心价值观，使社会主义核心价值观内化为青年学生的精神追求，外化为他们的自觉行动。

澄清谬误、明辨是非，是新闻宣传原则性和思辨作用的集中体现，直接关系到意识形态安全和社会共识的形成。青年学生的思想观念更加多元、多样、多变，他们大多善于发现问题，但是解决问题的能力尚显不足，因此更容易产生疑虑和疑惑，如果没有得到正确的引导和疏导，很容易陷入误区，产生不良影响。高校宣传工作要更加善于用生动的事实教育人，敢于面对矛盾问题，善于科学分析问题，理性回答问题，引导青年学生形成共识。

联接中外、沟通世界，是新闻宣传开放性和沟通作用的集中体现，关系到增强国家文化软实力。高校新闻宣传要统筹校内校外宣传，坚持学校站位和广阔视野，内聚发展力量，外树师生形象，增强师生爱校、荣校的自豪感，增强学校在社会上的美誉度和知名度。新时代，要讲好大学好故事，传播好大学好声音，高校新闻宣传工作就要反映好大学的使命，构建高校新闻舆论的影响力，展示学校和广大青年学生的新形象和新作为。

要实现新时代新闻宣传工作的职责和使命，必须借助互联网这一意识形态斗争的主战场、主阵地和最前沿，既要适应互联网传播特点，又要符合高校这一特定范畴和青年学生这一特殊群体的宣传需求。

（二）高校新闻宣传工作的现状

高校肩负着人才培养、科学研究、社会服务、文化传承、国际交流合作等使命，其立身之本在于立德树人。青年学生群体热情有朝气，思维活跃，思想新锐，知识水平较高，世界观、人生观、价值观正在形成，并且日趋成熟，可塑性和接受新事物能力较强，同时他们往往又存在社会经验较少、社会经历简单、易冲动、易受煽动等特点，在高校校园中，思想交锋和碰撞也相对更加激烈。

据互联网络信息中心（CNNIC）发布的《中国第三十九次互联网络发展状况统计报告》显示，截至2016年12月，我国网民规模已近7亿人，近两年的规模增长更加迅速，其中20到29岁年龄段的网民占比最高，达到30.3%。

高校中青年学生群体大都集中在该年龄段，高校中几乎“无人不网、无事不网、无处不网”。习近平总书记明确指出：要把网上舆论工作作为宣传思想工作的重中之重来抓，宣传思想工作是做人的工作的，人在哪儿重点就应该在哪儿。高校新闻宣传工作尤其需要探索“互联网+”与“宣传+”的契合点和耦合点，需要进一步延伸新闻宣传工作的触手，以使思想政治教育工作因时而进、因势而新。

1. 融媒体时代的高校传统媒体

“融媒体”是指充分利用各种媒介载体，把报纸、广播、电视、网络等既有共同点，又有互补性的不同媒体，在人力配备、内容生产、宣传渠道等方面全面融合，实现“资源通融、内容兼融、宣传互融、利益共融”的新型媒体。它将传统媒体的优势加以整合、互为利用，是全面提升新闻宣传功能、手段、价值的媒体运作模式。

随着移动互联网技术的快速发展，“融媒体”时代的到来给传统的新闻宣传工作模式带来了前所未有的挑战和机遇。这在知识高度密集、青年群体集中的高校体现得尤为明显。作为以高校师生、校友、家长等为主要传播对象，分众明显、受众特殊的高校新闻宣传工作，如何立足新时代、满足新要求、肩负新使命，顺应媒体发展趋势，利用“融媒体”的宣传效力，打造高校新闻宣传全媒体覆盖的“新闻厨房”，最大化地伸展思想政治育人触手，是高校新闻宣传、思想政治工作者的首要任务。

目前，高校媒体主要包括校报校刊、校电视台、校广播台、校园网、两微一端等新媒体，他们构成了学校重要的舆论场、师生交流的平台，发挥着舆论引导、信息传递、文化传播、思想引领等功能。

校报的优势在于其权威性、深度性、专业性，是信息的权威发布者和解读者，可反复阅读和长时间收藏，但是由于其多为周报、旬报甚至月报，具有较长的出版周期，以及其印数有限，在很大程度上影响了新闻宣传的时效性和广泛性，尤其在“两微一端”等新媒体兴起后，以校报为首的纸媒在校园媒体中逐渐处于弱势，受众范围锐减，但校报始终具备增强读者的阅读体验、利于档案保存、便于收藏及深入思考等不可替代的优势。校园广播和有线电视台等视听媒体，由于其传播受时空、设备等限制，在新媒体的冲击下也面临发展瓶颈，日渐式微，很多高校将有线电视的新闻发布、视频影像等节目的发布阵地转移到了校园网上，有的高校将校电视台的主要功能逐渐过渡为营造校园文化氛围，针对特殊事件、特别人物制作专题片和视频材料。校园网集文字、图片、视频等于一身，信息量大、更新迅速、文图兼备，因其信息传播的迅速便捷，在高校中受众较多，但随着微信、微博、手机客户端等新媒体的兴起，因校园网自身存在的互动性、针对性不足，其宣传的力度和覆盖面有所缩减。在高校中，新媒体的发展速度远超传统媒体。手机媒体因其通讯功能和社交功能的强大，成为师生获取学校信息的重要渠道，其点对点传播的特性可满足受众的不同需求，因此它宣传的覆盖面日益广泛。

尽管高校的媒体形式面临着不同的发展态势，但是传统媒体与新媒体之间的关系并不是简单的互相对立、此消彼长。随着信息技术的发展和有效应用，很多高校在各种媒体形式的发展过程中，对它们区别对待，以便各展所长，对相应的媒体载体进行重新规划和定位，更加注重扬长避短、深度融合、一体发展，充分利用不同形式的宣传手段，构筑起最大化的新闻宣传舆论场，逐渐建立起融媒体“你中有我、我中有你”的大宣传格局和平台，使宣传效力得以最大化地拓展，这对于高校新闻宣传工作而言，既是最优选择，也是大势所趋。

2. 以“两微一端”为代表的高校新媒体发展

随着移动互联网技术的发展，微信、微博和移动客户端逐渐成为青年学生获取资讯、进行交流的重要方式和新闻宣传的最重要平台。新媒体的迅速崛起为新闻宣传工作的传播渠道带来了深刻变化，并在很大程度上影响着青年学生的阅读习惯和新闻宣传的效果。这些影响在青年学生的集中地、知识密集的高校体现得尤为明显。目前，以“两微一端”为代表的新媒体正成为高校备受瞩目的传播方式，为高校新闻宣传工作带来了巨大影响。

移动互联网技术和智能手机的发展使信息传播不再以相对体系化的方式呈现和传播，而是逐渐碎片化，同时内容更加丰富多样，这在很大程度上影响了人们的阅读习惯和接收效果。“两微一端”在高校的迅猛崛起，对校报、校电视台、校广播台、校园网等高校传统媒体造成了前所未有的挑战，也带来了传统媒体的内容优势与新媒体的传播手段深度融合、建立更大宣传平台和舆论阵地的历史机遇。面对新媒体平台的发展契机，高校新闻宣传工作必须积极迎接挑战，顺应传播潮流，保持优势，弥补劣势。

目前，很多高校进一步打造“两微一端”这一新闻宣传工作新的前沿阵地，将“两微一端”作为高校官方发声渠道之一，这也为传统媒体与新媒体的融合发展开辟了新路径。

2009年12月，武汉大学首开高校官微。2012年8月，华中科技大学首开高校微信公众号，其后，各高校官微、微信公众号如雨后春笋般地发展起来，通过官微和公众号的新功能，高校新闻宣传工作拓展了新的广阔空间。在移动客户端方面，众多高校在“今日头条”等新闻客户端创建高校官方账号，进行新闻发布、形象宣传等，取得较好的传播效果。此外，自媒体、视频媒体、分发平台以及直播、短视频等传播形式百花齐放，新的媒体形式不断涌现，无限延伸。高校中新闻宣传工作的主要受众——青年学生热衷新事物、具有更高的接受能力和创新能力、对新事物的发展具有敏锐的感受力和较强的操作能力，新媒体从出现伊始，就对高校师生产生了强大的吸引力，并由此生发出巨大的传播力。

在顺应网络媒介发展思路的引领下，高校新闻宣传工作对“两微一端”历经了解、摸索、建设阶段后，对其认识不断深入，并对其不断加大投入力度，对其利用进入相对稳定和熟练阶段。目前，“两微一端”等新媒体平台已经成为传播高校重要新闻信息、促进高校先进文化建设、引领师生思想方向、塑造高校良好形象的最重要的舆论阵地，其不可或缺的地位日益凸显。

二、网络新闻宣传的特点

随着媒体格局、传播技术、时代发展，已经成为舆论斗争主战场的互联网直接关系到国家意识形态和政权安全。同时，做好网络舆论工作是一项长期工作，习近平总书记强调，要把网上舆论工作作为宣传思想工作的重中之重来抓。[①] 融媒体时代，包括“两微一端”等新媒体在内的网络新闻宣传工作展现出一系列新的时代特点。

（一）广泛性、互动性更强

网络新闻宣传的范围异常广泛，不受地理、阶级、种族、性别的限制，只要有网络的地方即可覆盖，因而受众群体的范围也异常广泛，凭借网络技

① 《十八大以来重要文献选编》（上），中央文献出版社2014年版，第465页。

术的迅猛发展，人类得以实现共创、共享、共同发展，网络宣传让地球村里的村民最大化地消除了交流的羁绊。

同时，由于网络科学技术的发展，信息传播具有即时性，即便人们相隔万里，也可在第一时间了解事态的发生、进展，从而产生最大范围的互动。网络传播的交互性特点使传播主体与传播受众相互间的交流方式有所变化，其对受众的影响更为明显、深刻。“在网络传播中，传播主体与传播受众的严格界限被打破，主体不再只是主体，受众不再只是受众，主客体之间的双向互动的交互性关系，改变了传统意义上受众居于被动接受的那种单向、线性的存在状态……受众可以根据自己的需求选择信息，同时表达个人观点，在网络宣传中即时与信息发布者、其他受众形成互动交流，既可以对宣传主体提供准确的反馈信息使其对传播内容做出相应的调整，又与其他受众形成自由畅谈的言论场，相互激发思维，互通有无，充实观点，达成共识。”①

在新媒体得到广泛应用前，高校校报、校电视台、校广播电台、校园网等各类传统媒体的传播方式虽各有侧重且相互配合，并形成一定体系，但仍存在新闻传播的滞后性、冗杂性、播放设备的局限等不足。受众处于被动地位，传播方向上大体属于单向传播，传统媒体受众面日趋变窄，新媒体的出现有效颠覆了这种局面。通过评论、留言回复等功能，微博、微信等使高校新闻传播实现了更大影响力。尤其引人注目的是“转发”的功能，官方微博、微信形成首次信息传播后，粉丝的转发形成二次传播，更多转发使信息传播出现几何级增长的高速度和高覆盖率，传播速率惊人。以哈尔滨工程大学官微的宣传案例为例，2017年7月，哈尔滨工程大学官微推出的《解密哈工程最具电影气质的11号楼》，通过对多部电影拍摄时的取景地——学校的11号教学楼，展现出学校独具特色的校园建筑，通过介绍教学楼里“千回百转的路线”“天书般的教室编码”“地下的秘密”“领袖们的足迹”等发生在教学楼里鲜为人知的故事，展现出一代代哈军工人为国家强盛、国防事业不懈奋斗、攻坚克难的精神，极大地激发起青年学生爱校、荣校的情感。当时正值电影的主创人员重回学校做电影宣传，学校的宣传工作人员抓住时机“蹭热度”，在解读校园建筑中，回顾学校的光荣历史，传播校园文化，激发出师生对于

① 宗晶:《网络传播对高校思想政治教育的影响及对策》，兰州交通大学硕士学位论文，2013年。

学校前身“哈军工”和今天的哈尔滨工程大学“哈军工文化园”的由衷自豪感。尤其值得一提的是，时值高考结束、考生报考的招生季，取得非常好的对内、对外宣传效果。在短短25个小时内，点击量达到10万以上，可观的覆盖面和传播速率背后，转发的二次传播功不可没。

通过“两微一端”的新媒体互动平台，将传统媒介的单向传播变为双向互动，受众不仅可以自主选择关注的内容，也可以直接反映对某个问题的看法和建议，传播者和受众之间甚至可以实时发生讨论等互动，这可以引发更大的关注度和转载量。而高校新闻宣传工作者也可以根据阅读量、点赞量、转发量等指标及时调整新闻传播的内容，进而取得更好的宣传效果。

（二）自主性、开放性更强，更易实现传播意图

为了取得更好的宣传效果，思想政治工作者、新闻宣传工作者可以利用网络新闻宣传平台，自主地控制发布内容、阶段，选择发布时机、时间。例如，在新媒体的实际运营中，人们发现，针对同一事件，在一天中的不同时间段发布，宣传效果有所不同，上午9、10点钟发布的新闻受关注度相对更高，这与人们的阅读习惯不无关系。根据这一规律，宣传工作者可在这一时间段进行内容发布，以得到更多传播。另外，传统媒体对内容、版面、审核程序等严格要求，往往经过层层把关，审核机制烦琐，虽使新闻发布具有权威性，但往往失去时效性。而目前，在高校中，“两微一端”平台所发布的内容所受限制相对小，内容发布自主性更强，新闻宣传工作者可根据实际情况合理安排新闻内容与发送时间。对自身的自主定位还有助于高校打造学校特色，如哈尔滨工程大学的微信公众号“小程”，个性突出的表达方式有助于打造高校的正面形象，更好地实现传播意图。

网络新闻宣传具有强大的开放性。网络新闻平台上具有源源不断、数量庞大、涉及各个方面的信息资源，人们在一个既发散又整合的空间寻找能够满足自身的信息需求，同时又参与表达思想、共享资源。传统媒体，尤其是纸质媒体，在某一事件发生后，对其宣传报道受篇幅和出版周期限制，往往不能将事件背景、经过、细节、措施、影响等内容全面展现，而网络宣传由于受众群体广泛，内容不受篇幅、时间限制，强大的互动性等特点，可以将有关事件的细节事无巨细地加以呈现，在开放的空间和环境下，内容不断膨胀，无限倍增，这种开放性使受众获得更多信息。但在这一过程中，人人都

是传播主体，都可以作为自媒体发出声音，真假难辨、信息庞杂、泥沙俱下，此时如果没有权威且令人信服的媒体加以引导，广大受众，尤其是青年学生很容易受到误导，形成恶劣的舆论影响甚至造成其他恶果。

（三）更强的虚拟性和舆论引导力

在网络世界中，人们以符号化的虚拟角色进行信息交流，网络传播受众既是信息的制造者、传播者，又是接受者。这种虚拟性一方面容易使青年学生形成网络依赖，使他们对现实生活中无法解决的问题通过网络和陌生人诉说，向虚拟世界寻求排解和帮助，沉溺虚拟世界，不利于个人成长；另一方面，网络平台的虚拟性使其敢于表达在现实生活中不敢表达的想法、观点，更易诱导出偏激观点、不负责任的言论甚至争吵谩骂等现象。

在自媒体迅速发展的背景下和互联网虚拟性强的条件下，对于恶意传播的负面信息，如果高校思想政治和新闻宣传工作者不及时加以引导疏导和澄清，这些错误的舆论导向和消极负面的表达会引发学生思想混乱，形成不安定因素。例如，对于高校中新闻传播的一支生力军“自媒体”来说，其在朋友圈中分享、发布的负面信息往往在舆情监控中搜索不到，但是其可能引发的负面效应却不容小觑，这时就需要学校微信、微博这样权威的信息发布者进行及时引导，因其更快的时效性与点对点传播的针对性，往往会收到更好的传播效果。同时，新媒体在学生群体中使用频率高，更贴近学生的语言习惯和需要，善加利用可使其在舆论引导方面更具优势。

只有深刻理解网络新闻宣传的上述特点，才能更好地利用网络新闻宣传平台，使其在高校思想政治工作中发挥更大的引领作用，更好地担当育人使命。

第二节　网络新闻宣传对思想政治育人的作用

一、高校网络宣传与思想政治育人的耦合效应

习近平总书记指出，高校立身之本在于立德树人，立德树人是思想政治工作的中心环节。履行好立德树人的职责，巩固马克思主义在高校意识形态

领域的指导地位，把师生凝聚在党的周围，是做好高校思想政治工作的前提和基础。高校思想政治工作既是我国高校的特色，又是办好我国高校的优势和保障。

2017年年初，中共中央、国务院印发了《关于加强和改进新形势下高校思想政治工作的意见》(简称《意见》)。《意见》强调：加强和改进高校思想政治工作，事关办什么样的大学、怎样办大学的根本问题，事关党对高校的领导，事关中国特色社会主义事业后继有人，是一项重大的政治任务和战略工程……高校要为实现“两个一百年”奋斗目标、实现中华民族伟大复兴的中国梦，培养又红又专、德才兼备、全面发展的中国特色社会主义合格建设者和可靠接班人。

长久以来，党的思想政治工作形成了优良的传统和丰富的经验，这些都是宝贵的财富。对于这些财富，我们要在继承的基础上加以创新。将思想政治工作与现代化的网络宣传平台相结合，借助网络宣传平台的优势、渠道、规律更好地开展思想政治工作。

互联网作为新闻宣传的新兴领域，影响线上线下，传播国内国外，已经成为舆论生成、演化的主要平台，具有强大的社会动员功能，是新闻宣传工作的主阵地、舆论斗争的主战场。作为可能影响当代中国的最大变量的互联网，特别是移动互联网，已成为舆论主渠道、主阵地、主战场。受国际国内复杂因素影响，意识形态争锋日益激烈，网络空间成为各种势力争夺的重要阵地。管好用好互联网，是在新时代、新形势下掌控新闻宣传阵地的关键。互联网中深刻影响并改变着人们，尤其是青年学生的生活方式和认知方式，网络空间是人类共同的空间，是人群聚集的空间，没有谁能独善其身，也没有谁能置身其外。

习近平总书记在系列讲话中多次分析新闻舆论工作面临的新挑战、新格局，指示要走传统媒体和新兴媒体融合发展的道路，这种融合要以互联网思维为指导，以先进技术为支撑，以内容建设为根本，以机制创新为动力，以重点项目和队伍建设为抓手，壮大主流舆论阵地，形成清朗的网络空间，号召全党动手构建“大宣传”“大思想政治”的新格局。他多次强调，做好网上新闻宣传工作是一项长期任务，要把网上新闻宣传工作作为宣传思想工作的重中之重，把握互联网环境下舆论生态的新特点，有效应对互联网成为舆论主渠道、主阵地、主战场的新变化，网上网下形成同心圆，掌握这个舆论战场的主动权。

网络新闻宣传不但是一个信息的大平台，也是一个意识形态的大阵地。面对日趋复杂的社会意识的影响，网络新闻宣传阵地不可能真空，正确的思想舆论不去占领，必然被错误的思想舆论占领。2017年年初，在全国高校思想政治工作会议上，习近平总书记强调："要运用新媒体、新技术使工作活起来，推动思想政治工作传统优势同信息技术高度融合，增强时代感和吸引力。"由此可见，新时代的思想政治教育，必须适应网络宣传特点、借助网络宣传优势。

长期以来，新闻宣传工作在高校中一直是信息传播、思想交流的重要平台，也是精神文明建设的中坚力量和校园文化建设的重要基础，更是舆论引导、思想政治育人的重要阵地。这一平台对于贯彻党和国家的大政方针、深化思想政治教育工作、弘扬和践行社会主义核心价值观，始终起着不可替代的重要作用。

当前意识形态领域的斗争呈现长期性和复杂性的特点，高校作为意识形态领域各种思想文化交融与交锋的前沿阵地，承担着重大的责任与使命。网络新闻宣传与高校思想政治教育两者之间彼此影响，相互作用。网络新闻宣传通过提供平台和发挥自身意识形态作用增强思想政治育人效果，并在这一过程中实现自身价值的最大化，高校思想政治育人工作借助网络宣传平台更好地得以开展。

"群体心理学"把群体中两个或两个以上的个体通过相互作用而彼此影响，从而联合起来产生增力的现象，称为"耦合效应"。耦合效应中具有明显的联动作用，在一个群体中，个体之间相互作用的耦合关系越紧密，联动的作用就越大，产生的增力也因此越大。高校网络新闻宣传与思想政治育人工作二者正是通过这种相互作用和影响的耦合效应，产生出巨大增力，呈现出一加一远大于二的效果。

网络新闻宣传是新时代思想政治教育必须借助的载体，高校通过网络宣传的渠道和手段进行思想政治教育是信息时代的必然选择，对加强思想政治育人效果大有裨益。思想政治教育是一种宣传行为，是以社会主义核心价值体系为总纲的传播行为。网络宣传具有较强的开放性、互动性等特点，可使关于思想政治育人的信息传播得更为迅速便捷，使多方受众进行即时交流成为可能。思想政治教育在实践中也对不同的传播媒介进行过多种尝试，实践证明，网络宣传作为一种更为有效的传播媒介，使高校思想政治教育研究的工作领域更为开阔、更具成效、影响更加深化。由此可见，高校选择基于网络新闻宣传的思想政治教育实属必然，是社会发展的必然趋势。

二、国家长期以来对网络宣传及思想政治育人的重视

我国始终高度重视高校的思想政治工作。1980年1月，邓小平在《目前的形势和任务》的讲话中，提出："要使我们党的报刊成为全国安定团结的思想上的中心。报刊、广播、电视都要把促进安定团结，提高青年的社会主义觉悟，作为自己的一项经常性的、基本的任务……宣传为社会主义中国的前途而奋斗是当代青年的最崇高的使命和荣誉。"[①]

互联网兴起以后，我国就如何利用互联网开展好思想政治教育工作给予高度重视。将网络新闻宣传平台颇有成效地运用于高校思想政治教育中，实现了高校思想政治教育的"两个现代化"，即教育观念的现代化和教育方式的现代化，并且使高校思想政治教育宣传主体、受众和效果等要素日益发生整体性的变化，为基于网络新闻宣传的高校思想政治教育工作增添了生机和活力。[②]

2009年12月，全国思想政治工作研究会第九次会员代表大会指出，"要利用大众传媒，特别是互联网、手机等载体，不断拓宽思想政治工作的渠道"，为高校思想政治教育不断发掘新渠道、新途径提出了更高的要求。2010年5月，全国加强和改进大学生思想政治教育工作座谈会强调，"我国必须顺应现代信息技术迅猛发展和大学生接触、运用互联网、手机等新兴媒体越来越广泛的新趋势，既要善于管理，又要善于运用，努力提高大学生思想政治教育的覆盖面和影响力"，对思想政治工作者就怎样能够更加有效地开展大学生思想政治教育提出了新的更高要求。2012年2月，在《国家"十二五"时期文化改革发展规划纲要》提出，"加强对社交网络和即时通信工具等的引导和管理，规范网上信息传播秩序，培育文明理性的网络环境"，这为高校思想政治

① 《邓小平文选》第2卷，人民出版社1994年版，第255页。

② 宗晶：《网络传播对高校思想政治教育的影响及对策》，兰州交通大学硕士学位论文，2013年。

教育怎样更好地运用网络技术，严格按照网络传播规律进行思想政治教育传播，实现网络思想政治教育的绿色生态播控新通道，培育健康、安全的网络新闻宣传环境做出了重要启示。

高校是巩固马克思主义指导地位、发展社会主义意识形态的重要阵地。我们党坚持把思想问题放到政治的高度，高度重视高校思想政治工作。党的十八大以来，党中央对加强和改进高校思想政治工作做出一系列重要部署，同样是为了更好地推动高校思想政治工作健康发展。习近平总书记在系列重要讲话中多次分析新闻宣传工作面临的新挑战、新格局，指示要走传统媒体和新兴媒体融合发展的道路，强调要运用新媒体、新技术使工作活起来，推动思想政治工作传统优势同信息技术高度融合，增强时代感和吸引力。他指出，要把网上舆论工作作为宣传思想工作的重中之重来抓，宣传思想工作是做人的工作的，人在哪儿重点就应该在哪儿。尤其是青年在哪儿，重点就应该在哪儿。

2017年初，中共中央、国务院印发的《关于加强和改进新形势下高校思想政治工作的意见》指出，要推进高校思想政治工作改革创新，要加强互联网思想政治工作载体建设，加强学生互动社区、主题教育网站、专业学术网站和“两微一端”建设，运用大学生喜欢的表达方式开展思想政治教育。

国家不断强调加强网络阵地建设的重要性，将网络新闻宣传平台建设成开展思想工作以及为青年学生进行思想引领及排忧解难的新平台。各个高校也在不断探索正确利用网络宣传特点进行社会主义核心价值观教育、传播社会“正能量”的培育机制。

三、新媒体崛起背景下的高校思想政治工作

青年的价值取向决定了未来整个社会的价值取向。思想是客观存在反映在人的意识中，经过思维活动产生的结果；认识是主体收集客体知识的主动行为。思想问题在某种意义上讲就是认识问题，是青年学生个体掌握认识世界、改造世界这一思想武器的根本需求。目前，高校的青年学生群体以“90后”“00后”为主，他们思想更加独立，自我意识较强，接受新事物的能力更强，他们正处在人生成长关键时期，知识体系搭建尚未完成，价值观塑造尚

未成型，情感心理尚未成熟，需要对他们加以正确引导。在信息爆炸的网络时代，青年学生的思想政治意识呈现出前所未有的复杂性。他们的思想动态都能在网络舆论里找到注脚，而参与网络舆论也成为他们表达自我的一种主要方式。这使高校的新闻宣传工作具有很大发挥作用的空间。针对受众这一特点，高校思想政治教育工作者和新闻宣传工作者需要充分发挥各种校园媒体的特点，尤其是充分利用新媒体平台，应势而为、乘势而上，有的放矢地开展思想政治教育工作。

网络新闻宣传具有精神激励作用，将其与思想政治工作相结合，可以充分发挥新闻宣传工作的精神激励作用，对青年学生进行思想教育，帮助他们树立正确的人生观、价值观。近年来，媒体在应用宣传的精神激励作用开展思想政治工作方面取得较显著成果。央视的“感动中国”“最美人物系列”“身边好人”等节目，高校中最美人物、先进个人的评选等，都在不同程度和角度上对青年学生发挥着提高思想觉悟、陶冶情操的作用。这些以人为本，蕴含着思想政治教育意义的新闻宣传节目，可以将思想政治教育工作和新闻宣传的激励作用结合在一起，进而有效地提高思想政治教育工作的质量。[①] 同时，新闻宣传具有较强的教育引导作用。实践证明，将思想政治工作与新闻宣传有机结合，将社会主义社会的思想政治精华、社会主义核心价值观融入相关的新闻宣传工作中，将价值引导、思想教育融入思想政治教育中，在润物细无声中以新闻宣传的形式开展相应思想政治教育工作，可以取得较好的教育效果。

与社会媒体相比，高校媒体具有更明显的分众性，存在受众特殊、针对性更强等特点。高校媒体的受众主要为高校师生、校友等，他们的文化水平、生活经历、关注热点、价值判断等具有一定的相似性。校园媒体不以营利为目的，是高校发挥人才培养、科学研究、社会服务、文化传承、国际交流与合作功能的有力推动者之一。校园媒体的公益性质也决定了其更大的社会责任，作为高校思想政治教育的主要平台之一，新闻宣传工作承担着立德树人、文化育人的作用，是高校思想政治教育不可或缺的重要组成部分。

2017年，国家在《关于加强和改进新形势下高校思想政治工作的意见》

① 谭笑风：《思想政治工作中新闻宣传的作用研究》，载《智库时代》，2017年第10期。

中强调:“要加强互联网思想政治工作载体建设，加强学生互动社区、主题教育网站、专业学术网站和‘两微一端’建设，运用大学生喜欢的表达方式开展思想政治教育。”

目前，高校的校园媒体由校报、校电视台、校广播台、校园网等传统媒体和学校官方微博、微信公众号、手机客户端等新媒体融合而成。校报在报道落实和践行国家重大路线方针政策、典型人物等方面，具有权威性、深度性；校电视台、广播台等视听媒体，因为其影像、声音及被采访者的视听兼备、直观性强、感染力强，在校园师生中有一定受众；校园网集合了文字、图片、视频、音频等多种形式，信息发布迅速，集合了直观生动性和全面丰富性。传统媒体在增强思想政治教育的吸引力、说服力与感染力方面，具有固有优势，这是高校新闻宣传对思想政治教育的支撑功能的重要体现。高校思想政治教育和新闻宣传工作要进一步加强队伍建设，充分调动大学生参与媒介传播的积极性，在栏目设置上更多贴近师生实际需求，提高媒介引导的针对性和趣味性，通过大量生动、感人的典型报道，大力弘扬社会主义核心价值观，向师生传递社会正能量，发挥其作为学校思想教育有效载体的主导作用。高校更加重视发挥校园媒体的思想政治担当。在中国校报好新闻的评选中，这种价值导向体现得尤其明显。例如，对于微博微信等新媒体的评奖标准中明确规定：获奖作品需要具备较强的新闻性、创新度、传播力，主题鲜明，注重思想政治教育方法创新，校园文化传播影响力较为突出，内容与主题思想完美统一，重点强调发挥和突出参评的思想政治教育功能。

新媒体的崛起为高校校园媒体的发展带来了前所未有的挑战和机遇，它的出现为高校思想政治教育工作的开展提供了更大的平台，开辟了新的发展路径，进一步提高了高校思想政治工作的效果。在价值观日益多元、多样、多变的背景下，新媒体的应运而生、因势而兴，不仅创新了思想政治教育信息的传递手段与方式，还改变了青年群体的互动沟通方式。新媒体对于思想政治教育的开展与提升可以起到积极促进、良性联动的作用，可以在研究信息生活方式的基础上更好地进行舆论引导，巩固传播矩阵与思想阵地，持续提升教育水平。

尤其是以微信、微博和手机客户端“两微一端”为代表的新媒体，迅速发展成为新的宣传平台和渠道，更加能够体现信息的及时性。“微时代”的来临，使思想政治教育工作以点对点的形式更有针对性地在精神引领、思想塑造等方面发挥重要的育人作用。随着智能手机的普及，微博、微信、微网站等手机端“微介质”兴起，微语录、微视频、微小说等“微内容”盛行，微表达、微阅读深受广大青年学生喜爱，这些“微型”社交媒体的出现逐渐使青年学生的行为和生活方式发生了“微变化”。“微教育”成为适应这个“微时代”到来的不可逆转的教育趋势，是思想政治教育方式与时俱进的具体体现。借助网络新闻宣传这一大平台，高校积极探索微党课、微活动等形式，用这些形式同时异地、异时同地、随时随地地开展工作，实现思想政治日常化、经常化、潜移默化，极大地延伸了思想政治工作的触角。同时，这一平台的有效性促使人们对网络新闻宣传这一平台进行更多的探索和应用，从而产生出 H5、网络直播、互动视频等多种网络宣传形式，强化了人们的用户体验，使青年学生在令其喜闻乐见的体验中主动完成了思想教育过程。

高校思想政治工作者和新闻宣传工作者需要利用好新媒体这块阵地，充分把握新媒体的运营特点，将新媒体与传统媒体更好地整合与融合，将其纳入现代传播体系，提高传播能力，形成集成优势，把传统媒体与新媒体的优势发挥到极致，使单一媒体的竞争力变为多媒体融合共同的竞争力，最大化地争取进行思想政治教育的阵地。

当前，思想政治工作、新闻宣传工作都面临着一场深刻的变革。融媒体时代的到来，媒介信息传播采用多种媒体表现手段，利用不同媒介形态，最终实现用户以电视、计算机、手机等多种终端均可完成信息的融合接收，实现任何人在任何时间、任何地点、以任何终端都能获得任何想要的信息。高校思想政治工作者需要抓住时代发展机遇，探索“互联网 +”与“思想政治教育”的契合点，借助网络新闻宣传平台创新思想政治教育工作开展的模式，以取得更好效果。

第三节 运用网络新闻宣传助力思想政治育人的路径

一、网络新闻宣传为思想政治育人带来的机遇和挑战

（一）网络新闻宣传为思想政治育人带来的机遇

1. 网络宣传拓展思想政治育人时空

网络新闻宣传几乎不受时间和空间的限制，具有突出的时空灵活性。青年学生可以通过各种网络新闻平台，在新闻事件发生后的任何时间和空间获得相关信息，这种灵活性极大地拓展了思想政治育人工作的时空限制，思想政治教育根据现实需要，几乎可以变得无时无刻、无处不在。相对于传统环境下的思想政治教育，借助网络宣传平台的力量，新时代的思想政治教育具有超时空性。在大数据、云技术等技术的支持下，网络宣传甚至可以以“用户思维”对受众进行点对点、有针对性的新闻宣传。

同时，青年学生等受众可以通过网络新闻宣传的互动性，在不受时空限制的诸多便利条件下与教育者、受众之间进行及时交流，答疑解惑，将错误思想遏制在萌芽状态，最大限度地避免错误思想的危害。在这个更加开放的思想政治教育空间里，青年学生等受众和教育者之间不是单向地被灌输与灌输的关系，而是双向甚至多向的互动开放交流，这样易于形成舆论场，便于思想政治工作者较全面准确地掌握受众的思想症结，利于及时、有针对性地开展思想政治教育工作。通过网络新闻宣传平台，二者共享资源，自由表达，互通有无，彼此激发，不再始终以一种固有身份参与思想政治教育活动，双方在互动中不断转换主客身份，青年学生充分发挥能动性，自身主体意识得到很大增强。

2. 网络新闻宣传增强思想政治育人“后效应”

网络新闻宣传具有较高的传播效率，可以进一步为思想政治教育工作锦上添花、扩大影响，并持续引发思想政治育人活动的“后效应”。思想政治教育工作的开展往往要依托好的活动载体，这些活动中很多是经过精心策划的线下活动。如最美教师的评选、主题征文演讲比赛、优秀党支部活动等，活动本身固然对参与者产生一定影响，但毕竟范围有限，可以将这些好活动通过网

络新闻宣传的平台加以报道，启发更多受众的关注和思考，进而使活动本身的影响得以进一步延续和再酝酿，形成具有持续影响力的后效应。这种线上、线下相结合的活动可以最大化地发挥思想政治教育的合力，进一步提升思想政治教育活动的实效性。

3. 网络宣传丰富思想政治育人手段

思想政治课堂是高校进行思想政治教育的主要阵地之一。课堂教育模式受条件限制，教学模式相对较少，多为单向、线性模式，青年学生的主体性、主动性体现得还不够。作为思想政治教育的“课外”阵地，网络新闻宣传的优势得以凸显。网络宣传的交互性具有鲜明的多向流动的特性，为思想政治教育的发展提供了全新的机遇。它丰富了思想政治教育的方法和手段。网络传播一改过去由单一的语言文字为主要手段的传统教育方式，综合文字、音响、图像、视频等多种媒体为一身，以一种全新的教育手段改善了思想政治教育的传播效果。网络传播具有开放的交流环境，为青年学生提供了获取资源、答疑解惑的有利条件。可以通过设计微党课、微视频等多种方式，与青年学生进行对话交流，这种适时、在线互动交流的教育方式较具吸引力，可以进一步增强思想政治教育的实效性。①

同时，网络新闻宣传资源异常丰富，不是其他媒介可比。高校与社会各个领域的思想政治教育都可以通过网络传播来实现资源共享，实现了一种涉及整个社会的、没有界限的开放性教育空间，使得高校思想政治教育信息交流更加通畅，渠道更加多样，丰富、鲜活的教育资源充实了思想政治教育内容，使高校思想政治教育更加富有生机与活力。

（二）网络新闻宣传为思想政治育人带来的挑战

事物都具有两面性，网络新闻宣传也不例外，它为高校思想政治教育工作带来发展机遇的同时也带来了挑战。

由于网络新闻宣传的广泛性和开放性，不同性质的意识形态、思想文化和海量信息都可以在这一空间传播，数量极其巨大，内容良莠不齐、泥沙俱下、鱼龙混杂，如果不对这些信息进行甄别和选择，信息垃圾则容易使社会经验不足、辨识能力欠缺的青年学生受到负面影响，容易使青年学生陷入真

---

① 宗晶:《网络传播对高校思想政治教育的影响及对策》，兰州交通大学硕士学位论文，2013年。

理和谬论的质疑，给他们造成思想观念的混乱，冲击他们的价值观。如何在其中取其精华，去其糟粕，是高校思想政治教育亟待解决的问题。

由于网络新闻宣传平台的相对自由和网络空间的虚拟性，网络上各色信息杂糅，正负能量共存。在约束弱化的环境中，有人可能将在现实生活中受到的挫折、对现实的不满在网络空间宣泄出来，传播不良言论和有害信息，这些可能造成青年学生道德责任感缺失，自律意识、法律意识淡化。

网络信息的庞杂与碎片化影响青年学生的正确判断，使自制力较弱的学生沦为信息的奴隶，为网所困，浪费宝贵时间，阻碍他们对事物的理性思考，易导致他们理性思维的表面化、片面化。

二、高校网络新闻宣传助力思想政治育人的路径

（一）创新理念，加快媒体融合发展

习近平总书记强调，“要努力适应分众化、差异化传播趋势，加快构建舆论引导新格局”。[①] 新时代的新闻宣传工作要求按照不同新闻媒体自身特色，精准定位自身需求，形成全方位、多层次、多声部的主流舆论矩阵。加快推动新闻媒体融合发展，打造新型主流媒体，主动借助新媒体传播优势，打通并用好同青年学生信息交流的新渠道。

1. 建立融媒体背景下的高校“新闻厨房”

“融媒体”背景下，需要高校宣传思想工作者利用媒体融合契机，探索“宣传 +”与“互联网 +”的契合点，也要构筑高校的“新闻厨房”，深度整合校园媒体，规划建立高效的新闻传播平台，理顺内部体制机制，进一步拓宽传播平台的载体，做大做强高校新闻宣传工作。

“新闻厨房”式的融合并不是校报、校电视台、校广播台、校园网、高校官微等简单相加的“物理捆绑”，而是打破界限，改变各搭各的台、各唱各的戏的情况，使他们在融合中产生“化学反应”，这需要高校新闻宣传工作者摸清各种媒体形式的特点和发展趋势，因时制宜、因势利导，促进传统媒体与新媒体的互联、互通、共享，打造出全新而且适应信息时代传播规律的内容

---

① 《习近平谈治国理政》第2卷，外文出版社2017年版，第333页。

生产体系。

高校新闻宣传工作者需要进一步解放思想，顺势而为、乘势而上，针对不同的新闻题材，各种媒体形式要各自发挥所长，有选择地分别报道，更好地适应受众需求。校报可进行深入挖掘、多角度、权威详实的报道，刊登具有一定体系性、逻辑性、整体性的文章或者报道，例如对学校重要政策、制度的解读，教师教学经验交流、各种进修心得，学生双创经历经验等，因为纸媒的特点，往往更加利于读者进行深入思考和学习，相对于新媒体提供的“快餐”来说，往往有条件进行深入解读，更利于受众了解国家和学校的大政方针、发展规划等；校园网以其迅捷全面吸引受众，可将其打造为学校各种信息的发布平台和校园时讯的展示平台；校园广播可以侧重师生关注度较高的赛事、国际国内校园热点进行报道，以丰富师生的校园文化生活；校电视台可在文化建设上做文章，将其打造为校园视频发布的集散地；新媒体可针对师生关注的焦点、学校重要新闻即时推送报道，通过更接地气的语言和更活泼的形式，助推新闻宣传的效果。

2. 构建“一次采集、多媒利用、内外联动、最大效益”的工作模式

对一个主题要有多种传播方法，形成全方位、多层次、多声部的主流舆论矩阵，达到“大珠小珠落玉盘”的效果。针对同一重要新闻题材，根据“融媒体”的特点，高校需要通过进一步整合新闻宣传资源，努力构建“一次采集、多媒利用、内外联动、最大效益”的工作模式，着力构建“校内与校外、平面与网络、传统媒体与新媒体”相结合的工作体系。对同一重要新闻题材中包含的文字、图片、音频、视频等素材进行二次加工和编辑，由各媒体各取所需，再通过深加工生产各种形态的终端新闻产品，最后通过不同传播渠道发布，实现一次采集、动态整合、多个渠道、多次发布的传播效果，通过差异性表达，充分展现特性，以满足受众的不同需要，促使新闻宣传效益最大化，实际上，这是充分利用融媒体的特点，通过整合各种媒体的特点和作用，打造互相融合的更大的新闻平台。

例如，高校新闻宣传工作中新生入学季、就业季、招生季、青年节、教师节、双创活动等高校中的重要节点性活动，就可以通过几大媒体的联合报道，取得更大的宣传效果。以就业季报道为例，高校新闻宣传工作者需要针对该事件提前做好策划，联合就业部门对就业情况进行分析，并提前为其后

各种媒体的报道选取不同角度。针对校报的权威性，可对就业现象、专业冷热、学生择业导向进行具体分析，一般而言该类报道会在校报有深度报道，并配发一张新闻图片；在校园视听媒体上，可通过对就业负责人、应届生的采访，让受众具有更多直观感受；在校园网进行可读性较强报道的同时，要通过选用大量图片以更加丰富全面地报道；在官微等新媒体上，除了表达方式要更接地气外，还要关注与受众的互动、留言回复等功能，以更好地了解师生所需，引导师生言论，在“粉丝”转发中形成二次传播，发挥其传播优势。最终，通过多种媒体的交互融合，使新闻宣传的效果得以最大化地扩展。

以哈尔滨工程大学中共十九大精神宣传为例——在中共十九大开幕第三天，哈尔滨工程大学宣传统战党支部发出诵读活动倡议，自动化学院党支部受十九大报告中的“金句”启发，产生党支部集录、分享体会最深的十九大报告金句的想法。学校立即在校报《工学周报》、校园网工学新闻网上开辟了“学习十九大精神，脱口而出100句，人人可为宣讲员”学习专栏，号召各级党组织以集录金句的方式学习十九大报告。随后，全媒发动掀热潮。校报持续报道师生学习十九大精神的热烈反响，并利用纸质媒体的优势对十九大报告的内容进行图解和解读；校电视台通过直观的影像资料进行学习会议现场展示，对学校十九大代表、教学科研代表性人物的访谈等形式，营造学习十九大精神的热烈氛围和直观展示；多个学院媒体与学校官微联动，密集发布各党支部征集的十九大报告金句情况，工学新闻网上“脱口而出100句，人人可为宣讲员”学习专栏的浏览量近两万人次，创近年网上单篇新闻浏览量之最。从全校56个支部736位党员师生推介的“金句”中遴选百句，学校又运用官方微博、官方微信等新媒体手段，跟进开展“脱口而出100句、机机相传100人”等学习宣传活动，线上线下活动紧密结合，传统媒体与新媒体高度融合、协同推进，在全校上下形成了学习十九大精神“讲出来、传播开、全覆盖”的学习热潮。

活动开展后不久，相关做法受到省委高校工委“两学一做”工作交流推介，黑龙江省电视台、《新闻联播》、《人民日报》等媒体都进行了相继报道，工信部以信息简报形式报送中办国办。内宣外宣联动后，为了进一步推进十九大精神学习成果，学校继续发动全校党支部开展“党支部书记出题，全体党员答题”测试活动。各党支部将答题测试活动作为一次党支部内部检验学习成效的政治测试，围绕十个“深刻领会”，以网络新闻宣传平台上遴选、推出的“脱口而出100句”为主体，通过开展自问自答、自测自评，引导党支部在学懂弄通上实现“自转”，引导党员在做实学习效果上进行“自检”。

在学校媒体平台的推动下，十九大精神的学习活动进一步落实，学习领会习近平总书记新时代中国特色社会主义思想、党的十九大精神和《中国共产党党章》的活动被引向深入，引导全校师生在学懂、弄通、做实十九大精神上下功夫。新闻宣传平台直接助力思想政治教育工作的落地落实及影响延伸。

（二）创新平台，运用“两微一端”新媒体助力

高校“两微一端”为大学生思想政治教育提供了一块重要阵地，不忘初心传递正能量，牢记使命培养接班人，应是高校“两微一端”等新媒体的思想政治担当。

微信、微博、手机客户端等新媒体往往具有更接地气、更具亲和力的表达特点，形式新颖、多样，更加贴近青年学生的语言习惯，更适应青年社交习惯和阅读习惯，是青年学生乐于接受的阅读方式。但引人注意的是，在信息爆炸的时代，人们获得的信息逐渐碎片化，信息的聚敛必然意味着注意力匮乏。这使人们的阅读习惯也逐渐倾向于碎片化，信息碎片化时代已经成为一个发展大趋势。一个明显的社会现象是，很多人对于较长的文章，失去了看下去的耐心。高校新闻宣传工作者需要引导师生从碎片信息中系统地获取知识，而不是被太多碎片转移注意力。这对高校新闻宣传工作者的选题策划能力提出了更高要求。

1. 要策划和推送接地气、冒热气、有人气，思想、温度、品质兼备的优秀新闻作品

进一步增强新闻宣传的思想性、文化性、趣味性与可读性，有力推动思想政治教育立起来、动起来、活起来。以高校的微信公众号为例，推送什么话题、选取什么角度，即使师生受众感兴趣、关注度高，又能起到润物细无声的良好的思想政治教育效果，这是一个考验宣传思想工作者能力的问题。宣传思想工作者首先要在信息传播的过程中，对信息起到比较细致的“过滤”作用。以哈尔滨工程大学微信公众号的运营为例，通过推送选题“让博士学霸念念不忘的导师金句”，一方面让青年学子感受到“学霸”的精神力量和成长足迹，另一方面通过具有激励意义的导师的话，感受到为师者的师德师风，

这都是对学校学风的良性引导，对学子的影响是潜移默化而且润物无声的，是对学生更有温度的引导。

2. 要掌握富有时代感的新闻宣传表达能力

以新媒体为平台，通过时尚化、年轻化、文艺范儿的语言风格使思想政治教育能够贴近生活，更有“人情味”。在高校思想政治教育过程中，传统课堂上“灌输”的教育方式已经不能满足青年学生活跃的思维了，学生对说教式的思想政治教育具有较强的逆反心理，而新媒体更轻松、更平等的语言环境更能满足青年学生的心理需求，在潜移默化中影响受教育者的思想意识，增强宣传效果。

在新闻舆论工作中，思想通过表达进行传递，表达基于渠道进行传播。思想再深刻，渠道再丰富，如果没有贴近受众的鲜活表达方式，新闻传播依然是“传而不通”。要适应新媒体时代“传授平等”的特征，避免“教训口吻”，以真诚的姿态进行平等沟通，多以讲故事的方式来讲道理，多以时尚感的话语来写新闻。

此外，还要学会数据化的内容挖掘，学会可视化的内容表达，以数据和“图说”的方式来传递新闻。

3. 以互动优势开展有针对性的思想政治工作

充分发挥官方微博、官方微信公众号的舆论引导力和对自媒体的引导作用。以新媒体为平台，通过其更强大的互动、评论功能，倾听师生心声，感应师生思想政治教育的情况，利用新闻传播最为敏锐的时代“嗅觉”，使高校新闻工作者可以做出更有针对性的调整和宣传，也使高校思想政治教育内容把握时代脉搏，并把其及时反馈到教育过程中去，因此新闻传播的导向监测功能就能够及时为高校的思想政治教育确定航向，使教育内容满足时代发展的要求，使思想政治教育工作开展得更有针对性。

同时，高校宣传思想工作者要搭建校院两级微博微信媒体组成的宣传矩阵。利用高校融媒体的快速发展，互为补充，相互促进，用好互动平台，做好宣传联动，成为开展大学生思想政治教育的“网络大V”。

（三）创新内容，打好思想价值引领主动仗

新闻媒体处于意识形态工作的前沿阵地，必须把导向作为内容建设的根本和灵魂。实践表明，主流媒体坚持社会主义核心价值观，在纷繁复杂的舆

论场上就像“定海神针”，不仅在多元的思想环境中为人们提供了清晰的价值判断，也极大地提高了主流媒体的权威性和公信力。

高校媒体要加强思想价值引领教育，要唱响马克思主义主旋律，把握意识形态工作主导权。讲爱国主义、讲强国本领、讲榜样成长、讲社会发展，着力引导学生正确认识时代责任和历史使命，远大抱负和脚踏实地的内涵。

（四）创新方法手段，占领信息传播制高点

充分运用新技术、新应用创新媒体传播方式，占领信息传播的制高点，要解决好“本领恐慌”问题，真正成为运用现代传媒新手段、新方法的行家里手。在“互联网 +”的大背景下，要加快数字化、网络化、移动化转型，积极打造新型内容传播平台，充分运用新技术、新应用创新媒体传播方式。

高校网络新闻宣传工作要在手段创新方面不断探索，采用微视频、微电影、微动漫等各种微传播形式，推出直播态新闻、大数据新闻、H5、无人机航拍、互动游戏等新形态产品，进一步增强新闻产品和服务的吸引力。

例如，哈尔滨工程大学在官方微博微信等新媒体推出运用无人机航拍等多种技术手段制作的《深蓝的召唤》《夜幕下的哈工程》等十部专题片，单片最高点击量100万以上；学校主动服务师生、校友和学生家长需求，首次开展毕业典礼、新生军训汇报等大型活动的网络直播；主动服务学校招生宣传，首次开展校园网络直播，在学校官方微信设置招生通道链接，首次发布校园全景 VR 和海洋文化馆全景 VR，收到了良好的宣传效果。

（五）加强舆论引导力，打赢网络舆论主战场

互联网时代，信息传播更加快捷开放透明，各种声音多元多样多变，舆情热点随时形成，社会话题突然爆发，缺少预判、应对不当、把握失序，出言不慎，都可能随时引爆舆情。[①]思想政治教育工作者首先应该是舆论引导者，巩固网络宣传空间作为思想政治教育的前沿阵地的地位，要做到在舆论酝酿阶段提前介入，在舆论发展阶段着力化解矛盾，在舆论爆发阶段着力澄清误解，将理念与方法贯穿思想政治工作始终。要教育引导广大网民遵守互联网秩序，依法上网、文明上网，理性表达、有序参与，增强明辨是非、抵御网络谣言的能力，共同营造风清气正的网络环境。网络舆情是青年学生参与公

---

① 《习近平新闻思想讲义》，人民出版社、学习出版社2018年版，第76页。

共事务的重要渠道，宣传思想工作者要学会在互联网上发现舆情动向，把“上网看看”“在线聊聊”“网上蹲点”作为深入基层、深入学生的必修课、基本功，以卓有成效的工作占领网上舆论主阵地。①

例如，哈尔滨工程大学始终加强网络宣传平台的管控，形成网上网下共同引导正向舆论的“同心圆”。严格网络意识形态阵地和新媒体阵地管理，落实工信部校园网站信息发布管理要求，及时完善网站信息内容更新审核工作流程，提高校园网站防范攻击水平。深入落实学校《新媒体平台管理办法》，成立了新媒体工作联盟，有效掌控校内自媒体使用情况。加强网络舆论舆情监控和处置，重点加强网络舆情搜集研判工作，专人负责，网络舆情信息每日一报，重点网络舆情监控节点每日三报，重要舆情突发事件随时报，建立舆情预防处置机制，及时采取舆情引导措施，做好网上舆论引导，营造风清气正的网络环境。

（六）加强高校宣传思想工作队伍建设

《关于加强和改进新形势下高校思想政治工作的意见》指出，加强和改进高校思想政治工作的基本原则是坚持全员、全过程、全方位育人。把思想价值引领贯穿教育教学全过程和各环节，形成教书育人、科研育人、实践育人、管理育人、服务育人、文化育人、组织育人长效机制。建立全员育人的大宣传、大思想政治格局。

影响高校新闻宣传工作的关键因素不是媒介载体的变化，而是人才观念的改进、素质的提升，说到底还是“人”的因素，只有高校新闻工作者的观念解放、素质提升、业务精进，才能将高校新闻宣传工作在融媒体时代“融合共进、虚功实做”，将新闻宣传的“软实力”提升为生产力，更好更快地推动学校各项事业发展。这支工作队伍的政治素养、理论水平、政策水平、业务能力，直接关系党的新闻宣传工作效果。要加快培养造就一支政治坚定、业务精湛、作风优良、党和人民放心的工作队伍，在政治上充分信任、工作上大胆使用、生活上真诚关心、待遇上及时保障，以使高校思想政治育人工作迈上新台阶，取得新进展。弘扬主旋律，传递正能量，培育时代新人，高校宣传思想工作者们任重道远。

---

① 《习近平新闻思想讲义》，人民出版社、学习出版社2018年版，第336页。

第八章　高校网络生态系统中网络文化要素的作用

习近平总书记在中国共产党第十九次全国代表大会上指出：“文化是一个国家、一个民族的灵魂。文化兴国运兴，文化强民族强。没有高度的文化自信，没有文化的繁荣兴盛，就没有中华民族伟大复兴。”文化作为一种精神力量，能够在人们认识世界、改造世界的过程中转化为物质力量，对社会发展产生深刻的影响，这种影响不仅表现在个人的成长历程中，而且表现在民族和国家的历史中。网络文化是文化体系的组成部分，人是网络文化的创造者、传播者，同时也是网络文化的受众，思想与行为受到网络文化潜移默化的影响，思想与行为的变化又推动网络文化的发展。在网络中，人们对于精神生活品质的主动追求为网络文化的发展提供了不竭的动力，网络文化的特征在人的发展过程中发挥着引导、塑造、调节等功能。网络文化是网络生态系统中影响最为长远、渗透最为深入的因素，为网络生态系统的建设提供方向指引、为其他网络生态因素的发展提供动力保障，网络文化自信是牢牢掌握网络思想政治教育话语权的基础和前提。高校网络文化的发展需要有正确的引导和培育，发扬积极网络文化，抵制消极网络文化，让高校网络文化成为“正能量”文化的辐射源，传播社会主义核心价值观，传承特色大学文化，为青年大学生努力成长为社会主义事业的合格建设者和可靠接班人提供强大的精神动力。

第一节 什么是网络文化

一、文化的含义

文化是非常广泛和最具人文色彩的现象，也是一个内涵和外延都很丰富的概念，简单来说文化就是人类的生活要素形态的统称，即衣、冠、文、物、食、住、行等。对文化这个概念的解读，人类也一直众说纷纭，据统计，涉及“文化”的定义多达400余种。但东西方的辞书或百科中却有一个较为共同的概念解析：文化是相对于政治、经济而言的人类全部精神活动及其活动产品。

1871年，“人类学之父”泰勒（Tylor）在其《原始文化》一书中，从文化发展历史进程的角度，注重文化的整体性和精神性，将文化定义为包含知识、信仰、艺术、道德、法律、风俗以及作为社会成员的人所掌握和接受的任何其他才能和习惯。泰勒所阐述的文化包含精神和物质双重因素。他的目的在于指出所有的社会都可以看成是一个人类进化过程上的一个部分，而开化的、文明的社会与未开化、未文明的社会在其文化因素的多寡上是不同的，因此他们之间存在着不可逾越的鸿沟。

2000年版的《辞海》将文化视为具有广义和狭义双重意义，广义的文化指人类在社会实践过程中所获得的物质、精神生产能力和创造物质、精神财富的总和；狭义的文化指精神生产能力和精神产品，包括一切社会意识形式：自然科学、技术科学、社会意识形态，有时又指教育、科学、文学、艺术、卫生、体育等方面的知识与设施。[①] 从《辞海》的解释中可以得出，文化是人类社会发展的物质文明和精神文明的总和。我国著名的文化思想家梁漱溟先生在《东西文化及其哲学》中将文化限定为“一个民族生活的种种方面”，其表现形式主要体现在三个层面：精神生活层，如宗教、哲学、科学、艺术等，宗教、艺术是偏于情感的，哲学、科学是偏于理智的；社会生活层，人们周围环境的相处方式，如家族、朋友、社会、国家、世界之间的生活方法都属于社会生活层方面，社会组织、伦理习惯、政治制度以及经济关系也属于社会生活层方面；物质生活层，如饮食、起居、旅游、运动等，人类对于自然

---

① 李文明：《网络文化教程》，北京大学出版社2016年版，第18页。

界求生存的各种物质需求。梁漱溟所界定的文化涵括了最为广泛的民族的精神性、社会性和物质性的人类活动的内容。在此意义上，人所创造的一切都可纳入文化的范畴，如政治、经济、宗教、艺术、科学、技术、哲学、教育、语言、习俗、观念、知识、信仰、规范价值、制度、伦理道德、改造自然的生产活动、最平常的日常生活等。[①] 英国学者成廉斯曾说过“culture”一词是英语语言中最复杂的二三个词之一。《大英百科全书》对文化的解释引用自美国著名文化学专家克罗伯和克拉克洪的《文化：一个概念定义的考评》一书，两位学者共收集了166条关于文化的定义，其中162条是英文定义，这些定义多为世界著名的人类学家、社会学家、心理分析学家、哲学家、化学家、生物学家、经济学家、地理学家和政治学家所界定。克罗伯和克拉克洪将其中162条定义划分七组，并对每一组定义予以客观评判，七组定义包含描述性的定义、历史性的定义、行为规范性的定义、心理性的定义、不完整性的定义。经过收集整理，克罗伯和克拉克洪给出了文化的综合定义：文化存在于各种内隐的和外显的模式之中，借助符号的运用得以学习和传播，并构成人类群体的特殊成就，这些成就包括他们制造物品的各种具体式样，文化的基本要素是传统（通过历史衍生和由选择得到的）思想观念和价值，其中尤以价值观最为重要。这一文化定义为现代西方许多学者广泛接受。

文化与人们的生活息息相关，涉及生活中的方方面面，人类在历史的长河中创造了灿烂多姿的文化，文化作为一种精神力量，能够在人们认识世界、改造世界的过程中转化为物质力量，对社会发展产生深刻的影响。这种影响不仅表现在个人的成长历程中，而且表现在民族和国家的历史中。人类社会发展的历史证明，一个民族，物质上不能贫困，精神上也不能贫困，只有物质和精神都富有，才能自尊、自信、自强地屹立于世界民族之林。

二、网络文化的兴起与发展

网络文化是人、信息、文化三位一体的产物，是以计算机和通信技术相互融合作为物质基础，以发送和接收信息为核心的一种崭新文化，打破了传

① 莫茜：《大众文化与网络文化》，北京邮电大学出版社2009年版，第3页。

统文化的地域和时空限制。网络文化是文化的一种形式，网络文化起源于文化，又作为一种现代兴起的形式丰富着文化本身，为文化增添了丰富的内涵和色彩。当今世界，网络已经成为继报刊、广播、电视等大众传媒之后兴起的“第四媒体”，同时，它已经成为当代社会生活中的一种重要文化现象。

1980年，Isaac Asimov公开宣称“计算机将改变世界，全美国普通民众在家里或公司使用电子邮件、数字新闻和在线参考书将变成可能”，标志着网络开始走进大众生活。1986年，Knight-Ridder发明了名为Viewtron的videotex系统，它可以阅读、发E-mail、订购机票。在20世纪90年代开始风靡全球的信息网络使网络进一步普及化和大众化，计算机和网络的兴起正在编织一种新的文化，即网络文化。

1993年9月，美国政府决定推出一项世界瞩目的高科技系统工程：国家信息基础设施（National Information Infrastructure，NII）。这项高科技信息基础工程的目标是用光纤和相应的硬件、软件及网络技术把所有的企业、机关、学校、医院、图书馆以及普通家庭联结起来，使人们拥有最好的信息环境，做到无论何时何地都能以最好的方式与自己想要联系的对象进行信息交流。[①]1995年2月，西方七国集团在布鲁塞尔召开“七国信息技术部长级会议”，第一次从政治上确定了“全球信息社会”的构想和方向。

1987年，中国的第一封电子邮件登上互联网，邮件内容是：“越过长城，通向世界。”这封E-mial向世界展示了中国与全球互联的愿望，自此中国互联网开始了30余年的成长经历。2018年，由互联网数据研究机构We Are Social和Hootsuite共同发布的“数字2018”互联网研究报告显示全世界的网民总数已经超过了40亿（约为40.21亿），仅2017年度，便增长了近2.5亿。2017年，中国互联网络信息中心（CNNIC）发布的第40次《中国互联网络发展状况统计报告》显示，截至2017年6月，中国网民规模达到7.51亿，占全球网民总数的五分之一。互联网普及率为54.3%，超过全球平均水平4.6个百分点。

网络文化成为社会的主流文化已是一种必然的趋势，随着网民的增加、网络对各类社会实践和日常生活渗透和影响的日益广泛，网络文化从内容到形式必然会不断地更新和扩展，其文化特点也处于动态的生成与变化中。把

① 洪拓夷：《网络文化产生的基础》，载《现代情报》，2003年第10期。

计算机、网络设备和通信线路连接起来的全球网络改变了我们的生活，为网络文化的实体构成提供了物质基础和实现手段，成为人类新型的活动方式和生存方式，具有独特的内涵和结构特征，具有自己的形成条件和发展规律。

三、网络文化的涵义和功能

（一）网络文化的含义

网络文化以互联网为载体，以信息传输系统为依托，运用文字、声音和视觉符号，传播思想、政治、文化、民风民俗，表达观点，宣泄情绪等，以此进行交流、沟通和联系，是一种崭新的思想与文化的表达方式和形态，具有补偿性、极端性和大众性的特征。

互联网是一个有着巨大吸引力的虚拟空间，在互联网中人们可以发表意见、贡献智慧、展现才华，并相互交流、相互帮助，获得尊重、友情和自我价值的实现，而这种虚拟的交往交流方式在现实生活中很难实现。因此，网络文化具有“补偿性”特征。

社会心理学家认为，无论最初的想法是哪一种倾向，只要经过群体讨论，其观点都会被强化，这种现象称之为群体极化效应。人们普遍有着从众倾向，而互联网具有实时性、互动性和开放性，会聚合个体行为能量，在极短时间内数量巨大的人群会参与到讨论之中，于是原有的观点被推向极端化，产生了极其强大的群体极化效应，体现了网络文化的极端性。

网络文化又被称之为“草根文化”，人们不再仰视专家和学者，而是从互联网上搜集信息，与自己掌握的知识进行比较、进行分析，从新的角度提出新的观点。网络文化的大众性是提升人类智慧的重要途径，将相互分离的个体智慧转化为更高层次的组织智慧、国家智慧和人类智慧。维基百科就是一个很好的例子，它让每个人都成为百科全书的编撰者，贡献自己在某一领域的专门知识。

有的国内学者认为“网络文化并非一个抽象的概念，而是一种以网络技术为媒介，将人类吃、穿、住、行、交往等日常生活按照网络的方式组织在一起形成的网络生存方式，这种生存方式本身就是一种文化。网络文化引起人们对传统文化价值规范进行反思，也极大地扩充现代社会生活的范围，并正在塑造出全新的文化价值规范体系”；另有学者认为网络文化分为两种，“一种是基于通信网络的初级网络文化，另一种是基于智能信息网络的高级网络文化，高级网络文化是初级网络文化的延伸和发展”；罗沛霖教授也认为网络文化有两类，“一类是文化的信息化和数字化，并不具备新文化的基本特点，另一类是依托于互联网和新媒体技术产生的一种新的文化艺术形式，是一种全新的文化形态”；而国外学者认为“网络文化是一个分布很广的、松散的、准合法的、选择性的、对立的亚文化复合体”。

综上，网络文化在不同视角和不同历史背景下呈现出不同的形态方式，由互联网技术的发展衍生出的网络文化，将区别于任何历史时期基于社会现实产生的文化。当今世界，文化已成为一国综合国力的重要组成部分，成为民族凝聚力和创造力的重要源泉。而网络文化在树立国家形象、发扬光大中华文明、培育网络文化产业等方面，都会发挥越来越大的作用，扮演着传统媒体无法替代的重要角色。高校作为育人成才的培养基地，在互联网发展迅猛的今天，网络文化必然成为高校校园文化的重要组成部分，高校网络生态系统建设也注定成为中国新形势下深化高等教育综合改革的重要内容，也是提升高校思想政治教育针对性与实效性的重要举措。

（二）网络文化的功能

网络文化功能是指网络文化作为一种新型文化形态，在满足人类生存的独特作用中以及人类社会发展历程中所体现的价值、作用和效能。以互联网和先进信息技术为依托的网络文化，在社会主义先进文化中发挥了重要的作用，促进了先进文化的传播和交流，主要包括以下功能。

1. 信息传播功能

经过传播的文化才具有价值和生命力。网络文化是以互联网和先进信息技术为依托而产生的一种新型文化形态，借助网络平台进行信息的传播。首先，网络文化主体的平等性使得人们都可以借助网络平台发布、传播、接收信息，而且是在平等的氛围中，使网民主动获取真实且有用的信息。其次，网络文化的超时空特性，使得在网络虚拟世界里，人们可以在同一时间观看、评论不同地点发生的事件，这是非网络文化做不到的地方。最后，网络是集文字、图像、声音、评论于一体的传播方式，网络的及时性也是以往传统的媒体所不能做到的。

2. 交流交往功能

网络文化是一种不分国界、地域、种族，建立在网络基础上的信息文化，在互联网的虚拟世界里，人们彼此相互关联，突破了时空和距离的限制，跨越身份背景平等、自由以及更加人性化地进行交往，造就了多元文化的冲突和融合，带来了全新的文化景观。网络文化的交流交往功能是对传统媒介传播功能的扩展和延伸，能够使人们的交往更加直接和个性化，从而开阔视野、启迪智慧、丰富情感、推动普遍性的全球交往。

3. 教育引领功能

“文化”一词最早在中国古代文献中出现，显示的就是它的教育功能。在《说苑·指武》中写道：“凡武力之兴，为不服也，文化不改，然后加诛，夫下愚不移，纯德之所不能化，而后武力加焉。”任何文化都具有教育引领的功能，网络文化借助其网络信息存储量大、信息内容丰富、信息检索方便快捷、信息传输共享性等特点，在逐渐改变人们的思维方式和价值观念，极大激发人们的认知能力和创新精神，使人们在网络的虚拟空间中积累知识、获取认知世界和改造世界的能力，同时在网络文化中影响、塑造、完善自我。网络文化不仅仅使人自觉接受教育，同时通过网络环境等使人耳濡目染、潜移默化，在无形之中接受教育。

4. 规范凝聚功能

文化是一个民族最根本的基因，是一个民族共同的血脉，将全民族成员紧紧凝聚在一起，文化的凝聚功能是教育功能的延伸。而网络文化中的制度文化、风俗民情、伦理道德和价值观念制约着人们的行为，网络文化就是通过强制性和非强制性约束的形式，规范人们的行为。

5. 娱乐消遣功能

网络文化除了信息传播、教育引导功能以外，其在娱乐消遣方面的功能也很突出。在网络信息时代，人们可以通过网络来感受具有强烈视听效果的网络游戏和网络视频，在拓宽人们休闲娱乐的方式和途径的同时，放松了人们的心情，缓解了生活带来的一些压力，无形当中可以陶冶情操，培养了良好的道德情感。网上的娱乐作品也越来越多样化，供人们选择的方式也多种多样，这就需要网民根据自己的需要，选择适合自己的娱乐形式。

第二节　网络文化的特点与分类

一、网络文化的特点

网络文化是随着互联网的发展形成的一种新型文化体系，相对于传统文化而言发展较为迅速。随着社会层面的复杂化，网络文化特点的划分和总结也随着不同人群、不同角度、不同阶级的差异各有千秋。

有的学者站在网络文化对青少年发展的影响角度提出网络文化应有信息共享的平等性、信息表达的自由性、信息存在的虚拟性、信息交流的无中心性和再生性、信息内容的冗余、无序甚至反社会性。[①] 以青少年的接受水平和视线来审视网络文化的特点，认为网络文化较于传统文化主要的特点在于媒介的不同，将重点放在了网络的特点上，无中心性和再生性就是网络技术的特点之一，由于网络的无中心性导致了对于网络管理的缺失，信息会被无限制重复使用并且不断产生新的信息；由于网络参与性极高又有较低的表达约束力导致网络言论有失管理；由于年份相对较早，其提到的网络的无序甚至反社会性仍然建立在当时对于网络的管控不严，网络信息把控失调的基础上，导致一些学者在一定时期对网络文化的特点提取方面具有一定的时代特征。然而这一现象的出现也是必然的，网络的诞生，为人们提供了一个快速获取知识、自由发表言论的平台，又由于科技成本的降低，逐渐成为一种服务于大众的技术，惠及这个社会上的每一个自由人，各年龄段的人都享受着网络带来的快捷和舒适，每个人都独立存在着，又被广泛联系着影响着网络和现实中的社会，同时也潜移默化地受到网络的影响。在这个由量变到质变的过程中，必然会出现一个时期的“乱序”，首先数据被毫无约束地释放在广阔的空间，必然会引起诸如以上学者提到的“冗余、无序甚至反社会性”等一系列因素，随后就会出现对数据的整理和把控，即“网络的制度文化”。

还有些学者站在利用网络文化特点做引领工作的角度剖析网络文化的特点，提出利用网络文化的多元性，增强引领的针对性；利用网络文化的互动性，增强引领的实效性；利用网络文化的开放性，增强引领的多向性。[②]

---

① 孙清萍:《网络文化的特点及对青少年发展的影响》，载《青少年研究》，2006年第1期。

② 秉哲:《网络文化特点略论》，载《求索》，2001年第4期。

这些说法，从不同的角度、不同的用途、不同的侧面剖析了网络文化。然而，作为一种文化体系，应该更为客观地揭示本质的特征，来反映网络文化最突出、最集中的特点，更形象、更丰富地阐述网络文化。

综上对网络文化的研究，下面主要从科技特点、精神特点和主体特点三方面来阐述网络文化。

（一）网络文化科技特点

随着互联网的诞生和网络信息技术的高速发展，每个社会人都能接触网络、使用网络，在网络中发布信息、获取信息、使用信息，形成了相互影响、相互渗透的网络文化。每一次技术的突破都意味着信息传输方式的变化，意味着网络文化在方式和内容上的再一次更朝换代。如2017年4G网的提速以及蜂窝数据价格的降低，并且各大商场都提供无线WiFi的免费使用，使得人们随时随地可以享受快速又廉价的网络资源；视频可以流畅且清晰地播放、传递和录制，使一些短视频网站迅速走火。因此，科技特点是网络文化的基本属性，随着这一属性的不断更新，其他特点也会随之改变、更新。从科技特点这一层面可以得出网络文化所体现出来的互联网的最基本的一些特性，如交互性、开放性、虚拟性和即时性。

1. 交互性

交互性是指人们在网络活动中接受、传播和发送数据信息时表现的一种互动操作。互联网作为一种新型的传播媒介，区别于传统媒介最本质的特征就是双向传播，较传统媒介的单向的传播，互联网的出现使人们的表达得到了回应，打通了一道沟通的墙，使人们不仅作为一个独立的星球存在，同时融入了一个星际中，彼此相互联系，相互作用，形成一个巨大的网络。在网络中，每一个星球不仅是数据信息的接收者，又是生产者和传播者，人们获取信息的方式逐渐多元化和主动化。如今大多数人更愿意从App推送或者网页来选择自己更愿意关注的新闻消息，与此同时每个人都可以是新闻的发布者和传播者，在这个过程中，体现了网络文化中的交互性。

2. 共享性

在网络的信息传递中体现了信息资源和数据利用的高度共享性，这也是网络文化的一个基本特征。在互联网中由于信息的开放性和平等性，互联网的信息可以被所有网民检索到，体现了网络文化的数据信息共享性。免去了传统媒介复制传播的成本，增加了数据信息的利用率。

3. 虚拟性

互联网的发展改变了数据信息的传播媒介，构建了一个由无数符号组成的虚拟空间，为人们提供现实和虚拟世界的服务，如网上购物、网上银行、网络游戏、网络课堂、网上交友等，网络在为网民提供一个虚拟世界的入口的同时，也更好地为现实生活服务，使其具有更高的社会价值。

同时，在网络的虚拟世界中，人们可以用多个身份和角色在网络中进行交流和交易，打破物理环境中的束缚，人们通常可以在网络中重新塑造自己的形象，追求自己的梦想，实现自己的价值等。任何人都可以使用社交工具进行交流互动、在网络游戏中获取存在感、在网络论坛中畅所欲言，当然也有很多网友匿名举报一些人或者现象，维护个人或者集体的权益。通过多次网络事件就可以充分见识到网民的力量是无比巨大的，在能量的集中直到爆发的过程中，网络文化的虚拟性是最重要的一个元素。

正是由于网络的虚拟性，网络黑客、网络病毒、网络犯罪等社会问题已然危害到社会的正常秩序和安全。面对网络安全意识问题，网络的管理和网络警察是势在必行的，这也是网络文化的一种文化现象，只有经历过乱序才会有新的秩序有效地为这个社会服务。

4. 即时性

互联网通常以分和秒来作为更新周期，其传播速度也在逐渐提升，这就是网络的即时性的技术支持。数据信息通过互联网可以瞬间传递到全球的各个角落，使工作更高效、生活更快捷。同时，网络文化的即时性也成就了“直播文化”的兴起。

（二）网络文化精神特点

每一种文化都是人类社会所形成的一个代表某一社会群体的综合体，它必然是一种精神境界的表达。网络文化体系的形成，也体现了一种文化的价值取向和追求。从网络文化的精神特点方面观察可以将其总结归纳为以下四个特点。开放性、平等性、多元性和自由性。

1. 开放性

就传播范围而言，以互联网络为基础的网络社会具有高度的动态性和更大的全球性、开放性。网络在拓宽人们的视线的同时，也为全球网民提供了一个高度共享的信息传播平台。网络文化的开放性增强了信息的流通量和传播速率，增进了人们彼此的交流沟通，在文化多样化、经济全球化、政治多极化的大背景下，不同民族、不同信仰、不同国家之间的交流也更加方便，缩小了人与人之间的隔阂，在一定程度上实现了文化认同和文化交流。如在教育方面，网络课的实现使全球共享优秀的学习资源，受益于全球。

2. 平等性

数据时代的网络文化，通过垂直性的参与、平等性的交流和自主性的选择，为人们提供一个可以隐藏现实身份的没有上下等级划分的自由开阔的平台。在网络世界中，从总统到工人，无论什么职业什么地域什么年龄，都可以跨过种种围墙，直接地进行点对点的交流。

网络文化的平等性不仅表现在人与人的认知平等、交流平等，还体现在资源平等、知识平等。由于网络世界的开放性和共享性，网络打破了人们在现实社会中遇到的资源分配不平等的枷锁，每个网民对于信息资源获取的权力是平等的，将不平等因素降到最低，意味着一个开放的、创新的、平等的、社会保障机制。

3. 多元性

数据信息资源的开放性带来了网络文化的多元性，由于在网络社会中，人人平等且信息资源开放，每一个网民都可以作为一个独立的个体来制造、生产和传播文化，当个体的差异融入网络文化中，便形成了形形色色的各式各样的网络文化价值观念和文化样式，满足不同品味、不同精神需求的人们的需要。网络文化具有多元并存的文化结构，这是指网络文化存在不同的亚文化，以及相应的意识形态和价值观。例如，主流文化、大众文化和精英文化在网络中就完全共存。

从网络文化的内容来看，网络文化的多元性首先表现在其多彩缤纷的存在形式吸引着越来越多的人加入并参与这场文化盛宴，几乎每个人都可以找到自己感兴趣的那一面，如网络社交、网络论坛、网络游戏、网络直播等形式，内容有严肃的、搞笑的、恶搞的、优雅的等各类风格，使不同性格不同场所不同情形的人都可以享受其中。其次是网络文化的媒介是多元的，通过科学技术的发展，传播媒介从传统的报纸到电视，再到多种多样的移动终端比如手机、平板、电脑、智能手环等，使得网络可以随时随地服务于生活，也使得网络文化高度渗透到每个人的生活中。最后，参与网络文化的主体是多元的。随着时代的进步，科技的发展，网络从年轻人的“专享”逐渐扩大到老年人，与“学生文化”“职场文化”等一起形成了一道独特的网络文化氛围。

4. 自由性

网络文化的自由特性主要表现在人们对网络的参与是自由的，时间、地点、方式、行为以及发表的言论、观点等都是自由的，从客观条件到主观价值都为大众提供了一个展示自我，获取信息的平台，网络文化所表现出来的这种自由度是之前所不曾有的。

（三）网络文化主体特点

文化是人类社会的产物，因此其参与和受益主体是人，从网络文化的主体属性来观察网络文化，主要有以下几个特点。

1. 个性化

网络的本质是解放每个人的生产力。由于网络文化的开放、自由性也为个性化提供了平台，个人可以根据自己的兴趣、爱好选择学习的内容、进程，选择交流的伙伴。互联网如广阔的海洋，任你在信息海洋中自由游泳、大胆冲浪、展现自我。

网络里的虚拟性和开放性使得每个人都有空间和平台释放自我，表达自我，使得每一个独立的星球都可以发光发热，这也是自媒体兴起的主要源由。每一个人都可以有自己的品牌，都可以为自己代言。

2. 大众化

网络文化参与群体的多元性导致网络文化主体的大众性，主要表现在参与人群的覆盖面积广，参与程度深，影响范围广。只要是完整的一个社会人，不论男女、老少、阶层、贫富、民族，都可以投入到网络文化的大潮中，没有身份的限制，没有技术的门槛。

3. 平民化

网络文化的大众化使文化的制造者更广泛且没有限制，这就促成了“草根文化”的诞生，也是网络文化平民化的特征。没有在某领域有一定权威的人是很难登上传统媒介的平台的，在以往的信息传播中，媒体仅仅代表了小部分人群的心声和利益，而在网络这个自由开放的平台上，每个人都可以表达自己的观点，形成符合自己的文化域。

4. 集群化

由于网络文化的开放性和平等性，每个人都有权利和平台追求自己所认为有价值有意义的东西，于是网络中逐渐出现了“粉丝效应”，即网民所形成的集体文化，如博客群体、微博群体、论坛群体等。很多人通过参加某些固定类型的群组讨论，认识很多与其兴趣相投或有共同处境的人，一起线上讨论交流或者组织线下活动，构成了群体文化的一部分。

综上所述，网络文化既是以科学技术为背景的基于信息传播映射人类现实社会的一个综合体，又是一个新型的与传统文化、现实生活有所不同的文化体系。

二、网络文化的分类

（一）网络文化意识形态

网络文化的大众性和开放性，使得网络文化的传播者和生产者覆盖范围广泛，组成复杂，从参与群众的意识形态方面，可以将网络文化分为主流文化、大众文化和亚文化。

1. 主流文化

主流文化又称官方文化，是一个社会、一个时代受到倡导的、起着主要影响的文化。每个时期都有当时的主流文化，我国封建社会的主流文化是儒家文化，自汉武帝“罢黜百家，独尊儒学”直到清末，历代帝王都是崇尚儒学。在西方中世纪以来一直是以基督教文化为主流。我国现阶段正处在社会主义建设之中，国家提倡的是有中国特色的社会主义文化，这种文化无疑是主流文化。但有人提出不同的看法，认为“中国特色社会主义文化”这个概念太大，马克思主义文化才是当代中国的主流文化。

主流文化代表着一个国家、一个民族的政治文化、传统文化，这些文化都反映了当前社会的主流意识形态。网络文化虽然没有明显的国界和民族之分，但是每个国家都会控制网络言论和网络文化道德，通过主流文化的传播，增强本国的文化软实力。

2. 大众文化

与官方文化相对应的是民间文化，也是大众文化，即反映文化载体的大众的行为习惯和精神需求。大众文化在不同时代不同地域的表现也不尽相同，通过网络媒体这个介质传播的大众文化即网络文化中的大众文化。

网络文化中的大众文化真真切切地反映了当下大众的精神现状，如时下流行的“快手”和“抖音”软件，通过分享美好生活的点滴，真实地反映了大众的精神诉求，同时也出现了很多“草根英雄”“段子手”和“网红”，为不同行业不同年龄段不同阶层的人提供不同的精神需求，有的达到了娱乐大众的目的，有的达到了教育大众的科普目的。又如网络文学的兴起，作为一个新的文学风格，其传染力远远超过传统文学，且其群体从青少年也逐渐扩展到中年人，原因之一就是网络文学的风格多种多样，分类从武侠、玄幻、都市、男生、女生到耽美、穿越等。近几年还不断有网络小说被翻拍成影视作品，其影响力不可小觑。总之都是以大众能够接受并喜欢的方式传播民间文化。

3. 亚文化

亚文化又称集体文化或副文化，指与主文化相对应的那些非主流的、局部的文化现象，是在主文化或综合文化的背景下，属于某一区域或某个集体所特有的观念和生活方式。一种亚文化不仅包含着与主文化相通的价值与观念，也有属于自己的独特的价值与观念。随着科学技术的发展，随着数据信息传递越来越方便快捷，网络文化中的亚文化逐渐在年轻人中占有越来越重要的地位。

在互联网出现早期，网络文化中的亚文化主要是火星文、杀马特等文化，到后期由于网络的大众性和开放性，网络文化急速发展，其形式、内容和数量也出现爆炸式地发展。近几年从网络词汇的运用中就可以看出网络文化中的亚文化逐渐走向大众舞台，如二次元文化、弹幕文化、标签文化、客文化等。

（1）二次元文化

二次元文化主要是从日本动漫中兴起，表达了人类对幻想出来的唯美的完美主义世界的憧憬和视觉体验，二次元在日语中的意思就是“二维”，将动漫中的角色与现实相结合，产生了一系列的文化产业，比如 cosplay、宅舞等衍生出来的行为。网络技术的发展，带给二次元文化第二个春天，由于现在网络的参与者是以年轻人为主，所以二次元文化在网络文化中的比重比较大。

（2）弹幕文化

弹幕文化主要来自网络中观看视频时在视频中弹出评论性的字幕，由于这些大量出现的字幕像很多子弹形成的幕布，就称这种现象为弹幕，弹幕文化便由此而来。开始的弹幕以吐槽为主，通过观看和发送弹幕达到与看此视频的人交流的目的。现在由于网络直播的出现，弹幕文化逐渐有了商业的特质，有打 call 类、应援类、吐槽类等，同时发送弹幕也讲究艺术与美感，形成了网络文化中一道独特的风景线。

（3）标签文化

标签文化主要是为具有一定特征的人或事总结其特点并贴上相关的标签，在当下社会大背景下，青年不断对自我价值进行探索，如"凤凰男""高富帅""宝马男""女神"等，这也是标签文化昌盛的一个客观条件。

（4）客文化

客文化是一种具有个性、即时性、开放性、交互性、合作性的文化，是民生文化的一种形式，是网络传媒时代出现的一种新兴文化。客文化主要有博客、极客、黑客、晒客、沙发客等分类，表现了网络文化的集群性，表示对某些人或某一文化、某一行为的认同感。"客"是英文中"er"的英译，将自己成为或加入某一类"客"中，表示自己的一种观念和立场。客文化往往以高素质人群为主体，达到高效交流的目的。而随着网络科技的发展，客文化的主体逐渐移向大众，也成为网络文化中的流行文化之一。

（二）网络文化起源

从网络文化的起源即文化可以分析得知，广义的网络文化从大众文化的角度出发，将一切以信息网络技术产生的活动及其结果分为物质文化、精神文化和制度文化三部分。

1. 广义角度

（1）物质文化

物质文化是基于物理空间中对现实生活产生影响的一种文化，比如人的衣食住行这些方面。网络文化中的物质文化则体现在通过网络技术直接映射到现实生活中的一种文化现象。

网络文化中的物质文化使大众在现实生活中直接受益，享受科技为大众带来更加快捷方便的生活方式。比如，"饿了么"送外卖服务可以实现同城之间的物质传送，通过指定某一服务，可以将食品送到特定的地点；"淘宝""京东"等网购服务可以在全国范围内实现一对一购物服务，类似的还有家政、约车、票务系统、定制宾馆等直接映射到现实生活中的网络服务类型，同时也衍生出了相对应的网络文化。

（2）精神文化

精神文化则是人类在网络中所表达出来的精神成果的总和，是人们内心活动在网络中的表现，包括价值取向、审美情趣、道德观念、社会心理等内容，例如，网络词语“佛系少年”“燃”“正能量”等新兴词汇的运用和其所表达的一种文化背景和时代需求。精神文化在整个网络文化占有相当大的比重，网络的“虚拟性”则是网络文化和大众文化最重要的差别，因为在网络中每个人都可以扮演多重身份和多重角色，这些角色可能是现实生活中无法扮演的，在隐藏了真实身份的情况下，在没有现实的物质束缚的情况下，网络为网民们营造了一个人人平等的平台，在这样的平台，人们更多用于精神方面的交流，而网络文化的“开放性”和“平等性”让每个人的内心得以释放。

（3）制度文化

由于网络本身的虚拟性所带来的规章制度和组织方式的异同性，制度文化也引起了相当大程度上的重视，包括网络活动的道德准则、社会规范等内容。这些准则和规范一是由于不同国家和民族的文化差异而不同，由各国文化底蕴和政府机关的维护组成；二是由于不同人群、不同地域的差异而不同，如少年类网站、儿童类视频音频等，由政府或相关部门机构把控网络资源等；三是由于每个个体的差异而不同，如对于同一件事不同的人所思考的方式不同。需要网络制度来维护正确的社会价值观，传播正能量。

2. 狭义角度

狭义的网络文化从信息的来源来分类，将网站分为政府网站网络文化、媒体网站网络文化、企业网站网络文化以及商业门户网站网络文化这四大类。政府网站网络文化是政府机构公开办公和服务大众的一种有力渠道；广大群众获取知识、分享日常最直接和常见的方式就是媒体网站，如新浪微博、头条新闻等网站；企业网站网络文化是传播企业文化的主要途径，同时为企业提供了向大众服务的公共平台；商业门户网站网络文化是基于网上支付技术的网络购买平台。网络平台基本可以从这四个方面解决民生的衣食住行，以及更高层次的需求，从细节渗透到大众的日常生活中。

多种多样的网络文化充实了文化本身，也丰富了人们的生活。网络文化可以分别从网络文化参与主体的意识形态和网络文化自身的起源来分类。从参与主体的意识形态方面，网络文化可以分为主流文化、大众文化和亚文化。从网络文化自身的起源来看，网络文化又可以分别从广义角度和狭义角度来观察，从广义角度则可以分为物质文化、精神文化和制度文化；从狭义的角度可以分为政府网站网络文化、媒体网站网络文化、企业网站网络文化以及商业门户网站网络文化这四大类。当然，从不同的角度，仁者见仁智者见智，不同的学者也可以将网络文化分为其他类别，但主要的类别不超过以上所述。

第三节　高校先进网络文化培育

一、网络文化对大学生的影响

2016年4月19日，习近平在网络安全和信息化工作座谈会上发表重要讲话，指出："网络空间是亿万民众共同的精神家园。网络空间天朗气清、生态良好，符合人民利益。网络空间乌烟瘴气、生态恶化，不符合人民利益。我们要本着对社会负责、对人民负责的态度，依法加强网络空间治理，加强网络内容建设，做强网上正面宣传，培育积极健康、向上向善的网络文化。用社会主义核心价值观和人类优秀文明成果滋养人心、滋养社会，做到正能量充沛、主旋律高昂，为广大网民特别是青少年营造一个风清气正的网络空间。"网络文化是文化体系的组成部分，具有强烈的人文属性。人是网络文化的创造者、传播者，同时也是网络文化的受众，思想与行为受到网络文化潜移默化的影响，思想与行为的变化又推动网络文化的发展。人们对精神生活品质的主动追求为网络文化的发展提供了不竭的动力，网络文化的特征在人的发展过程中发挥着引导、塑造、调节等功能。这种相互影响、相互制约的共振关系形成了网络文化的发展规律，也体现了人与网络文化之间的内在逻辑关系。第41次《中国互联网络发展状况统计报告》数据显示，中国网民中学生群体规模最大，截至2017年12月，学生群体占总网民数量比为25.4%，甚至有人将"90后"称为"网络原住民”，从某种意义上来说，网络文化带有鲜明的青年文化印记。青年学生是网络上最活跃的群体，是推进网络文化发展的重要力量，但是，由于青年学生在世界观、人生观、价值观方面仍处于成长阶段，作为网络文化发展参与者的同时，也较为容易受到网络文化的影响。网络文化本身就是多元化的，会受到多元文化和意识形态的影响，网络文化也存在积极和消极之分，因此，网络文化的发展需要有正确的引导和培育。发扬积极网络文化，抵制消极网络文化，让以社会主义核心价值观为核心的网络文化成为高校网络生态环境的主流文化，为青年大学生努力成长为社会主义事业的合格建设者和可靠接班人提供精神动力。

（一）高校网络文化对大学生思想的影响

1. 先进高校网络文化引领大学生思想主流方向

首先，高校网络文化承载着传播中国特色社会主义先进文化的任务。中国特色社会主义先进文化源自中华民族五千多年文明历史所孕育的中华优秀传统文化，熔铸于党领导人民在革命、建设、改革中创造的革命文化和社会主义先进文化，植根于中国特色社会主义伟大实践，是我们文化自信的根源所在。互联网技术的发展为中国特色社会主义文化的传播提供了新的载体。坚持教育为人民服务、办人民满意的教育是党对高校的要求，也是高校坚持社会主义办学方向的重要标志，立德树人是高等教育的根本目标，因此，高校网络文化必须承担起传播中国特色社会主义先进文化的重任。除了课堂教育以外，还要将思想政治教育内容搬上网络，推进互联网技术与传统思想政治教育的有机融合，在学生聚集量最多的网络环境中，宣传中国特色社会主义先进文化、开展社会主义核心价值观教育、引领正确思想方向、坚定学生理想信念，让高校网络文化成为思想引领的前沿阵地、“正能量”的集散地。

其次，高校网络文化承担传递大学精神的任务。在中国特色社会主义先进文化系统内，每所高校都有自己的特色文化，高校的特色文化是高校在长期办学实践的基础上，经过历史的积淀、自身的努力和外部环境的影响逐步形成的一种独特的校园文化形态，它以校园内的师生为主体，以知识传授为基础，是大学精神文化、物质文化、制度文化和环境文化的总和，深刻地影响着每所高校的人才培育特点、全面地影响着高校里面的每一名教师和学生。

高校网络文化是大学文化的一种网络表现形式，它具有传承性和辐射性：传承性表现为大学文化及大学精神通过网络手段一代一代地永续传承，这些成果与精华源源不断地传递给在校的每位大学生，使大学生以坚守高校优秀传统文化为己任，并将其不断地发扬光大；辐射性表现为将大学文化气息与意蕴向大学的每个领域扩散、传播和渗透，使大学生在学校的生活学习中感受大学优秀文化成果的熏陶，以此培养学生高尚的情操和完美的人格。①

2. 高校网络文化中非主流因素对大学生思想的影响

从互联网到移动互联网，再到云计算，互联网技术的高速发展让互联网渗透到我们生活中的更多领域，也让网络更为开放。然而，开放的空间既能容纳积极健康的主流文化，也容易混进、滋生消极的，甚至有害的非主流文化。高校作为社会的一部分，并不是独立于社会之外的"飞地"，而是与社会保持着紧密的联系。高校网络文化与社会网络文化之间同样保持着紧密的联系，在联系中相互作用、相互影响。消极的、不健康的非主流网络文化通过校园网络在高校进行传播，会对大学生正确思想认识的发展方向产生干扰。网络环境是多元文化、多种意识形态相互碰撞、斗争的平台，在这个复杂的生态环境中，敌对势力常常将世界观、价值观、人生观还未完全成熟的大学生作为主要攻击目标，部分大学生意志力不够强大、判断力不够准确、好奇心过于强烈，往往容易受到不良网络文化的诱导，产生思想认识上的偏差。如某些敌对势力往往打出"民主""自由""人权"等这些国际社会认同、人们普遍能够接受的美丽字眼作招牌进行思想文化渗透，互联网带来的信息全球化则为敌对势力渗透提供了便捷通畅的渠道，引诱大学生沾染淫秽色情、凶杀暴力、封建迷信等不良信息，这种明显带有亚文化色彩的网络话语在青年大学生群体中得到广泛传播并受到认同，对大学生的思想文化提出挑战。②

网络与现实生活最大的区别就是网络的虚拟性，虚拟性带来了网络监管的困难，这就让部分网民可以隐身在虚拟角色的阴影之下，肆无忌惮地

① 李丹、张森林、赵继颖:《高校校园文化对当代大学生的影响——以黑龙江5所高校为例》，载《中国青年研究》，2014年第12期。

② 李丹、张森林、赵继颖:《高校校园文化对当代大学生的影响——以黑龙江5所高校为例》，载《中国青年研究》，2014年第12期。

发表自己的言论，甚至进行人身攻击，曾经火爆异常的网络词汇“人肉搜索”就是网络虚拟暴力的鲜明展示。监管的困难导致网络文化中的“正能量”因素与“负能量”因素共生共存，虽然“正能量”因素始终保持绝对优势地位，但是“负能量”因素仍然在某些局部发挥着不良影响，那些自主控制能力较弱、理想信念不坚定、长期处于不良思想影响的部分大学生，在各种社会观念和思潮的冲击下，价值观容易被现实社会追求功利化的心态所影响，在不知不觉中，他们的双眼会被金钱、名利所蒙蔽，他们的价值目标的定位也逐渐物质化。另外，当今社会，传统宣传被互联网媒介所取代，互联网宣传媒介的最大特点就是迅速性与自发性，网络媒体传播速度极快，一个新闻可以通过网站、微博、微信等工具迅速传遍全世界，而且互联网时代的宣传已经不是媒体单位的特权，自媒体时代的发展已经不可阻挡，任何一个网民都有可能成为信息的“原创点”“集散点”，“网红”“大咖”等网络角色大量出现。在各种思潮席卷下的互联网，以迅雷不及掩耳之势影响着大学生群体的思维方式与思想观念。在如此信息量巨大且庞杂的网络环境中，大学生对于事物的评价标准受到了影响，部分大学生很难在复杂的环境下对事物的正确与否做出理性的判断，无法轻易分辨信息的良莠。网络文化的多元性催生出大学生价值观的多元，进而引发评价标准多重化趋势，价值评价标准也发生紊乱。

（二）高校网络文化对高校教学理念和学习方式的影响

1. 先进高校网络文化推动教学理念更新和学习方式变革

随着网络技术的发展，信息与知识的传播方式也发生巨大的变化，这自然也影响了教学方式和学习方式的改变。积极的校园网络文化引导大学生正确利用网络工具为自己的学习服务，积极从网络资源库中获取所需的最新知识成果，形成积极、自主探索型学习思维方式。从教师授课角度来说，高校网络文化的发展与传播极大地冲击了传统的教学理念，对单纯的以“教”为主的教学模式提出了挑战。在师生知识不对称的时代，教师就是权威，学生主要通过教师在课堂上的传授获取知识，而在网络时代，师生获取知识的权利已处于平等地位，学生在上课前可以从网络上获取大量的知识资源，甚至是当前世界最前沿的相关研究成果，这就对教师的知识储备提出更高的要求，推动教师授课思维方式的转变。“互动式”教学、“翻转课堂”、微课、慕课等新型授课方式的大量出现就是高等教育适应互联网技术发展和高校网络文化牵引的结果。从学生角度来说，高校网络文化的影响拓展了学生获取知识的途径、改变了学生的学习思维方式。互联网使得高校与社会的交融更为广泛而深入，社会高速发展带来的知识更新不断刺激着大学生对知识更新的迫切需求，社会竞争力的提升需求也带动了大学生提升自身创新能力的强烈愿望。大学生在课前课后可以通过互联网完成最新研究资料搜索、实际应用案例查询、网络课程自学等预习和复习工作，加深对知识的理解程度，大幅度提升学习效率。在课堂上抱着质疑、批判的精神去领会教师所传授的知识，并与教师开展热烈的讨论和互动。因此，无论是从教师的教学角度，还是从大学生的学习角度，在高校网络文化的渗透和影响下，基于互联网技术的新型教学理念更新和学习方式变革正在深入推进。

2. 网络依赖正在消磨大学生的学习动力

互联网技术的发展在提升高校教育质量、学生学习效率的同时，娱乐型网络文化在高校的传播也成为影响部分大学生发展的障碍。网络空间的特性之一就是虚拟性，在虚拟的网络空间可以嵌入多种基于现实的模拟元素，如网络游戏、网络直播，这种娱乐型的网络文化让部分自控能力偏弱、学习成就感不足、人际交往障碍的学生找到了放松心情、缓解压力的途径。学生可以通过网络游戏或网络直播体会现实中无法实现的成就感，但是如果过于沉迷于这种娱乐型网络文化，就会分不清楚虚拟世界与现实世界的关系，在网络世界迷失了自己的方向，或者刻意逃避现实世界的压力，部分大学生就会依赖网络世界带来的“虚拟幸福感”而无法自拔，进而演变成“网瘾”，也就是医学上所说的网络依赖症。网络依赖症对青少年的危害是极为严重的，不仅损害身体健康，还容易引起不同程度上的心理障碍和行为失调，大学生如果上网成瘾，轻者影响现实中正常的学习和生活，重者甚至可能引发自闭、忧郁等心理疾病和生理疾病。[①] 当前，网络依赖症已成为消磨大学生学习动力、影响大学生健康发展的主要障碍之一。

---

① 高日晖、王熠璇:《论网络文化对大学生的影响及高校网络文化建设》，载《文化学刊》，2011年第9期。

（三）高校网络文化对大学生社交的影响

1. 先进高校网络文化拓展大学生“朋友圈”

网络还有一个重要特性就是开放性和互动性，网络可以打破地域、群体等方面的障碍，为全世界的人们提供交流的平台。先进的高校网络文化可以引导大学生进行健康的人际交往活动，让大学生的人际圈不仅限于班级、宿舍，还可以通过合法的网络平台，以学习、互助、合作等方式在全校乃至全国、全世界开展学术、经验交流等活动，取长补短、共同进步，拓展大学生的社交“朋友圈”。互联网时代，高校网络文化已经与大学生的人际交往活动密不可分。首先，大学生创新集体活动形式的网络文化氛围。学生班级、团支部、党支部、社团等学生组织都会建立自己的QQ群、微信群、微博主页等网络平台，开展日常交流活动和特色文化宣传活动，进而增强集体的凝聚力、强化集体成员间的相互了解。特别是近些年，我国大学生参加长期、短期国际交流活动的机会越来越多，为了解决出国学生党员无法正常参加党支部活动的情况，很多高校采取了网上党支部活动的形式，通过视频软件开展组织生活、思想汇报等活动。其次，大学生寻求团队的网络文化氛围。网络缩短了人与人之间的距离，大学生利用网络工具寻找合作伙伴已经成为一种流行文化：学习出现问题的学生可以通过网络交流平台寻求援助；大学生科技创新团队可以通过网络交流平台引入不同专业背景的团队成员；大学生创业团队可以通过网络交流平台招募合作伙伴，合作伙伴的寻找是跨专业、跨校际的，可以实现人力、物力资源的优势互补。最后，大学生参与高校公共事务的网络文化氛围。近年来，大学生对学校公共事务参与的广度和深度不断发展，围绕学校管理、校园事务以及政治生活，大学生们从自己身边的事情开始做起，积极地参与各项公共事务。学生通过转发优秀学生榜样成长故事激励同学共同进步、通过转发学校最新科研成果增强学生对学校的自豪感。在这个过程中，一个广泛参与、平等互动的校园舆论场基于校园网络平台得以形成，校园公共论坛的热门话题、微信朋友圈“刷屏”文章等是主要表现形式。[①]

---

① 张瑜：《思想政治教育视域下大学生社交网络的特性研究》，载《学校党建与思想教育》，2016年第10期。

2. 不良社交文化影响大学生健康成长

网络是一把“双刃剑”，在帮助学生拓展社交圈的同时，不良的社交文化会引导大学生走入歧途。首先，“宅文化”给大学生带来“社交恐惧”。“宅文化”指一种对于私人空间，专注精神的追求，其精神内核是趋于封闭的心理状态和不拘泥于形式的文化，是一种在全球化发展形势下出现的亚文化现象。“宅文化”的核心是依赖于网络的便捷性，大学生可以通过网络游戏满足自己的成就感，逃避校园生活的竞争。大学生可以通过网络社交平台进行虚拟交友活动，逃避真实的校园社交活动。这种依赖于网络的大学宅男宅女们将自己封闭于自己的“时空”之内。长期脱离现实环境，朋友越来越少、交往越来越困难、性格越来越孤僻，最终发展为社交恐惧症，影响了自身的健康成长。其次，暴力网络文化给大学生带来性格扭曲。网络社交的隐匿性特点使得人与人之间的沟通交流覆盖上神秘的面纱，安全性没有保障，加上网络社交缺乏有效的约束机制和监督机制，造成大学生责任感缺失，道德约束力减弱。①一部分自制力较弱的大学生在网络社交过程中接受了大量的暴力和犯罪信息，受到不良网络文化的影响，利用网络身份隐秘的特点，参与或者宣传网络暴力活动，如盗取并公开他人隐私信息、从事网络诈骗活动、网络传销活动、宣扬暴力活动视频信息等。长期受到暴力网络文化的影响，会让大学生的性格发生扭曲，甚至将学生带上犯罪的道路。

二、高校网络文化生态现状

网络文化是由多种类型文化有机结合而成的生态系统，各种网络文化承担着不同教育任务，潜移默化地影响着每一名网民的世界观、人生观、价值观。如果这个生态系统运行良好、生机勃勃，那么将带动整个互联网系统朝着积极、健康的方向发展，助力中国特色社会主义建设事业。相反，如果网络文化生态系统中，以社会主义核心价值观为核心的主流网络文化无法占据绝对优势，生态系统运行将处于混乱、失衡状态，网民受到各类不良网络文化的冲击，思想混乱、价值观评价标准不清，就会影响社会的发展和民族的

① 李丹、张森林、赵继颖:《高校校园文化对当代大学生的影响——以黑龙江5所高校为例》，载《中国青年研究》，2014年第12期。

进步。因此，研究高校网络文化生态内涵、了解当前高校网络文化生态现状，对于培育积极网络文化、构建积极网络文化生态系统至关重要。

（一）高校网络文化生态的内涵

1. 网络生态内涵

生态学是把生物与其所处的环境视为一个复杂的生态系统，以系统的观点观察生命有机体与其周边环境的相互影响、相互制约、相互依赖的关系。美国商务部在1998年发布了《浮现中的数字经济》的研究报告，研究基于互联网经济的迅速增长及其与其他行业广泛的相关性，提出了“互联网生态”的概念。20世纪年70年代在教育学界兴起了“教育生态学”这一边缘性学科。在我国，“网络生态”是由田震宇在《网络生态》中首先提出的，“网络生态系统”概念最早是由张庆峰于2000年在《网络生态论》中提出，他认为网络系统是人类实体社会的一个缩影，为了避免人类社会中人与自然曾出现的不和谐发展情况，基于生态学的视角提出网络生态系统概念，将生态学中人与自然协调发展的理论与方法应用到网络生态环境中。且网络生态系统符合系统的一般特点，由一些相互联系和相互影响的部件组成，具有一定的功能目标，并与外界有所界限。吴子贵和张丽娜于2006年在《论校园网络生态系统的优化》中提出：“正如人与自然环境构成了生物生态系统，网络使用者与网络生态环境构成网络生态系统，网络生态系统正是在一定的技术、法规道德和现实社会等环境因素约束和作用下，网络使用主体生产、消费和分解信息的系统。”①

2. 高校网络文化生态内涵

网络文化生态认为网络文化是一个人工生态系统，和自然生态环境一样具有生态环境的一般原理和基本规律，它关注网络文化及其环境的关联和互动，以及在作用过程中达成的动态平衡和可持续发展。②章剑锋在2011年发表的《高校青年自组织参与校园网络文化生态建设的基本维度》一文中将高校网络文化生态定义为：“校园网络文化与外部生态因子之间、校园网络文化各构成要素之间交互影响而达到的一种相对平衡的结构状态，是一个和谐共

---

① 吴子贵、张丽娜：《论校园网络生态系统的优化》，载《黑龙江高教研究》，2006年第6期。

② 于颖、谢仕兴、于兴华：《高校网络文化生态：意蕴解析与模式构建》，载《中国电化教育》，2012年第10期。

生、良性循环、全面高效、持续繁荣的生动美好姿态或良好发展态势。”[①]于颖等在2012年的《高校网络文化生态：意蕴解析与模式构建》一文中指出：“高校网络文化生态是独特的、多元的，和每个大学所处的自然和社会环境相协调，和谐共生是高校网络文化生态系统主体因子之间的基本关系，平衡和可持续发展是高校网络文化生态系统的生态实质。”[②]李成恩等在2016年的《论高校网络文化的内容结构与价值导向》一文中，把高校网络文化生态的内涵从广义和狭义两方面进行了界定：“广义来说，高校网络文化是指高校校园中一切与互联网结合或者通过互联网展现的物质财富与精神财富的综合。狭义来说，高校网络文化特指以互联网信息化数字化媒介为载体，在校园活动中，大学人所共生、共享、传递的网络价值取向、网络生活方式和网络行为方式。”[③]从上述学者的定义可以看出，高校网络文化生态是网络文化生态范畴内的一个特定领域，即高校这个独特的生态环境，其以高校网络文化生态健康发展为根本目标，以教师、学生为核心文化生态因素，以探索两种核心文化生态因素以及与其他文化生态因素间相互作用规律为重点，努力构建积极、阳光的高校网络文化生态环境，掌控高校网络话语权，引领大学生思想发展方向。

（二）高校网络文化生态现状

1. 高校网络文化生态整体呈现积极状态

我国各大高校都非常重视校园网络文化系统的建设工作，普遍制定了以社会主义核心价值观为核心的、符合自身特色的积极网络文化培育方案，高校网络文化内容丰富、形式多样，在学生的思想引领、全面发展等方面起到了重要的推动作用。当今网络是一个没有国家概念的空间，网络社会文化更加复杂多元，不同文化形态、思想观念、价值取向和生活方式在此传播、融合、碰撞，势必造成一系列心理上的不适应和行为上的无所适从，大学生由于处于世界观、人生观、价值观形成时期，缺乏足够的辨别力和抵御力，因此，要特别重视对大学生的“教育引导”，坚持以用社会主义核心价

---

① 章剑锋：《高校青年自组织参与校园网络文化生态建设的基本维度》，载《中国青年政治学院学报》，2011年第5期。

② 于颖、谢仕兴、于兴华：《高校网络文化生态意蕴解析与模式构建》，载《中国电化教育》，2012年第10期。

③ 李成恩、张远航、赫铭、牟霖：《论高校网络文化的内容结构与价值导向》，载《大连理工大学学报（社会科学版）》，2016年第3期。

值体系引领网络文化建设，形成网络主文化。[①] 各高校始终坚持以社会主义核心价值观为核心、爱国主义教育、道德素质教育、创新精神培育为重点，网络宣传平台建设为抓手的高校网络文化建设思路，在大学生思想引领方面取得了显著的成果。高校依托各自门户网站建设“党的群众路线教育实践活动”“两学一做”“三严三实”“十九大精神学习”等专业教育与党的理论知识宣传专栏，打造坚实的网络教育、宣传阵地，掌握网络话语权、引领网络舆论方向，坚定广大师生员工的理想信念，保证思想始终与党中央保持一致。同时，还与时俱进，将信息技术的最新成果与传统思想政治教育优势紧密结合，积极拓展新媒体网络文化宣传路径，开设微信公众号、微博平台、建设网络思想政治教育品牌“慕课”“微课”，将党的理论知识教育、思想引领、先进网络文化的宣讲覆盖到师生的移动客户端。通过全面、系统的教育与宣传工作，我国高校网络文化总体上保持了积极的发展方向，社会主义核心价值观成为高校网络的主流文化，教师、学生都能做到认真学习、积极宣传，保持思想的先进性，并能在工作、学习和生活中主动践行社会主义核心价值观。

2018年3月，通过对黑龙江省部分高校796名大学生进行调研发现，高校网络文化总体上凸显“正能量”发展趋向，学生在积极网络文化的引领下，思想总体上是积极、健康、向上的，他们热爱祖国、热爱人民，拥护中国共产党的领导，有投身于社会主义现代化建设的热情，具有较高的政治觉悟。特别是近年来我国经济实力的快速增长、国际地位的不断提高，以及我党在政治改革、社会建设、危机应对以及自身建设方面的重要举措，进一步坚定了大学生群体对党的领导的信心，以及对党的执政能力的认同。大学生对中国未来的经济、社会、政治形势持有良好的预期。调研结果显示：有92.3%的大学生认为中国共产党有能力把自身建设好；90.2%的大学生认为我国必须坚持中国共产党领导的多党合作和政治协商制度，而不能搞西方的多党制；有95.7%的大学生认为2017年我国的国际地位达到历史新高；88.9%的学生认为我国的“一带一路”倡议为新时期世界走向共赢带来了中国方案；98.6%的学生认为党的十九大具有极其重要的历史意义；90.9%的大学生对我

---

① 陈志超、汪谦慎：《用先进网络文化引领高校大学生思想政治工作》，载《思想理论教育导刊》，2012年第3期。

国未来的经济发展和政治稳定持“乐观”或“比较乐观”的态度；91.7% 的学生对2018年我国的经济发展态势持乐观态度；89.2% 的学生对未来三年内我国的经济发展态势持乐观态度；88.6% 的学生对未来十年内我国的经济发展态势持乐观态度；有86.6% 的大学生认为个人的选择应该与国家的需要自觉地结合起来；80.4% 的大学生认为劳动和奉献是评价人生价值的基本标准；87.6% 的大学生选择当个人利益与国家利益、集体利益发生矛盾时，个人利益应服从国家利益和集体利益（见表8.1）；77.6% 的大学生认为我国的网络文化生态是积极向上的；84.0% 的大学生认为所在高校的网络文化生态是积极健康的（见图8.1）；78.6% 的大学生认为高校网络文化对自己的行为产生了“极大”或“较大”的影响（见图8.2）；83.8% 的大学生表示会“经常”转发学校发布的“正能量”新闻（见图8.3）；98.6% 的学生关注所在高校的微信公众号。

表 8.1　大学生价值观取向情况

	同意	不同意	说不清
个人的选择应该与国家的需要自觉地结合	86.6%	2.3%	11.1%
金钱高于人格	1.8%	85.2%	13.0%
志愿服务是现代文明的重要标志之一	82.3%	5.0%	12.7%
劳动和奉献是评价人生价值的基本标准	80.4%	5.5%	14.1%
人世间没有真正的爱情	7.4%	76.8%	15.8%
当个人利益与国家利益、集体利益发生矛盾时，个人的利益应服从国家利益和集体利益	87.6%	3.4%	9.0%

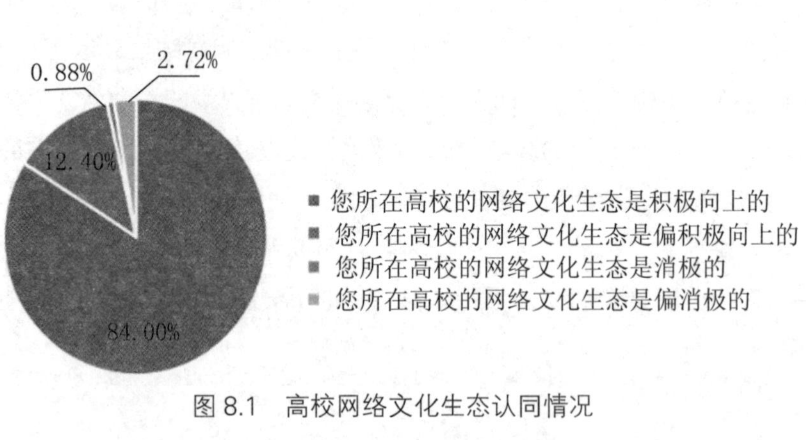

图 8.1　高校网络文化生态认同情况

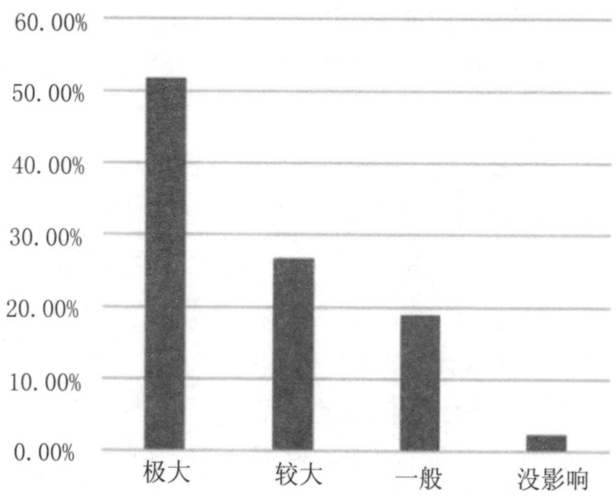

图 8.2　高校网络文化对大学生行为的影响

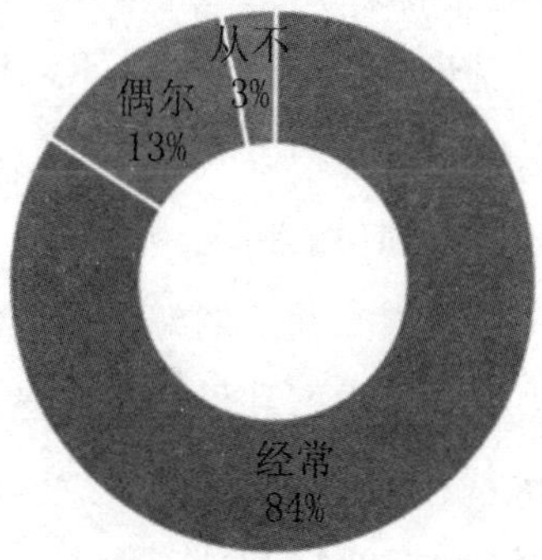

图 8.2　大学生转发高校“正能量”信息频率情况

2. 高校网络文化生态中不良网络文化的消极影响

积极向上的主流网络文化会引导大学生坚定理想信念，树立正确的世界观、人生观、价值观，在实践中逐渐完成自身价值的升华；而消极的非主流网络文化在大学生的发展过程中发挥着“负能量”作用，不可避免会对大学生产生一定负面影响，易导致大学生价值观出现偏差，产生非理性群体行为，还可能影响人际交往能力和良好道德品质的形成，最终部分“免疫力”低下的大学生就会误入歧途。多媒体技术的迅速发展使得网络空间的设计形式更为丰富多彩，可以嵌入的内容也越来越多，使网民们的视觉和感官受到极大的冲击。快节奏的现代生活方式导致快餐式的通俗网络文化内容、“火星文”

式的简练表达形式在网络空间里大行其道，使得人们对于情感和思想的表达变得越来越浅显，对人生的深思、对自身不足的反省、对社会发展的辩证思考、对人文精神的深切关怀等，好像与我们的距离越来越远。当网络文化遭遇畸形文学渗透、色情病态内容侵蚀，当各种刻意迎合大学生感观刺激的所谓“个性文字”和“内幕消息”在本质上越来越远离时代精神，当越来越多的网络恶搞和网络红人“一夜蹿红”给大学生以不良的角色暗示，甚至当我们不得不承认网络空间“充满着浮躁与喧嚣，却分辨不出半点真实”时，当代大学生人生信仰和价值观日渐淡化甚至缺失，似乎成了可以预见的现实。[①]虽然高校在努力构建自己的积极网络生态系统，但是高校网络文化不是孤立的，也无法独立于社会网络文化系统，二者是“干流”和“支流”的关系，有着千丝万缕的联系。“支流”既可以获取“干流”输送的“清水”，同样也可能汇入来自“干流”的“污水”，这是在复杂的网络文化生态系统中不可避免的问题，关键在于如何提升自身的“自我净化能力”，自觉抵制“污水”的入侵。除了客观原因导致非主流网络文化的入侵以外，还有大学生自身的问题。

大学生群体的主流思想状况是积极向上的，但是仍有部分大学生在某些问题上存在观点模糊和认识不到位的情况，大学生主观意识的不成熟、不坚强给不良网络文化的提供了发展空间。例如，在政治形势认识方面，部分大学生由于平时将主要精力放在了学习和科学研究上，很少看报纸和新闻，对国家的政治、经济现状和未来发展趋势知之甚少，或者从未对此问题深入思考过，在具体问题的判断上缺乏现实和理论依据；在经济发展认识方面，对经济知识一知半解，只看到了当前少数发达资本主义国家经济发达、科技水平高等优势，而没有看到资本主义社会的本质特征和未来发展趋势，只看到了当前我国经济发展过程中出现的一些模式性问题和与西方发达国家的差距，而没有看到社会主义体制的优越性和全国各族人民拥护和参与社会主义建设、推动社会主义发展的决心，缺乏对社会主义和共产党领导的坚定信念；在自身网络道德约束方面，大学生是高校网络文化发展成果与影响的受体，同时也是网络文化发展、传播的主体，绝大部分大学生的网络行为都能自觉符合网络道德规范。但是由于网络空间的虚拟性特征，真实身份可以隐藏在虚拟

① 张琪:《高校网络文化生态失衡现象透视及应对策略》，载《现代教育科学》，2011年第1期。

身份背后，这就给少部分道德自我约束能力较弱的学生提供了道德失范的空间，他们本身在网络社交过程中就对任何人都抱有怀疑态度和不信任的感觉，认为网络上的人和事大部分都是虚假的。网络空间是一个没有约束的地盘，想干什就干什么，可以忽略道德的规范，这部分学生的不良行为也造成了不良网络文化的侵袭，降低了高校网络生态的道德标准。

在高校的思想政治教育工作中，有着辅导员和班主任这支强大的专业队伍，为大学生世界观、人生观、价值观的健康发展保驾护航。在网络思想政治教育工作中，虽然高校都有开展系统的网络宣传、网络思想引领等工作，但是与现实学习、生活中的辅导员和班主任队伍相比，工作强度、针对性、时效性还略显不足。究其原因，就是还有很多高校并没有组建、打造一支专职的网络思想政治教育队伍，大部分高校都是以辅导员兼职的方式开始网络思想政治工作。当然，也有部分高校通过组建辅导员网络思想政治教育研究工作室的方式，强化网络思想政治工作模式创新和研究工作，取得了很好的效果；也有部分学校发挥学生自身在网络思想政治教育工作中的力量，组建学生“红色网军”，及时发现网络不良文化苗头，阻止其传播，并引领校园网络舆论倾向，弘扬积极高校网络文化。而在传统的思想政治教育过程中，遵循着信息提供和传播的权威型模式，这是一种将知识从教师传输到学生的单向模式，学生仅是被改造的客体。在多年的教育工作中，部分教师和德育工作者已经养成了权威化的教学或德育模式，而一旦教师将权威化的德育方法应用到网络德育教育教学中，就会遇到学生的消极抵制和不配合，此时，教师和德育工作者由于失去权威性而消极地开展网络德育，大学生由于没有得到平等的地位而消极地应对教师的网络德育教育教学，在这种消极配合中，本应帮助大学生社会化的德育教育活动变成了一场无效活动。①

三、高校先进网络文化的培育

在2016年网络安全和信息化工作座谈会上，习近平总书记指出：“网络空间是亿万民众共同的精神家园。网络空间天朗气清、生态良好，符合人民

① 赵建伟：《网络虚拟消极文化特征、德育影响与应对策略》，载《扬州大学学报（高教研究版）》，2016年第4期。

利益。网络空间乌烟瘴气、生态恶化，不符合人民利益。……我们要本着对社会负责、对人民负责的态度，依法加强网络空间治理，加强网络内容建设，做强网上正面宣传，培育积极健康、向上向善的网络文化，用社会主义核心价值观和人类优秀文明成果滋养人心、滋养社会，做到正能量充沛、主旋律高昂，为广大网民特别是青少年营造一个风清气正的网络空间。”在中共十九大报告中，习近平总书记再次强调：“加强互联网内容建设，建立网络综合治理体系，营造清朗的网络空间。”互联网的普及，特别是自媒体的火爆，为我国的思想政治教育和意识形态工作提供了方便、快捷、普及度高的新平台，但同时也给传统的工作模式带来了巨大的挑战。在互联网空间，信息的筛选与管控较为困难，某些敌对势力也正是抓住了这个特点，通过互联网来进行意识形态渗透，传播不良信息，扰乱中国的互联网秩序，毒害中国青少年的健康发展。由此可见，当今的网络空间已经成为意识形态斗争的主阵地。在这种形势下，培育积极的高校网络文化，抵制不良网络文化的侵入，掌握网络话语权，引领网络思想教育方向，为天朗气清的网络空间提供文化保障，具有重要的现实意义。

（一）高校先进网络文化培育的必要性

1. 高校先进网络文化的培育是人的全面发展内涵的延伸

“人的全面发展”是马克思主义的基本原理之一，马克思主义从分析现实的人和现实的生产关系入手，指出了人的全面发展的条件、手段和途径。人的全面发展最根本是指人的劳动能力的全面发展，即人的智力和体力的充分、统一的发展。同时，也包括人的才能、志趣和道德品质的多方面发展。马克思关于人的全面发展的内涵，在网络文化条件下得到了极大的延伸。当今时代，科学技术迅猛发展，思想意识、价值观念多元化，思想政治教育也面临着诸多挑战，在不同时代背景、不同政治环境、不同阶段下，思想政治教育的目标和任务是不一样的，但是人的全面发展一直是思想政治教育的终极诉求。[①]“培养什么样的人、如何培养人、为谁培养人”，始终是我国高校需要思考和探索的问题。互联网是现代人思想交流、人际交往、经济活动最为活跃的空间，人们世界观、人生观、价值观的形成，自身的全面发展等都与互联

---

① 卜建华、孙静：《人的全面发展理论视域下的思想政治教育创新浅析》，载《学校党建与思想教育》，2016年第3期。

网有着紧密的联系。互联网是高等教育必须关注的领域，是培养社会主义事业合格建设者和可靠接班人的又一个“大课堂”。互联网为当代大学生带来更多学习资源和途径的同时，也有一些不良的附属品。网络游戏的盛行让部分自控能力不足的学生会将自己的部分时间和金钱投入网络游戏中，甚至沉迷其中；聊天交友软件、网络直播平台同样也吸引了一部分大学生每天只看手机不看黑板，只与屏幕对面的人畅谈，不与身边的同学交流。这些沉溺网络和过度依赖网络的行为严重影响了大学生的学习和生活，导致学习成绩下降、人际关系紧张等问题的出现，严重者还会引发心理问题。高校里每年因成绩不合格而退学的学生当中，绝大部分是因为过度沉迷网络游戏。马克思关于人的全面发展的内涵，在网络文化条件下得到了极大的延伸，因为现实世界中的人既生活在现实社会中，又生活在网络虚拟社会中，人的全面发展的内涵延伸具体体现为实践内涵的延伸、主体性内涵的延伸和社会关系内涵的延伸。①

2. 高校先进网络文化的培育是弘扬社会主义核心价值观的需要

价值观是基于人的一定的思维感官之上而做出的认知、理解、判断或抉择，也就是人认定事物、辨明是非的一种思维或取向，从而体现出人、事、物一定的价值或作用。2012年，中共十八大报告明确提出“三个倡导”，即“倡导富强、民主、文明、和谐，倡导自由、平等、公正、法治，倡导爱国、敬业、诚信、友善，积极培育社会主义核心价值观”，这是对社会主义核心价值观的最新概括；2017年，中共十九大报告再次强调：“必须坚持马克思主义，牢固树立共产主义远大理想和中国特色社会主义共同理想，培育和践行社会主义核心价值观。”社会主义核心价值观的提出与发展为大学生的价值观教育明确了方向，同时也提出了任务。大学生正处于价值观的形成期，价值观仍然不够成熟、不够稳定。在现实世界中，思想政治理论课、日常思想政治教育、班团活动、社会实践等教育活动和积极健康校园文化的引导，为大学生正确价值观的形成提供了有利的教育资源和环境，校园里、课堂上很少有“杂音”出现。然而在互联网空间，开放、难于监管的特点，让“杂音”异常活跃，除了有主流媒体的“正能量”宣传之外，还有敌对势力利用互联网大力推广、宣传其普世价值观、个人主义、功利主义等价值观念，还利用其强大的媒体

---

① 宋元林：《培育指向人的全面发展的网络文化探讨》，载《马克思主义研究》，2008年第12期。

工具肆意对中国发展进行扭曲评价，故意放大社会问题，抹黑中国形象。青年大学生对中国特色社会主义理论体系的认知还不够系统、深入，青年大学生成长于校园之中，生活阅历不够丰富，因此，理性思考、独立判断的能力还有待提高。再加上某些道德失范行为的传播，当社会主义核心价值观在互联网上与错误价值观念、不良文化、消极行为进行博弈的时候，使得部分理想信念不够坚定的青年大学生很容易被表面现象所迷惑，出现思想上的混乱，无法做出正确的判断和选择，进而造成价值取向的紊乱。因此，守住网络思想政治教育阵地，培育高校先进网络文化，是弘扬社会主义核心价值观的必然要求。

3. 高校先进网络文化的培育是弘扬大学精神的需要

每一所高校在漫长的发展历程中，都形成了自己的特色大学精神，这种精神虽然看不见摸不着，但是却是一种强大的精神力量和教育力量。大学精神是一所大学独特的办学理念、精神风貌、价值取向和群体意识等多方面内容的凝练和诠释，在日常的学习和生活中，潜移默化地指引、激励、凝聚、陶冶着校园内的每一名教师和学生，引领全校师生朝着同一个目标不断奋进。以行业特色鲜明的哈尔滨工程大学为例，在对哈军工文化进行系统总结的基础上，凝练出了“以祖国需要为第一需要、以国防需求为第一使命、以人民满意为第一标准”的价值追求，形成了“以‘忠诚’为灵魂，以‘工学’为境界，以‘海防’为特色”的大学文化，不断地影响着哈尔滨工程大学的每一位师生，服务国家“海洋强国”战略。大学精神是大学文化的核心，它作为一种内化气质的抽象，是大学的灵魂所在，是一所大学赖以生存和发展的精神动力、智力支持，是所有身在大学中的大学人的共同财富。它既是大学的，也是每个大学人的，具有较强的育人功能，育人功能是大学精神文化的首要功能。[①] 高校网络文化应以社会主义核心价值观为核心，但也应体现所属高校的特色大学精神，在发挥文化育人功能的同时服务高校的人才培养工作和发展建设工作。只有这样才能最大限度地发挥高校网络文化的积极作用，千篇一律的高校网络文化是缺少根基的，影响范围是有限的。另外，高校网络文化建设与大学精神的有效结合，为深入弘扬大学精神提供了更为广阔的

① 杨希：《多元文化背景下大学精神文化育人功能摭探》，载《中国电力教育》，2012年第9期。

平台，将高校的大学精神教育延伸到互联网空间。

（二）高校先进网络文化培育路径

1. 以学生为主体力量推进高校先进网络文化培育

人是教育的中心，也是教育的目的；人是教育的出发点，也是教育的归宿；人是教育的基础，也是教育的根本。一切教育必须以人为本，这是现代教育的基本价值。以人为本的根本目的在于对人性的唤醒和尊重，最广泛地调动人的积极因素，最充分地激发人的创造活力，最大限度地发挥人的主观能动性，坚持以人为本，就是要把关心人、理解人、尊重人、发展人放在首位，就是要处理好高校发展与学生发展的关系。[①]高校网络文化以师生为服务对象，尤其要发挥对大学生的思想引领作用，因此，高校网络文化培育必须要尊重大学生的主体地位，只有充分发挥大学生在网络文化培育过程中的积极作用，才能让高校网络文化真正被学生所接受、所传播，才能让高校的社会主义核心价值观教育入脑、入心。

网络文化实质是一种人类新的生存方式和社会发展形式，是一种人类新的实践样态，网络虚拟现实技术具有的超现实性特点能够将现实生活中的“不可能”借助网络虚拟技术变成虚拟空间中可以反复再现的“可能性”的对象，极大地丰富和扩展大学生网络主体的生活空间和创造能力。网络社会为大学生开启了一个多元化的世界，使其在社会关系中表现出更为自由、自觉、自主和能动的状态，越来越成为有自主性和能动性的人，使其具有面向未来和新的可能性领域和可能性维度。[②]当今的大学生在思维方式、心理预期、知识获取方式等方面已经发生了巨大的变化，他们主动寻求在教育过程中的主体地位。高校网络文化的培育过程也应该以尊重受教育者的文化主体地位为首要原则，以培养大学生的独立思维、主体精神为首要目标。“90后”大学生被称为“网络原住民”，截至2018年，“00后”已经占据高校的半壁江山，他们对于网络技术非常熟悉，并且紧跟网络文化的发展趋势，在高校网络文化培育如何符合新时代大学生的接受形式、如何抵制不良网络文化的传播、如何引领高校网络舆论方向等方面，大学生均有发言权和建议权，有大学生的积

① 梁周清：《高校校园文化培育问题、途径及方略》，载《淄博师专学报》，2012年第9期。

② 张元、洪晓楠：《大数据时代网络文化育人的组织运行系统研究》，载《黑龙江高教研究》，2018年第5期。

极参与会使高校网络文化的渗透和扩散能力更为强大。但是，在充分尊重大学生在高校网络文化培育中主体地位的同时，也不能忽略高校教师的主体地位，教师与学生之间的双主体互动是高校先进网络文化的基石。传统的教育观点不是把教师当作主体，而是权威，这种教师权威主义在互联网时代已经没有了市场，教师权威主义阻断了教师与学生的有效互动，会导致高校网络文化的培育变成单方面行为，无法满足学生的真正需求。推崇师生双主体地位的认可、师生间的相互尊重，不将学校或者教师的想法和意见强制性地推销给学生，可以实现教学相长、合作共进的局面。另一方面，高校网络文化也在促进新型师生关系的形成。构建一个符合互联网时代的高校师生交流体系，推动教师主动完成角色调整，有利于提升和增强大学生在网络生活中的自主性、能动性和创造性。

2. 以社会主义核心价值观为引领推进高校先进网络文化培育

社会主义核心价值观是由我们社会崇尚和倡导的思想理论、精神风尚、道德原则、理想信念等因素构成的价值认同体系。富强、民主、文明、和谐；自由、平等、公正、法治；爱国、敬业、诚信、友善是党的十八大报告从国家、社会、个人三个层面对社会主义核心价值观的高度概括。高校先进网络文化的先进性主要体现在网络文化的核心内容上，“主心骨”先进，高校网络文化就先进，“主心骨”不“缺钙”，高校网络文化就经得起任何挑战，社会主义核心价值观就是支撑高校网络文化建设的“主心骨”。

高校网络文化的建设要将社会主义核心价值观作为引领方向的旗帜，利用最新的媒体技术对教育内容进行包装，采取新时代大学生易于接受的形式，打造宣传社会主义核心价值观的网络阵地，牢牢掌握高校网络舆论的话语权，引导大学生的世界观、人生观、价值观朝着正确的方向发展，坚定大学生的理想信念。精心打造网络文化精品，高校要把博大精深的中华优秀传统文化作为网络文化的重要源泉，让“三个倡导”的社会主义核心价值观融入网络文化精品的文案策划、内容设计和传播推广等关键环节，开发出大学生易于接受的、高雅的校园“微文化”精品，以轻松娱乐的方式潜移默化地体现社会主义意识形态和价值取向。[①]另外，在发展多元化、文化冲突激烈化、文化

---

① 庄晨忠:《用核心价值观引领高校网络文化建设》，载《思想政治政治工作研究》，2016年第9期。

消费快餐化、对外文化交流失衡化的网络文化生态面前，文化专制主义是不现实的，消极防御主义是难以奏效的，放任自流主义更是不可取的。[①]高校在网络文化培育过程中，应秉承尊重多元、包容多样的大格局态度，对社会主义核心价值观充满信心，并在实践中不断发展社会主义核心价值观的外延，用兼容并蓄的开放姿态、博大精深的胸怀与高度的文化自信来抵制不良网络文化的传播，让大学生在辩证的过程中提升对社会主义核心价值观的认同度，并自觉地在互联网上宣传社会主义核心价值观。

3. 以教育监管体系为保障推进高校先进网络文化培育

高校网络与社会网络的共通性导致社会网络文化中的不良因素可以渗透到校园网络之内，对大学生正确价值观的形成和思想道德修养教育产生负面的影响。一方面是意识形态的渗透。某些敌对势力利用先进的网络技术和强大的媒体宣传工具，通过各种渠道、多种方式推销他们的价值观念、歪曲中国国家形象、破坏民族团结。他们强化对高校网络文化的渗透，将自己树立成言论自由、舆论民主、信仰自由、思想民主的榜样、“自由的灯塔”“民主的堡垒”，大肆宣扬所谓的“自由、平等、博爱、人权”，乐此不疲地进行意识形态输出，而其自己国家内部的情况却与宣传大相径庭；一方面是消极文化的传播。网络上的色情、暴力、赌博、诈骗等违背网络道德规范的信息也传入校园，消极网络文化在不断消磨大学生的意志、扰乱大学生的价值取向、诱导大学生参与网络犯罪活动。部分大学生沉迷网络游戏和低俗直播而无法自拔，导致退学和心理问题频发，严重影响了青年大学生的健康成长。

近年来，现有的管理和监督体制在人员配备和制度设计、执行等方面，已经跟不上高校网络文化的更新速度，校园网络文化安全遇到挑战。高校网络文化有效监管的前提是网络主体自身的自律意识，因此，加强大学生的网络意识形态教育、网络道德教育是网络文化健康的前提。通过全方位的教育，让大学生意识到自己是自身网络行为的第一责任人，让大学生自觉成为网络的主人，自觉遵守网络行为准则，不进行非法网络信息的制造与传播，尊重他人隐私，敢于对不良网络文化公开抵制，为维护清朗的高校网络生态环境努力奋斗。此外，由于大学生自身的法律观念太过缺乏，没有自律严谨的行

---

① 虢美妮:《社会主义核心价值观引领网络文化发展研究》，载《新疆师范大学学报（哲学社会科学版）》，2013年第9期。

为准则，因此想要养成大学生的法律意识，在伦理教育的同时要多开展组织一些相关的法律活动，确保学生能从自身开始掌握和了解法律的相关知识，确保人人都懂法，人人都遵法。[①] 高校必须真正认识到网络文化建设工作的重要性和紧迫性，做好网络文化监管的制度建设。从整体上对高校网络文化监管工作进行设计与布局，确定符合本校特征、学生特点的监管方案，制定网络文化监管工作推进时间表，成立专门的校园网络监管机构，集中调配人力、物力资源，将高校网络文化的监管扎实建立在制度层面，将大学生网络行为的表现纳入学生综合考评体系当中，与评奖评优挂钩，严厉打击校园网络中的不道德行为，净化高校网络生态。

---

① 赵海莹:《加强网络文化建设，培育大学生社会主义核心价值观》，载《中国农业》，2012年第9期。

参考文献

专著、译著

[1]《马克思恩格斯全集》第46卷，人民出版社1979年版。

[2]《马克思恩格斯选集》第1、4卷，人民出版社1995年版。

[3]《马克思恩格斯选集》第1卷，人民出版社2012年版。

[4]《马克思恩格斯全集》第3卷，人民出版社1995年版。

[5]《毛泽东选集》第4卷，人民出版社1991年版。

[6]《邓小平文选》第2卷，人民出版社1994年版。

[7]《习近平谈治国理政》第2卷，外文出版社2017年版。

[8]《习近平新闻思想讲义》，人民出版社、学习出版社2018年版。

[9]《十八大以来重要文献选编》(上)，中央文献出版社2014年版。

[10] 艾四林:《MOOC与高校思想政治理论课教育教学创新》，北京大学出版社2014年版。

[11] [美] 贝塔朗菲:《一般系统论》，林康义、魏宏森译，清华大学出版社1987年版。

[12] 曹凑贵:《生态学概论》，高等教育出版社2002年版。

[13] 曹荣湘:《解读数字鸿沟——技术殖民与社会分化》，上海三联书店2003年版。

[14] 常晋芳:《网络哲学引论》，广东人民出版社2005年版。

[15] 冯刚:《高校思想政治教育创新发展研究》，中国人民大学出版社2009年版。

[16][英] 冈特利特主编:《网络研究：数字化时代媒介研究的重新定向》，彭兰等译，新华出版社2004年版。

[17] 贺祖斌:《高等教育生态论》，广西师范大学出版社2005年版。

[18][加] 金明仕:《森林生态学》，文剑平、梁辉、刘曙光等译，中国林业出版社1992年版。

[19] 金生鈜:《理解与教育——走向哲学解释学的教育哲学导论》，教育科学出版社1997年版。

[20] 卢风、肖巍:《应用伦理学导论》，当代中国出版社2002年版。

[21] 林鹏:《植物群落学》，上海科学技术出版社1986年版。

[22] 李洪远:《生态学基础》，化学工业出版社2006年版。

[23] 李行健:《现代汉语规范词典》，教学研究出版社2010年版。

[24] 乐爱国:《道教生态学》，社会科学文献出版社2005年版。

[25] 莫茜:《大众文化与网络文化》，北京邮电大学出版社2009年版。

[26][美] 曼纽尔 · 卡斯特:《网络社会的崛起》，夏铸九等译，社会科学文献出版社2001年版。

[27][美]R.M. 梅等:《理论生态学》，孙儒泳等译，科学出版社1976年版。

[28] 潘强、许钟元、邵光辉:《多元文化背景下大学生思想政治教育的挑战与创新》，中国纺织出版社2018年版。

[29] 沈壮海、王晓霞、王丹等:《中国大学生思想政治教育发展报告2017》，北京师范大学出版社2018年版。

[30] 王水雄:《结构博弈——互联网导致社会扁平化的剖析》，华夏出版社2003年版。

[31] 王立竹:《碎片与重构：互联网思维重塑大教育》，电子工业出版社2015年版。

[32] 汪琼:《网上教学成功四要素》，北京大学出版社2007年版。

[33] 闫蒙钢:《生态教育的探索之旅》，安徽师范大学出版社2013年版。

[34][德] 雅斯贝尔斯:《什么是教育》，邹进译，生活 · 读书 · 新知三联书店1991年版。

[35] 赵惠勋:《群体生态学》，东北林业大学出版社1990年版。

[36] 赵志模、郭依泉:《群落生态学原理与方法》，科学技术文献出版社重庆分社1989年版。

[37] 曾国屏等:《赛博空间的哲学探索》，清华大学出版社2002年版。

[38] 张明仓:《虚拟现实论》，云南人民出版社2005年版。

[39] 祝智庭:《现代教育技术——走向信息化教育》，教育科学出版2002年版。

中文期刊

[1] 秉哲:《网络文化特点略论》，载《求索》，2001年第4期。

[2] 卜建华、孙静:《人的全面发展理论视域下的思想政治教育创新浅析》，载《学校党建与思想教育》，2016年第3期。

[3] 陈志良:《虚拟：哲学必须面对的课题》，载《光明日报》，2000年第1期。

[4] 陈俊良:《高校信息化建设核心在哪里》，载《中国教育信息化》，2011年第13期。

[5] 陈志超、汪谦慎:《用先进网络文化引领高校大学生思想政治工作》，载《思想理论教育导刊》，2012年第3期。

[6] 陈强:《“慕课”影响与高校教师的应对策略》，载《龙岩学院学报》，2014年第6期。

[7] 冲鹊:《人工智能全球新浪潮》，载《中国信息化》,2017年第8期。

[8] 邓小泉:《教育生态学研究二十年》，载《教育理论与实践》，2009年第5期。

[9] 邓红涛、查志华、田敏《“慕课”推动下的实践教学网络化改革》，载《中国电力教育》，2014年第33期。

[10] 丁凯、杨子川:《高校运用自媒体开展中国梦主题宣传教育活动的创新》，载《思想教育研究》，2014年第5期。

[11] 董奇:《把社会主义核心价值观融入人才培养全过程》，载《中国高等教育》，2017年第1期。

[12] 冯鹏志:《虚拟安全阀：网络社会张力的根源及其调适》，载《自然辩证法研究》，2000年第4期。

[13] 郭凤志:《新媒体环境下利用Blackboard平台加强思想政治理论课教学改革》，载《思想教育研究》，2015年第8期。

[14] 高鸾:《当代西方建构主义教师教育思想简述》，载《比较教育研究》，2016年第9期。

[15] 高日晖、王熠璇:《论网络文化对大学生的影响及高校网络文化建设》，载《文化学刊》，2011年第9期。

[16] 宫齐、王茂林:《优选论的比较评估法及应用》，载《暨南学报（哲学社会科学版）》，2009年第4期。

[17] 虢美妮:《社会主义核心价值观引领网络文化发展研究》，载《新疆师范大学学报（哲学社会科学版）》，2013年第9期。

[18] 洪拓夷:《网络文化产生的基础》，载《现代情报》,2003年第10期。

[19] 韩锡斌、葛文双、周潜、程建钢:《MOOC平台与典型网络教学平台的比较研究》，载《中国电化教育》，2014年第1期。

[20] 贺祖斌:《高等教育生态研究述评》，载《广西师范大学学报（哲学社会科学版）》，2015年第1期。

[21] 贺祖斌:《高等教育制度生态环境及其优化》，载《现代大学教育》，2004年第3期。

[22] 胡翼青:《理解麦克卢汉：写于麦克卢汉百年诞辰》，载《国际新闻界》，2011年第7期。

[23] 金焱明:《浅论大学生理论知识向实践能力的转化》，载《长江大学学报》，2004年第3期。

[24] 金生宏:《教育与人的尊严》，载《西北师大学报（社会科学版）》，2000年第5期。

[25] 蒋德勤、侯保龙:《高校思想政治教育实践育人创新路径》，载《思想理论教育导刊》，2016年第2期。

[26] 康健:《试论网络社会及其特殊的现实性》，载《中共中央党校学报》，2002年第3期。

[27] 李景春:《生态位理论视域中的教育生态系统及其发展》,载《教育科学》,2006年第3期。

[28] 李丹、张森林、赵继颖:《高校校园文化对当代大学生的影响——以黑龙江5所高校为例》,载《中国青年研究》,2014年第12期。

[29] 李秀芳、王鑫:《高校思想政治理论课教师与辅导员育人协同机制研究》,载《思想政治课研究》,2016年第4期。

[30] 李涛:《网络时代高校教学信息化的机遇、挑战与应对——基于新加坡与中国的比较》,载《中国电化教育》,2012年第5期。

[31] 李成恩、张远航、赫铭、牟霖:《论高校网络文化的内容结构与价值导向》,载《大连理工大学学报(社会科学版)》,2016年第3期。

[32] 刘铁芳:《教育开放的阐释》,载《河北师范大学学报(教育科学版)》,2002年第1期。

[33] 刘璐、史建军:《网络环境下大学生思想政治教育评价体系构建》,载《才智》,2014年第9期。

[34] 陆宇峰:《中国网络公共领域:功能、异化与规制》,载《现代法学》,2014年第4期。

[35] 梁周清:《高校校园文化培育 问题、途径及方略》,载《淄博师专学报》,2012年第9期。

[36] 穆肃:《远程教育中的开放教育资源建设与应用》,载《现代远距离教育》,2012年第2期。

[37] 蒙秋妍、贾宝莹:《浅谈中华优秀传统文化在大学生思想政治教育中的意义与应用》,载《科教文汇》(中旬刊),2017年第11期。

[38] 牛秀敏、郑少智:《几种常规综合评价方法的比较》,载《统计与决策》,2006年第5期。

[39] 潘玉腾:《网络对大学生心理健康的影响及教育对策》,载《思想教育研究》,2002年第4期。

[40] 戚攻:《网络社会——社会学研究的新课题》,载《探索》,2000年第3期。

[41] 阮博:《微时代高校思想政治课教学创新研究》,载《思想理论

教育导刊》，2016年第11期。

[42] 宋元林：《培育指向人的全面发展的网络文化探讨》，载《马克思主义研究》，2008年第12期。

[43] 孙伟平、贾旭东：《网络社会的道德思考》，载《哲学动态》，1998年第8期。

[44] 孙清萍：《网络文化的特点及对青少年发展的影响》，载《青少年研究》，2006年第1期。

[45] 沈壮海、史君：《推动思想政治教育与信息技术的高度融合》，载《国家教育行政学院学报》，2017年第1期。

[46] 沈丽冰、孙涛、戴伟辉：《网络生态环境及其可持续发展分析》，载《科技进步与对策》，2006年第11期。

[47] 桑玉成、黄芳：《树立全员育人、环境育人、实践育人的新理念》，载《复旦教育论坛》，2005年第3期。

[48] 盛淑英、王子鸣、梁广东：《高校思想政治课"互联网＋考评"模式的建构》，载《牡丹江师范学院学报（哲社版）》，2017年第1期。

[49] 童星、罗军：《网络社会：一种新的现实的社会存在方式》，载《江苏社会科学》，2001年第5期。

[50] 唐亚阳、胡彩霞：《大学生网络思想政治教育的发展脉络与走向》，载《思想教育研究》，2015年第9期。

[51] 谭笑风：《思想政治工作中新闻宣传的作用研究》，载《智库时代》，2017年第10期。

[52] 文斌：《网络时代大学生思想政治教育工作方法与路径探索》，载《重庆城市职业学院学报》，2012年第2期。

[53] 万決、彭映梅、田川等：《高校网络思想政治教育的困境与提升路径》，载《江西中医药大学学报》，2018年第3期。

[54] 王刚、赵松岭、张鹏云等：《关于生态位定义的探索及生态位重叠计测公式改进的研究》，载《生态学报》，1987年第2期。

[55] 王加强、范国睿：《教育生态分析：教育生态研究方式初探》，载《教育理论与实践》，2008年第19期。

[56] 王照华:《试论网络社会中大学生自律精神的培养》，载《山东省青年管理干部学院学报》，2003年第6期。

[57] 王陆:《信息化教育研究中的新内容互动关系研究》，载《电化教育研究》，2008年第1期。

[58] 王敬红:《意见领袖观点在大学生思想政治教育中的应用及启示》，载《国家教育行政学院学报》，2008年第12期。

[59] 王世梅:《加强网络舆论引导的对策思考》，载《军事记者》，2012年第10期。

[60] 闻慧、梁磊、贺嬿敏:《教育生态研究发展综述》，载《现代物业》(中旬刊)，2011年第11期。

[61] 王蔡笃瑜:《对网络时代下传统思想政治教育的思考》，载《教育与职业》，2012年第8期。

[62] 吴鼎福:《教育生态学刍议》，载《南京师大学报(社会科学版)》，1988年第2期。

[63] 吴雷:《大数据助力高校网络思想政治教育创新的长效机制构建》，载《淮海工学院学报(人文社会科学版)》，2015年第3期。

[64] 吴子贵、张丽娜:《论校园网络生态系统的优化》，载《黑龙江高教研究》，2006年第6期。

[65] 许晨:《新形势下校园网络建设的探索与思考》，载《金陵科技学院学报》，2004年第3期。

[66] 于颖、谢仕兴、于兴华:《高校网络文化生态：意蕴解析与模式构建》，载《中国电化教育》，2012年第10期。

[67] 叶澜:《让课堂焕发出生命的活力——论中小学教学改革的深化》，载《教育研究》，1997年第9期。

[68] 叶险明:《马克思的哲学革命与哲学的现实基础——兼论关于虚拟与现实关系研究的方法论》，载《哲学研究》，2005年第2期。

[69] 杨云峰:《论高校网络素养培育》，载《宁夏社会科学》，2007年第3期。

[70] 杨贵彬:《移动互联网背景下高校教师教学角色的转变》，载

《江苏高教》，2018年第3期。

[71] 杨希：《多元文化背景下大学精神文化育人功能摭探》，载《中国电力教育》，2012年第9期。

[72] 姚绮：《高校思想政治教育网络化问题及优化路径研究》，载《广东蚕业》，2016年第11期。

[73] 庄晨忠：《用核心价值观引领高校网络文化建设》，载《思想政治政治工作研究》，2016年第9期。

[74] 曾国屏、李正风：《赛博论·赛博空间·社会和文化变革》，载《哲学动态》，1998年第5期。

[75] 郑中玉、何明升：《"网络社会"的概念辨析》，载《社会学研究》，2004年第1期。

[76] 郑全蕾：《论新媒体时代高校学生管理工作的创新》，载《西部素质教育》，2015年第8期。

[77] 周彬：《微语言在教育教学中的作用》，载《课程教育研究》，2013年第25期。

[78] 赵国栋、原帅、李志刚等：《中国高校信息化2010年调研报告》，载《远程教育杂志》，2011年第6期。

[79] 赵国栋、黄永中、张捷：《西方大学"开放教育资源运动"研究》，载《比较教育研究》，2007年第9期。

[80] 赵建伟：《网络虚拟消极文化特征、德育影响与应对策略》，载《扬州大学学报（高教研究版）》，2016年第4期。

[81] 虢美妮：《社会主义核心价值观引领网络文化发展研究》，载《新疆师范大学学报（哲学社会科学版）》，2013年第9期。

[82] 张淑敏：《我校师资队伍建设的几点建议》，载《东北财经大学学报》，2003年第1期。

[83] 张志坚、卢春天：《大学生微信使用情况调查》，载《当代青年研究》，2015年第3期。

[84] 张毅翔、李林英：《思想政治理论课虚拟仿真实践教学的内涵及其建设》，载《学校党建与思想教育》，2016年第11期。

[85] 张炜、万小朋、张军、牟蕾:《高等教育强国视角下的学习共同体构建》，载《中国高教研究》，2017年第2期。

[86] 张琪:《高校网络文化生态失衡现象透视及应对策略》，载《现代教育科学》，2011年第1期。

[87] 张瑜:《思想政治教育视域下大学生社交网络的特性研究》，载《学校党建与思想教育》，2016年第10期。

[88] 张元、洪晓楠:《大数据时代网络文化育人的组织运行系统研究》，载《黑龙江高教研究》，2018年第5期。

[89] 章剑锋:《高校青年自组织参与校园网络文化生态建设的基本维度》，载《中国青年政治学院学报》，2011年第5期。

报纸文章

[1] 曹继军、颜维琦、张宇航:《当思修课遇上慕课》，载《光明日报》，2014年3月6日。

[2] 国家中长期教育改革和发展规划纲要工作小组办公室:《国家中长期教育改革和发展规划纲要》(2010—2020年)，载《中国教育报》，2010年7月30日。

[3] 习近平:《把思想政治工作贯穿教育教学全过程 开创我国高等教育事业发展新局面》，载《人民日报》，2016年12月9日。

[4] 叶雨婷、刘一凡:《如何打造"网络一代"大学生的思想政治教育》，载《中国青年报》，2016年12月9日。

[5] 张烁:《把思想政治工作贯穿教育教学全过程 开创我国高等教育事业发展新局面》，载《人民日报》，2016年12月9日。

学位论文

[1] 崔嵬:《在虚拟和现实之间——一塌糊涂BBS虚拟社区研究》，北京大学硕士学位论文，2001年。

[2] 楚少保:《试点高校网络教育质量监管探究》，河南大学硕士学位论文，2011年。

[3] 李晓蕾:《高校思想政治教育生态系统建设研究》，哈尔滨工程大学博士学位论文，2012年。

[4] 席梅花:《论当代大学生网络媒介素养的培育——以镇江市高校为例》，江苏大学硕士学位论文，2016年。

[5] 宗晶:《网络传播对高校思想政治教育的影响及对策》，兰州交通大学硕士学位论文，2013年。

外文文献

[1] J.L.Chpman，M.J.Reiss，*Ecology. Principles and Applications*，Cambridge：Cambridge University Press，1999.

[2] W.Waller，*The Sociology of Teaching*，Hoboken：John Wiley &.Sons Inc.，1932.

[3] E.P.Odum，“The Strategy of Ecosystem Development”，*Science*，Vol.164，No.3877，1969.

[4] A.G.Tansley，“The Use and Abuse of Vegetational Concepts and Terms”，*Ecology*，Vol.16，No.3，July 1935.

后 记

改革开放40年来，互联网技术的发展日新月异，不断地改变着我们的生活方式，也改变着大学生思想政治教育的工作方式，对传统的思想政治教育模式提出了挑战。如何实现将互联网技术与传统思想政治教育优势结合起来、如何掌握高校网络思想政治教育的主导权、如何引领校园网络舆论方向等已经成为高校必须认真思考、努力探索的重要问题。正是基于这个背景，哈尔滨工程大学的12名一线辅导员在学校的大力支持下，于2016年12月成立了黑龙江省第一个以网络思想政治教育为主要研究内容的辅导员工作室——“和U+辅导员工作室”。工作室整合力量，凝练特色，搭建辅导员学习、交流平台，拓展辅导员专业成长和发展的空间，提升辅导员理论水平与实践能力，努力打造网络思想政治政治教育工作品牌，进一步推进我校辅导员队伍的职业化、专业化和专家化建设。经过不断地探索，工作室以《大学生网络微教育的“正能量”生态系统培育机制研究》为题成功申报了2017年教育部人文社会科学研究项目（辅导员骨干专项），现已顺利结题；同年,《高校网络思想政治教育“阳光微生态”构建研究》项目获得中央高校基本科研业务费的支持；2018年,《高校共青团思想引领“微生态”系统构建探索》项目成功申报高校共青团重点研究课题。在网络思想政治教育主阵地建设方面，工作室推出的“营养快餐”式大学生网络思想政治教育系列微课程——《五分信仰课堂》，充分利用网络技术的包装能力和微媒体高速的传播能力，丰富大学生思想政治教育外延、拓展大学生思想政治教育形式。经过近两年的发展，累计发布微课25期，学生累计观看近30万人次，2017年，《五分信仰课堂》在教育部大学生在线微课类栏目中点击量排名第一，同年获得黑龙江省以社会主义核心价值观为主题的高校网络文化优秀成果评选二等奖。

本书正是对“和U+辅导员工作”工作室几年来在大学生网络思想政治教育领域研究成果的总结，既有理论上的创新，也有实践经验的提炼，对高校网络思想政治教育阵地的建设具有一定的参考价值。本书的作者都是一线的辅导员和教师，在繁忙的事务型工作之余，他们利用晚上、周末、假期的时间多次开展研讨和调研，不断对本书的写作框架、内容安排、理论应用、案例选取等方面进行修正和完善。正是有了他们的艰辛付出，本书才得以完成。本书具体分工如下：第一章，邵光辉；第二章，刘旭、刘春雨；第三章，马金驰；第四章，李瑶；第五章，许钟元；第六章，唐晓伟；第七章，李思滨、刘浩然；第八章，潘强、王蕾；通稿，潘强、许钟元、刘旭。本书难免有不尽如人意的地方，请各位学者和关心大学生网络思想政治教育的同仁批评指正。

哈尔滨工程大学分管校领导和学生工作部等相关部门领导对本书的撰写非常重视，在研究条件、数据支撑、质量把关等方面给予了大力的支持和指导，在此，一并表示感谢。最后，还要感谢中央编译出版社《马克思诞辰200周年纪念文库》项目评选办公室为我们提供了一个出版的平台，在他们的帮助下，本书才有机会与读者们见面。

编者

2018年7月